三墩庙前街
口述史

杭州市西湖区三墩镇人民政府 编

中国文史出版社

图书在版编目（CIP）数据

三墩庙前街口述史 / 杭州市西湖区三墩镇人民政府
编. —北京：中国文史出版社，2025.2. —ISBN 978-
7-5205-5185-4

Ⅰ. K295.55

中国国家版本馆 CIP 数据核字第 2025MU0766 号

责任编辑：李晓薇

出版发行：中国文史出版社

社　　址：北京市海淀区西八里庄路 69 号　　邮编：100142
电　　话：010 - 81136606　81136602　81136603（发行部）
传　　真：010 - 81136655
印　　装：北京地大彩印有限公司
经　　销：全国新华书店
开　　本：787mm×1092mm　1/16
印　　张：19　　插页：8
字　　数：288 千字
版　　次：2025 年 5 月北京第 1 版
印　　次：2025 年 5 月第 1 次印刷
定　　价：68.00 元

五里塘王家古宅砖雕（2005 年摄）

20 世纪 60 年代，三墩供销社员工在庙前街上合影（夏敏／摄）

20 世纪 80 年代初的三墩菜场

20 世纪 90 年代的兴隆桥

20 世纪 90 年代，舞龙队经过陈家桥

21 世纪初枕河而居的三墩人家（金毅／摄）

20 世纪 90 年代初，朱守鼐自台湾回乡，与古龙俱乐部演员合影

鼓亭乐老乐队成员（左起）：蒋怡生、陈公白、朱宝贤、傅兆雄、陈世耀、蒋端奎

21 世纪初的庙前街（金毅／摄）

卸紫桥边，昔日热闹的市集（金毅／摄）

2007年，元宵节"踩街"活动

2024年9月2日（农历七月三十），三墩当地人以"点地蜡烛"的形式
体现孝道（李金灿／摄）

2024 年，改造中的旧三墩粮站。2005 年初这里蜕变为一个创意产业园区（戴骏／摄）

庙前街上，由旧理发店改造的三墩咖啡馆（戴骏／摄）

陈公白诊所，1958年从灯彩墩迁至陈家桥南。陈公白去世后，陈新伟继承父业，以"陈氏针灸"法治病救人（戴骏／摄）

2024年7月，周泉虎坐在他经营的三墩照相馆门口。三墩照相馆近年来以其怀旧风格走红网络（戴骏／摄）

序

郑土有

（复旦大学教授，中国民间文艺家协会副主席）

　　1978年以来，随着改革开放的深化，中国社会高速发展，城镇化进度加快，许多历史悠久的乡村、城镇街区发生飞速蜕变，一些文化传统也在急剧变化，这是社会进步的表现。但同时，记录下曾经的历史和生活，让子孙后代知晓这段珍贵的历史，也是我们这一代人义不容辞的责任。

　　三墩镇具有悠久的历史，最早可追溯至东汉时期；宋代的三墩，商贸活动频繁，成为周边地区的商品集散地；明清时期，三墩的商业和手工业趋于繁荣；民国时期，三墩有了"小上海"的美誉。近年来，随着市场经济的发展，各种商业形态在这里汇聚，形成了一个充满活力的商业社区。但同时因为三墩庙前街的升级改造，一些传统店铺、传统生活方式逐渐消失。本书编写团队深耕三墩当地民俗文化，采访了曾在庙前街一带生活、工作过的数十位普通百姓，上至八九十岁的老人，下至20多岁的年轻人，整理出了《三墩庙前街口述史》一书，以亲历者口述的形式记录了庙前街的变迁和发展，并折射出三墩在历史洪流中的兴衰浮沉，为我们留下了弥足珍贵的第一手资料。三墩钱氏家族后人钱楠楠（84岁）老人说："我再不说的话，三墩的情况我们这一辈的人也差不多了，下一辈的人什么也不知道了。"虽然有点绝对，但的确也道出了实情，这也正是本书的价值之所在。

通读本书，特点鲜明：

一是涵盖面广，以点带面全景式地展示了从民国时期到当下庙前街的多彩生活。其中既有街区历史风貌的宏观呈现，又有具体细微的个人生活变化的描述；既有街区商铺、民宅、作坊、寺庙等多种类型的物质文化，又有划龙舟、听说书、点地蜡烛等丰富多彩的非物质文化；既有著名商铺的兴衰，又有豪门望族的变迁；既有和平时期的平静生活，又有战争年代的风云变幻，让人目不暇接。

二是地域文化特色突出。三墩曾被誉为"小上海"，不仅有繁华的街市，也有浓厚的文化。如多篇口述中提到的茶馆，不仅数量多，而且成为当地重要的文化空间，是信息的集散地、休闲娱乐场所，也是解决邻里纠纷的理想地，通过"吃品茶"，就能解决生活中的一些琐事。当地的端午节划龙舟，闻名全国："三墩还有划龙舟，是老百姓的节日活动，也是大家讨个一年到头风调雨顺。五月初三可能就要开始了，开始划龙船，龙头再一家一家跑进去化缘，拿个龙头'哐哐哐'敲一下，然后这家要给一点红包，是讨个彩头吧！解放前、解放初不是给红包，是米、炮仗、食物什么的，龙头到家里来，也是祝家里面兴旺的，有一个好的寓意，所以也很受欢迎。"还有农历七月三十点地蜡烛："女儿或者干女儿、侄女儿，送给母亲、干妈、姑妈的月饼必须要在七月三十地藏王菩萨的生日前送过来，这样才是孝顺。"这些看似并不"高大上"，却是当地民众日常生活的有机组成部分，蕴含着生活的大智慧。

三是生活气息浓郁，鲜活生动。本书的访谈对象，对其经历往往娓娓道来，有的生动有趣，有的感人至深。如85岁老人朱守林回忆小时候的生活："到了夏天放暑假，朱家的小孩和租户的小孩原就有10多个，加上周边邻居的孩子，这大厅热闹得不得了。打弹子、撇洋片、躲猫猫也都在这个地方，大人们那时候也任由他们玩。到了晚上，老人、孩子都在这乘凉，讲笑话、听故事，嘻嘻哈哈中也就忘了炎热。"

《三墩庙前街口述史》仿佛是一个时间老人，从民国走到今天，将庙前街上所发生的点点滴滴娓娓道来，一帧帧图片呈现在读者眼前。虽然讲述的都是普通人的生活和感受，但从中我们可以深切感受到民众的生存智慧、有温度的生活样态和面对生活变迁的坦然。相信本书的出版，定会为我们留下一笔宝贵的财富。

目　录

风雨半生　快乐晚年

倪福芝

87 岁，原三墩味精厂供销科科长

现在儿子、孙子、孙女，包括第四代也都蛮优秀、蛮能干、蛮孝顺，这个社会又这么好，我还有什么理由不开心，一定要多活几年。

日本人占据的苦日子

1937 年 11 月 27 日，这天是日本人进杭州的第一天，就是这一天我出生了。我生在三墩镇西行桥，那天周边的人听到日本人要来了，基本都逃难去了，我妈大着肚子，行动不方便，就没往外逃。快要生了，屋里头一个人都没有，只有隔壁闻家老奶奶还在，她就帮我妈接生了。

其实我妈一共生了 5 个（孩子），一个妹妹养到 8 岁死了，还有一个妹妹一个多月就夭折了。顶罪过①的是一对双胞胎弟弟，生的时候刚刚是顶顶冷的冬至后，大家看到日本兵来了急着又要逃难，接生婆当然也要逃，给我妈接生后男女都没仔细看，就说生了龙凤胎，两个都死了，急急忙忙往脚盆里一放，拿张毛草纸一盖，管自己就逃了。结果夜里九十点钟我爸回到家，听到毛毛头的哭声，连忙从脚盆里抱起来，看到的是两个男孩子，有一个还活着，可惜几个时辰下来已经冻坏了，这条命熬不过去很快就没了，最后 5 个小孩就剩下了我一个。

我爸爸是个泥水手艺人，日本佬一来，村里人都逃光了，也就没有活做

---

① 罪过，可怜。

了，所以只能自己开荒种点蔬菜卖卖过日脚①。那辰光太苦了，只能吃一点玉米糊糊，还要掺蚌壳粉，你想想这哪能吃呢，嚼起来都是咯吱咯吱的。弄一点菜粥，我爸爸就喝上面的汤和菜皮，把底下的一点点饭粒剩给我。

就这样日本佬和伪军还是一次一次轮番来"扫荡"村子，当时我还小，我爸爸有一部梯子放在天井里，听到前门有敲门声，他就马上带我们跑到天井从梯子爬到屋顶，再把梯子抽掉趴在瓦片上躲起来，这样总算躲过去好几次。

但有一次就没躲过去，正好被日本佬抓住，我爸本来就是泥水匠，建筑技术蛮好，日本佬就让他去造炮楼。有一回一个工人喝醉酒不在岗位上，日本佬寻不到，就叫所有工人排成一排，巴掌一个个劈过去。人家都被打了，要轮到我爸挨巴掌，他个子高，日本兵打不到他的脸就发火了，日本佬不是都穿着很硬的大头皮鞋吗，就"啪啪"两脚踢得我爸爸小腿血答答往下滴。当时没钞票、没医生也没药，可怜我爸爸的腿整整烂了6个月，腿上烂出了一个洞，骨头都露出来了，蛆虫都有了，差点没命。你说苦不苦，所以我对日本兵那个恨啊，他们真当②是可恶。

日子一直过得很苦，但我爸爸很有志气，认为不义之财绝对不能要，所以解放后分给他田他不要，分给他房子也说不要。就是因为没有钞票，我一直到11岁才读书，我读书成绩很好的，参加了解放后第一届余杭县中小学生代表会议，还参加过浙江省中小学生代表大会。我很想读书，但是到了16岁那年，我爸生毛病③死了，家里只剩落④我姆妈和我，没有能力再供我读书，所以我是勉强读完小学，只能辍学。

我和老头子苦碰苦、穷搭穷

1957年6月1日，我同王炳富结婚了，那天刚好是儿童节，所以我们

---

① 过日脚，过日子。
② 真当，真的。
③ 生毛病，生病。
④ 剩落，剩下。

的结婚纪念日特别好记。我是 18 岁那年通过熟人介绍认识了王炳富，我这前半生太苦了，我老公比我还要苦，真当是苦得嗒嗒嘀。他老家在安徽绩溪，生在了三墩，又逃难到了不远的黄湖镇，6 岁死了爹，8 岁没了娘，小的时候就一个人像流浪儿一样长大。到山上找点玉米吃，结果被蛇咬了，肿得很大很大，但天生天养，没有医治，后来也慢慢好了。又生过肚痈，烂了很大一个洞，也好了，这就叫作命不该绝。

他大一点了就到镇上的周益昌南货店当学徒，老头子老实是真当老实，当学徒好几年，每个月工资 18 块，但就只是记在一张张欠条上，后来杂货店私营改国营，这些欠条统统作废，钞票一分都拿不到。到结婚那天晚上，他还把欠条拿给我看，说这是他几年的成绩，我说天底下就没有你噶①木②的人。我们两个是苦碰苦、穷搭穷，一辈子相依为命，但我又比他好一点，至少还有一个妈在身边。

老头子做人老实，但学习很刻苦，一边当学徒一边学认字。我们刚认识的时候他给我写信，信上有很多的白字，我就在信纸上一个个像老师改作业一样给他订正，再把改过的信寄还给他，就这样子直到结婚。老头子就这样的文化底子，通过后来学习居然能够在黄湖公社当上文书，连打字机都学会了，也算是很厉害了。

三墩味精厂的起起落落

三墩原先厂也蛮多的：米厂、油厂、玻璃厂、酿造厂……我记得酿造厂里有几十只大的酱缸，大缸高头③有一只只竹编的盖子，都是西行桥王金土做的，就是王荣根的阿爸。竹子编起来的，里头衬一张张棕箬叶，防水用的，都是尖角，同斗笠帽一样的。

三墩食品厂应该讲我顶了解了，就是后来的三墩味精厂。顶早的辰光在

---

① 噶，这么。

② 木，呆，愚钝。

③ 高头，上面。

老镇政府（现五里塘路 98 号）边上，也就是朱长顺的房子，老镇政府还做过搬运工会和派出所，那个地方往东过去点就是老食品厂，原先也是朱长顺开水作坊的地方。门口是一幢办公楼，厂长办公在这里，供销科也是这里，厂区里厢^①是一个个车间，糕饼车间是一直落一排房子，横过来还有两间，再过去还有淀粉车间、粉丝车间。

解放前的淀粉都是私人老板做的，叫作水作坊。蒋兆祥有个水作坊，倪小狗也有个水作坊，倪锦林、倪锦华、斯阿毛（大名斯本文）家里也是水作坊，有莫佬佬^②水作坊。解放后公私合营，把斯阿毛、蒋兆祥这批原先做淀粉的、做糕饼的私人小作坊合拢来，成立了这么一个三墩食品厂，这就叫公私合营。

开始的时间还没做味精，有糕饼车间、淀粉车间，还做粉丝。味精都是米做的，粉丝有不同原料，如蕉藕^③粉丝、番薯粉丝、绿豆粉丝等。荸荠是不做粉丝的，荸荠粉是出口的，解放前情况不清楚，我进食品厂的时候就做荸荠粉出口了。用荸荠做出淀粉，过滤杂质后弄干烘燥，干燥之后喷白喷白，再碾细，极细极细，毛褪^④，包装好之后运到出口公司。

糕饼车间东西多，做这点糕饼莫佬佬好嘞，寸金糖、糖枣儿、小蛋糕、麻酥糖、月饼，统统做的，还做过麻饼、雪饼。月饼有火腿月饼、细沙月饼、白糖百果月饼。三墩食品厂做这点糕饼那真当靠得牢的。

这个寸金糖是吹出来的，这个糖趁火热的时候拉开，两个人一边走一边拉，拉得毛远，再拿一根专用的管子穿在糖里面，两个人嘴巴里含着呼呼吹，边吹边用手捏。先是蛮粗的，吹得像指头果^⑤这样细，中间是空的，外面沾芝麻，到一定长度用糕刀切。这个做法蛮复杂的，咬起来蛮脆的，好吃。糕刀和菜刀还不一样，刀柄是差不多样子，刀身比普通菜刀要宽很多，

---

① 里厢，里面。

② 莫佬佬，很多。

③ 蕉藕，又称食用美人蕉，块茎富含淀粉。

④ 毛褪，形容很细腻。毛，很。褪，细腻。

⑤ 指头果，手指头。

切起来很快。

酥糖的里头呢是白糖、芩糖（饴糖），还有核桃肉、陈皮、青梅，花样经①蛮多的。青梅就是腌过的梅子，斩得极细，变成红绿丝，同面粉拌好、揉好，果料放在中间，揉成两只手臂这样长、两寸光景宽，只看见师傅就"嚓嚓嚓嚓"切成一块块，斩刀四齐②。糕饼师傅切起来不用量的，一刀落下一定这点尺寸，一包包酥糖一样大小。麻酥糖嘛芝麻多一点，我为什么清楚，因为原材料都是我进的。做酥糖一定要用芩糖，芩糖就要到长乐平山农场去买好运回来。芩糖买回来不能马上用，要倒出来，在锅里熬过，熬的程度要刚刚好，才能拌进各种果料、面粉。

糕点师傅里面傅祥庆顶厉害，他样样会做，是第一把手。黄阿宝是专门做小蛋糕的，鸡蛋啪啪啪打下去，打好一桶，再和面粉搅好，不是有模具吗，一只只倒进去一烘，出模后火热喷香。那时候都是真材实料，都是土鸡蛋啊，哪里有现在这样大棚里养出来的鸡，所以出来的时候是香气扑鼻的呀。

现在想想那时候还蛮有趣的，我糕饼车间肯定是要进去的，因为原材料都是我去进的，这些糕饼师傅都蛮客气的，拿给你吃，火火热的刚刚拿出来的。我是不会去拿来吃的，这点自觉性一定要有，我一个供销科长贪小（便宜）像什么样子，不成体统的。食品供应紧张的时候，一个供销人员几千包酥糖的销量是规定的，人家都来开后门，我的份额多一点。

20世纪70年代开始生产味精，改成三墩味精厂，我参与了当时的转型筹备，设备是我去拖来的。杭州味精厂发展壮大起来了，原来的设备规模嫌小了，淘汰了，那么我去拖来，还是作为废铁卖给我们的。那个时候我刚刚30多岁，把设备一件件拖过来，交道都是我去打的。后头杭州味精厂有技术工人帮我们来培训，技术上把关，把厂慢慢办起来。

最早时历开莲是厂长，书记厂长一把抓。后来他调任之后蒋悦元担任一把手，还有盛水根是管供销的。最早供销科还不叫供销科，是分两个部门，

---

① 花样经，花样。
② 斩刀四齐，四四方方，非常齐整。

一个是供应科，一个是销售科。一年后两个科合并成供销科，一共也就20来个人，合并时厂长找我谈话让我当科长。从此一年365天，我300天在外面跑，我管销售不管生产。我跑销售跑过的地方多，真当就是这句古话："跑过三江六码头，吃过奉化芋艿头。"

那时候厂里工人有100多个，利润很好，奖金也蛮高的。开始做的味精叫"荷花牌"，后头改为"西子牌"。穷的时候大家都不吃味精，后头大家生活条件慢慢好起来了，味精销路也慢慢好起来，当时西子味精这牌子也是小有名气，很紧俏的，拿货要批条子的，现在是滞销了。很多人不吃味精，我还是吃味精的，我是几十年吃惯了，有人讲味精有毒，哪里来的毒啊，我吃到88岁也没中毒。我晓得这个是怎么生产出来的，过程都晓得的，哪来的毒，都是大米做的。

20世纪80年代末的时候工厂搬到半路凉亭那边，买了土地造起来的。花园桥有个庙，再过来有个半路凉亭，亭子上面有石头刻的一副对联："有命也，有运也，坐坐而去；为公乎，为私乎，缓缓而行。"这个地方很大一片地后来全部征用过来归味精厂，工人有1000多了。

后头不是出了两个烂污，就是两个事故吗？有个人拿洋锹柄敲敲，敲到发酵桶里去了，这个人有点昏头，"啪啦嗒"爬到桶里去捞洋锹，这里头发酵是有氨气的呀。这辰光边上两个奔下去救，结果都没有上来，一下子死了三个。还有一个是发酵车间顶上修管道，这个人下来吃了支棒冰再爬上去，不晓得怎么回事一不小心就掉下来掼①死了。事故一出来，这个厂就慢慢倒了。其实是管理出了问题，管理蛮重要，噶大一个厂到后面资不抵债，只有卖掉。

风风雨雨干到退休

我16岁就开始去打零工赚钞票，挑起这个家，做过地方多嘞。到过砖瓦厂做砖头、挑砖头，到粮管所做过磅的活，还去三墩织造厂做过，1960年左右

---

① 掼，摔。

三墩织造厂精减人员，又只好下岗回家。回家后刚好赶上合作化运动，因为有点文化就到生产队当会计，郑家斗、三联大队这些地方都做过，到了 30 岁那年三墩食品厂招工，一听到消息我又马上去报名了，进去后就开始跑供销。

为拓展销路我跑过很多地方，景德镇、江山、石浦、铜陵……安徽、江西去得最多，安徽当年 18 个县市都走遍了。讲出来现在人都不相信，肯定讲我笨，我到安徽三次路过黄山都没有去上山玩一下，真的是一心扑在工作上。以前跑供销的人真当罪过相，特别是我们女的。有一次我和同事从江山到景德镇去，路过乐平这个地方，看到路边卖的虾特别大还便宜，想着叫路边饭店加工一下，一定蛮好吃。知道当地人都吃辣，就和厨师说，我们是杭州人，千万不要放辣椒，他说行的行的，结果碗一端出来就看到一半是辣椒。厨师说烧习惯了，顺手就又把辣椒放进去了，怎么办，扔掉又舍不得，硬着头皮吃。早上要一碗面，上面都是辣椒，喉咙都辣出血了，还是只能吃。

还有一次安徽宣城发大水，水一下子到膝盖高头了，我和同事范耀奎想这下回杭州麻烦了，果然到杭州没票，好几条路不通，好在我路线熟，立马掉转方向买火车票先到歙县。两个人到了歙县已经是半夜，又吃力又饿，没什么吃的，身边就一小包鸡蛋糕两个人拼着吃。半夜里天上闪电是一个接一个，两个人沿着铁路一根根轨道走又难走，靠天上的闪电照明，亮一记跨一步。总算到了旅馆，想弄点吃的，结果停电，连水都没得喝，只得翻出剩下的两个小蛋糕分一分垫垫饥。

第二天一大早再到长途车站买票，一问杭州的票还是没有，还好买到了到昌化的最后两张票，再从昌化坐车去临安。到了临安，还是没有买到杭州的票，只有两张到横畈的票，只好从横畈到瓶窑，再坐公交车到祥符桥。祥符桥已经没有公交车到三墩了，只好蹚着漫到膝盖的大水，一步步走到自己家里。

苦倒是其次，死里逃生都好几回。食品厂派我到乡下收购生猪，到了下确桥当晚就住在一个高家祠堂里，这个祠堂是走马楼，黑乎乎的没什么人住。20 世纪 70 年代，2 万块钱那可是笔巨款，我带的是 2 万多元现金，睡觉时不放心，就牢靠点把一包钞票当枕头垫在头下面，边上放一个三节电池的电筒。夏天都撑着夏布帐子，到了半夜我发现帐子一动一动的，我手摸过去，忽然外头有一只手和我的手顶住了，我心里一惊，一把揿住不动，赶紧去摸电筒，等我打开电筒，照来照去已经看不到人影了。那时候我胆子很大，再照照床下也没有人，马上翻看枕头下面，还好现金都还在，但这一夜到天亮无论如何都睡不着了。

最惊心动魄的一次就是送味精到长兴，湖州过去一点，卡车开到长兴石矿不到的地方，忽然之间就翻下山，翻了一圈，大石头上硌了一下又翻了一圈，整整滚了两圈。我坐的是驾驶室，旁边坐了一个驾驶员、一个装卸工，车翻到底后我脑子很清楚，手指动动能动，脚动动也能动，但就是站不起来，脊梁骨断了。夸张的是那个叫阿毛的装卸工，他被吓昏了，居然穿了落雨① 天的高帮套鞋踩在我身上开车门，还不晓得下面踩的是人。送到医院一看我的三节脊椎压缩性骨折，直到现在我的背还有点驼，也是那次事故造成的，这也是万幸，如果再严重一点就是高位截瘫或者死了。就这样风风雨雨在供销科一直干到 55 岁退休，退休后又留用了 3 年。

儿孙满堂的快乐晚年

我跑供销忙是忙，家里还是要管牢的，特别是 4 个儿子的教育我不会马虎。我这 4 个儿子性格像我，都很乐观开心。现在个个事业、家庭都不错，有法律工作者、医生、公务员，还有自己办企业的，从不给我添麻烦。这 4 个儿子养大不容易，当时我们两个人的工资加起来不到 80 块钱，要养活 7 个人，条件虽然艰苦，但我对他们小辰光的管教还是很严的。我和他们说，市面上出来每一样好吃的东西，我会想办法买回来，给你们尝一下，但你们在外面不能滴卤儿② ，任何坏事都不能做，农村里人家种的东西，你们都不准动，否则不会饶你们。男孩子都很贪玩，但晚上 8 点不到一定要回来，所

---

① 落雨，下雨。

② 滴卤儿，丢人现眼。

以 8 点光景我只要在门口一声喊，他们 4 个就乖乖地一个个回家了。

我这几个儿子都受到改革开放的好处。拿我家老二国良来说，他是学医的，分配在余杭区的勾庄卫生院，改革开放后，2000 年左右余杭医院股份制改革，他控股 50% 当了院长，一直到 2010 年政府回购。在他控股的这 10 年里，卫生院各项工作蒸蒸日上。当时的卫生院是负债经营，只有很小的几间病房，也只能看看感冒、发烧，到现在建起了规模那么大的门诊大楼、住院部，人才输进来，专家请进来，现在大手术基本能做，想想也蛮有成就感。

还有我的三儿子国敏，我快要退休时，他分配进了三墩味精厂，当时管人事的问我，想把儿子放在什么科室，我说就放机修车间吧，学好一门技术蛮重要。后来他工作两年再去读电大学习机械设计，电大读完后继续在厂里工作了几年。这时候市场经济越来越活跃，老的国有企业也慢慢开始不太景气了，他来和我商量说要离开厂出去单干。我说厂里内部班子开始内耗，你再待在厂里也没啥前途，你跳出去我赞成。这一跳果然跳对了，出来后马上接到了广州一个药厂的设备设计业务，这一笔业务就是他的第一桶金，接下来好几个公司找他设计图纸，企业也慢慢越做越大。现在他的儿子鹏鹏也长大了，前些年从美国留学回来，我儿子就问他有什么打算，鹏鹏说"我也不去别的地方，就到你公司从最底层的员工做起"，这样做了快两年，经验也有了。我这个孙子前几年就开始自己独立搞研发，听说也做得很好，就这样阿爸儿子两个人办了两个企业。虽然我现在都搞不懂孙子企业具体做什么，但小孩子这么能干自己创业，我看了都开心。

对我来说工作还是蛮开心的一件事，退休后一下子觉得无所事事、空虚，还真不习惯。后来才慢慢适应，生活变得再次有规律，早上 4 点半起来，阳台上锻炼锻炼身体，下午搓搓麻将，日子过得蛮有味道。

前几年老头子走了，儿子们帮我叫了保姆，生活上照顾得妥妥帖帖，任何事情都不用我劳心。我儿子们说了，你就过好每一天，开心就好，不用管我们花多少钱。几个媳妇都特别孝顺，我是吃穿不愁，衣服多得穿不完，你看柜子里还有那么多没穿过的衣服鞋子。媳妇们给我买花衣服，我就穿花衣服，给我买红衣服我就穿红衣服，这也是她们的一片心，她们开心我就开心。吃更是嫌自己胃口小，鲍鱼、龙虾年轻的时候想吃没得吃，现在有得吃了，倒是吃不落^①那么多东西。

儿子媳妇都争着要带我出去游山玩水，只要走得动，我也哪里都会去，海南、黄龙、九寨沟、四大佛教圣地都去玩过了。现在的科技真不得了，我坐高铁看到跳出来时速300多公里，这玻璃窗看出去还没什么快的感觉。本来我出差时坐火车要坐几天几夜，现在五个半小时就到洛阳了。现在社会福利好，出门多少^②方便，全国各地旅游，我是老年人，不用买门票，出门坐车也不用花钱。老大、老二说三墩通地铁了，他们不开车，专门带我去坐地铁体验一下现代交通，那地铁一辆接一辆等都不用等，真多、真快、真方便。

70岁那年我得了胃癌，经历了5个疗程的化疗。要进手术室了，小辈们都很紧张要推我进去，我和孩子们说不用的，我自己走进去。我老早就晓得了我的病情，我和他们说，我的一生是坎坷也有，享受也有，活得很精彩，这次手术成功是我的福气，手术失败了也没有遗憾，我有那么好的一个家庭很知足了。结果手术很顺利、很成功，到现在10多年都好好的。我46岁时眼睛就花了，可过了70岁眼睛就慢慢不花了，连地上有根头发丝都看得见，真是返老还童了。

现在儿子、孙子、孙女，包括第四代也都蛮优秀、蛮能干、蛮孝顺，这个社会又这么好，我还有什么理由不开心，一定要多活几年。

采访地点：三墩镇卸紫家园8幢
采访时间：2024年8月15日 9：00—11：30
被访谈人：倪福芝
采 访 人：朱嫣红
校 对 人：戴 骏

① 吃不落，吃不下。
② 多少，多么。

逝水年华——从蒋家古宅到三墩老街

蒋全璋

85 岁，西湖电子集团有限公司原总工程师

悦昌南货，羊肉阿奎，面店阿炳，豆腐阿泉，麻饼阿荣，炒货阿德，水果阿全，宝法豆浆……这是我小时候记得的三墩名牌。

我的老家

蒋尔康古宅是我的家，1939 年 5 月 19 日，我就出生在这里。我爸爸生于 1898 年，听我爸爸说，这个古宅是我爷爷手里盖的，在他出生以前，也就是 1898 年前就有了。辛亥革命是 1911 年，民国元年是 1912 年，因此这个古宅应该是建于清代。

我家坐落在陈家桥南中学弄 4 号，在弄堂的东侧。整栋房子坐北朝南，按前店后住宅的格局建造，最北面是两间带楼的临街店铺，记得小时候一家是姚姓纸店，另一家是方姓米店。楼上有雕花栏杆及走廊，可以凭栏眺望街景。两家店堂后面都有吃饭和其他活动的房间，一出此间便是一个小天井，天井东面有间厨房，厨房南面，同在此小天井的东侧，有一处家里人称作小房子，其实是一间经（佛）堂、花园和柴房。通过一扇木门，用一个硕大的木头钥匙开门进出，小天井西面有一排排门房，其后是堆放杂物柴草的地方，经排门，再过一扇朝北的石库大墙门，便进入我家的住宅。一进墙门便是和小天井一墙之隔的前天井，此天井全由整块青石板铺砌，东侧是两块大吸壁，和天井北墙上端一样绘有多幅彩画。此天井西侧便是装有整排镂空花窗的厢房，南面是落地花窗门的三开间厅堂，为我家举办婚丧祭祀活动的场

所。厅堂内布置现已面目全非，原来是搁几，董桌①，半圆双拼大圆桌，一堂（套）茶几、太师椅，板制对联，大幅字画，顶上有"佑启堂"牌匾等，十分齐全。正厅南面是后轩，铺设地板，落地花窗门，以招待零星不时来客，两边边厅后是有雕花窗装饰的东西两大厢房，各有一个楼梯上楼。东厢房东面有个大厨房，其南面是水阁。厨房相当大，有3口大锅、4个汤罐的烧柴大灶，还有一个吸壁灶，一个小炒用的小柴灶，七石水缸，劈柴墩头、墩桌、菜橱、碗橱及各样厨房用具等，用起来十分方便。

后轩南面是后天井，南面砌有三种图案的瓦制花窗，外面有一片竹园和一株油柿树。后天井西侧开有一墙门，通向弄堂。

此宅院是两进三厅三厢房、三天井的格局，全长估计60多米，建筑面积600平方米左右。

这幢古宅建筑上有两个特点：一是楼上每个房间有4扇门，建筑上称蝴蝶门，所有房间都可以互通，以应对不时之需；二是楼上所有房间都有副檐，用于存放各类杂物。

除夕守岁与婚嫁　典型的三墩乡风

儿时记忆中还有两件事特别开心：一件是除夕夜，年夜饭后的烧纸②守岁。厅上布置得十分隆重，董桌周围要围上缎子绣花桌裙，两边有两副大小蜡烛台，中间一个大香炉，圆桌上除供奉小菜、老酒外，在董桌上还有几只特别醒目的直径约为40厘米的大桶盘，放上全鱼、全鸡和各有3～5斤重的肋条鲜肉和咸肉，一起煮的"煮三牲"之类的大餐，上面贴上姐姐刚剪好的红纸元宝。搁几中央还摆有木制搁板，其上画有各种菩萨。一切就绪，点上蜡烛，烧上元宝，全家人由大到小在蒲墩③上下跪祭拜，祈愿来年幸福安康。烧纸元宝后，大人要准备吃的年糕，二哥开始揉糯米粉，在大桶盘里

---

① 董桌，供桌。
② 烧纸，就是祭祖。
③ 蒲墩，用老的毛笋壳做的垫子，非常柔软。

要和上好一会儿。然后由妈妈和姐姐来做大年初一早晨吃的圆子，有甜的豆沙馅的，也有鲜肉馅的，还有一种比较小一点的实心圆子，要用黄豆粉蘸着吃，称黄豆粉儿滚圆子。

这个时候，大家都围着妈妈坐在东厢房（我们俗称吃饭间）内，一边看着妈妈和姐姐做圆子，一边听妈妈和我们几个小的讲，今天是年三十，要烧纸守岁，就是去掉过去旧年不好的晦气，除去一切伤病思痛，迎来新年的好运，小辈对长辈要尊敬、要孝顺、要知恩，希望大人要长寿。大人希望小孩要上进，读书要好、品行要好，不要歪七旋八①，大起来要有本领，要有一技之长！说着说着已近深夜，厅上烛火还通明地点着，爸爸不时将蜡烛芯子用钳子夹下，避免掉在桌上起火。

我那时候只有五六岁光景，似懂非懂，在家里串进走出，东西吃吃，蹦蹦跳跳。兴奋之余似乎显得一副要困的样子，于是倒头便睡，直到新年来到的一刻，哥哥们叫我吃年糕了，那时我才睡眼惺忪地醒过来，仿佛听到妈妈还在和我们说着什么。

天很冷，外面下着大雪，全家坐在一起吃着热乎乎的年糕，真是一番"雪花儿飘飘，菜花儿下年糕"吉祥如意、和谐幸福的年味场景，大家祈盼新的一年事事顺利，步步高升！

第二件事是姐姐结婚。解放前夕，我刚 10 岁，记得姐姐出嫁时是坐花轿的。花轿停放在大厅的正前方，那花轿打扮得可漂亮呢！四周的轿幔都是红色的绫罗绸缎丝织品，上面绣着大红喜字、丹凤朝阳、富贵牡丹等吉祥图案，姐姐梳妆打扮后还穿戴上凤冠霞帔，由大舅舅抱上轿，敲锣打鼓将花轿抬到河埠的船上，用船送姐姐到高桥头姐夫的蔡家。

记得当时哥哥额头撞在了西厢房的窗台上，出了点血，其他并无大碍，大人就将"送亲"这角色换成了我这个小弟弟，就这样我一路随着送花轿的船到了姐夫高桥头他家里的河埠。

---

① 歪七旋八，不正派。

整个过程中那喜庆的氛围、热闹的劲儿，和后来在电影里看到的老底子结婚的场面真是一模一样。

印象中的三墩特色

讲一讲三墩过去一些有特色的地方，是蛮重要的。要表现三墩是怎么一个地方，一定要把它有特色的东西描绘出来。

第一个特点就是三墩的中医相当有名，而且相当多。最有名的是一个叫费元春的医生，他是中医外科，但他十分注重"治外必求治于内"的理论，实际上是远近闻名的内外兼治的名医。他的弟子也非常有名，遍布杭州。最有名的两个弟子是余步卿、余步濂兄弟，他们也是内外兼治的名医，现在50岁左右的杭州人都知道。他们在皮市巷开有自己的诊所，是相当繁忙的。诊所一般不收费，你自己给多少就是多少。

三墩医院的蒋子歧、祥符桥医院的费元春的儿子刘嵩，都是很有名的内外兼治的中医师。

叶熙春（叶是老余杭的）的学生叫蒋鸿舫。蒋鸿舫是中医内科，后在三墩医院坐诊，非常有名。还有小儿科吴济时，在范家湾。还有赵南堂（音译），也是非常有名的中医内科。

还有一个医生，他的父亲原先在三墩蒋鼎坊油坊里，相当于现在的总经理角色，那个时候叫大伙（音译）先生。他的儿子也是非常有名的中医，叫张硕甫。他后来也是到杭州去了，开始在武林门开诊所，解放以后听说受聘于杭州市中医院。他女儿也是中医。

外科王栋卿医生，他的诊所在东蒋湾，就是庙前街社区边上以前的一个墙门，现在已经拆了。

陈世昌眼科医生，诊所在五里塘拐角，蔡荣富米店隔壁。他哥哥的儿子叫陈公白医师，擅长针灸、眼科，也是他家世代传人。

西医有个叫金惠人的，在三墩时间是非常长的。大家过来凡是看西医总是找他看，他医术高明，远近闻名。他的诊所开在陈家桥西边西河口的拐角。诊所里边还有妇产科，一个产科医生叫陈小姐。我不知道她具体叫什么名字，她是我们这里接生最多的医生，我也是她接生的，我以前碰到她总是很尊敬地叫她"陈小姐"。

中医、西医三墩非常多而且十分有名，后来陆续都到杭州去了。我听另外一个同学的哥哥跟我讲，说杭州好多有名的中医是三墩过去的。

有中医，一定会有很多中药房。西河口有一家益生堂。陈家桥南有一家恒春堂。卸紫桥那个地方有一家叫存仁堂。中药非常齐全，配药也十分方便。

老作坊、小吃，沿街小店

三墩的第二个特点，就是老作坊。

第一，三墩油坊很多，最有名的是"朱泰和"，我们小时候叫"老泰和"，还有"新泰和""朱长顺"。我家的油坊在这三家油坊之前，是清末民初的时候开的，叫"蒋鼎昌油坊"。

蒋鼎昌油坊在范家湾，老泰和在东蒋湾，新泰和在西河口，朱长顺在五里塘，现在看到做油的广告说"是小时候的菜油香"，我是真正闻到过在菜籽丰收季节，满三墩全是菜油的香。

现在杭州至三墩的公交车下来，有一个公园，公园的头上有一个轮子[①]，就在往文星桥那条路的拐弯处。以前油坊里边菜籽炒熟了以后，就摆在这个轮子的槽里面碾轧。这一步相当要紧，以后要经过整个打油的工艺流程。记得小学时候和同学一起去东蒋湾老泰和油车看整个打油过程，结合我现在的知识，小结下来大致是：先将菜籽在稻地上曝晒→油车内大锅炒制→晾透→用牛带着碾轧的大轮在大的圆槽内碾轧磨粉→将粉蒸熟（现在知道叫蒸坯）→箍饼→上榨（放在榨油台的榨槽中）→撞榨（这时要不断添加撞击的木制楔子来挤压油饼，直到榨出一滴一滴的油。这过程非常费力气，油车师傅

---

① 轮子，石碾。

赤着膊，光着膀子，挥着大榔头，用力将楔子撞进去，听说还要巧力，就这样用压力将油从油饼中挤压出来）→过滤去杂质→冷却保存。压榨完的菜饼可以用来施肥。

这就是整个打油的工艺过程，油菜籽丰收季节，整个三墩都能闻到菜油香，想想工人师傅多少辛苦，多少不容易！

第二个是水作坊。三墩的水作坊也是非常有名的，五里塘西河口、陈家桥南，应该讲三墩到处都可以看到水作坊。水作坊主要是用番薯、蕉藕来做淀粉，再烫成粉皮或加工成粉丝之类的各色产品。

水作坊出的粉皮也非常好，比杭州①的粉皮不知要好多少，烧起来不糊的，韧性很好，跟肉丝、笋丝、韭芽或者羊肉烧在一起，大家称作三墩的大菜——肉丝烩粉皮或者羊肉烩粉皮，趁热炒出来请客人吃，大家都很喜欢吃，非常有代表性。

第三个是酱园。五里塘有家戴穗仁，俗称老穗仁；陈家桥南有家分店，叫小穗仁，就是现在称的连锁店。西河口有家朱同和。穗仁、同和是三墩最有名的两家酱园，都是前店后作坊的格局，两家都是自己酿酒，制作酱油、酱瓜等。这里值得一提的是，小时候买腐乳、象牙萝卜，盛放的容器，都是用毛笋壳做的一只只小船，绝对环保。

还有两个酱园里边生产的东西也很有名。

一是生脆瓜，杭州景阳观②写的名字是"双插瓜"。我们三墩的生脆瓜，一年四季里头伏卖的才是最好的。细长的黄瓜取自三墩附近的农田，这个味道和原料及时间都有很大关系，特别讲究。因为我姐夫在同和、穗仁都待过，他对这方面特别熟悉，讲起来一套一套的。

我妈妈当时买来生脆瓜，有两种吃法：现吃的一种，直接用糖跟麻油腌制；要存放的一种，就要太阳晒，干了以后就可以长时间保存，也便于邮

---

① 此处杭州指的是杭州武林门以内的老城区。

② 景阳观，杭州著名酱菜店，创办于1907年（光绪三十三年），被誉为全国著名四大酱菜店（北京六必居、扬州三和四美、杭州景阳观、济宁玉堂）之一。

寄。杭州人早上吃泡饭，生脆瓜是常备菜。

二是"坐子酱油"，现在加添加剂的这些酱油是不好比的。"坐子酱油"如果买到的话，家家户户都是放到大年三十蘸白斩鸡吃，那是特别香、特别鲜。这是整个杭州市酱园都比不过的。听说做这个酱油的时候，整个缸里面有专门一个容器来做。

第四个是茶馆。三墩的茶馆可以讲是遍布所有的角落。周边农民一早就用摇橹的船，把土特产——我们三墩人叫"土货"，放到船里带过来。有的人是搬到茶馆的门口来卖，有的时候是卖给那些小贩。

茶馆多，河埠也多，河埠上都有一个一个牵绳的铁圈，在东蒋湾老泰和的河埠，应该还能看到有一个一个铁的圆圈，这就是船停泊以后牵绳的地方。靠岸了以后，农民就来喝茶了。喝茶一是来灵灵市面，时政动态、商业行情怎么样，喝茶的人都会像很灵通的样子谈论着；另外一个是听听书，茶馆里头有说大书的，还有以前杭州唱小热昏的。沏一壶茶，坐上一两个小时，东西卖掉了，把三墩有的日用百货再买回家，这样来回就是一个循环，每天往复来来回回的，生活也相当有规律。

茶馆生意是非常好的。比较有名的是陈家桥走下来的一笑楼，还有陈家桥南一家姓严的、西河口湘官（音译）大妈家开的茶馆等，都是非常热闹的。因为我比较爱玩，所有三墩这些地方，我还是很小的时候都跑过。

三墩各色各样的小店，凡是和生活相关的，只要你报得出，三墩全有，绝不会空缺。

比如竹器店，在陈家桥中学弄的对面，有一个邬家，他家就是做竹器的。他家里还有桑地，养蚕也养得很好。在三墩中学弄走到范家湾拐角的那个地方，就是他家养蚕的房子。每一次养蚕的时候，他家里一匾一匾的蚕，还要缫丝做丝。三墩养蚕做丝的人家也非常多，这是有代表性的一家。

还有染坊，制作印花布。以前就是西河口的陈家染坊。这种染坊的布到哪儿去晒呢？我印象小时候，三墩有一个大操场，就在相公庙三墩小学的旁边。

还有专门做皮毛生意的董老二、董老三，也是蛮有名的。卖日用百货的，在庙弄街走下去，叫陈茂奎。还有个悦昌南货店。这些举不胜举了。

庙弄街街口，我们读书的人要买的笔墨纸砚，就有一家郭文华文具店。

中学弄口子上有爿丁氏银匠店。庙弄里头还有一家葛氏银匠店，是我同学的小伯伯开的，所以我到他家也去玩过。以前小孩子怕养不大，要做一个银的长命锁，或者手环耳环，还有铃铛，店里边全是自己精心制作。

庙弄里再往前走，过三墩庙拐弯处，是家陈家漆器店，箍桶，各种脚盆、脸盆，都要漆的，小的、大的、提手的全都有。

我噜里噜苏讲了这么一些店，归纳起来能朗朗上口、耳熟能详的儿时三墩名牌：悦昌南货，羊肉阿奎，面店阿炳，豆腐阿泉，麻饼阿荣，炒货阿德，水果阿全，宝法豆浆……

这些店里边，当然不要忘掉南阳坝的豆腐皮，这豆腐皮下水是不糊的。还有毛锦堂的圆子、油豆腐和千张包。

抗日战争以后，三墩被称作"小上海"，那个繁华的景象，我一个同学的哥哥那天打电话跟我讲，三墩街上你根本走都走不过去，到这样的地步，就是人很多，热闹繁荣，相当于解放以后开物资交流会①那样的场景。

龙灯、龙舟、跳花灯、打连厢

说起龙灯，西河口有一条龙（一支舞龙队），五里塘有一条龙，每次过年都要舞龙灯的。而且要到大的店家里头跑一圈，店里要给红包或者披红，相当热闹。

舞龙灯的乐队装潢得很漂亮，方方地围成一圈，跟在舞龙的后面，敲起来十分有节奏。我小时候，不知道为什么，西河口跟五里塘的龙到时候要打

---

① 物资交流会，是一种为了促进市场、扩大销售、繁荣经济而产生的特殊形式的集市贸易。特点是商品品种、数量和购买人数可达到平常市集的几十倍乃至上百倍，一般间隔时间长，大约一年举行一次，交易时间短，持续3～5天。1953年6月，三墩镇举办了第一届物资交流会，此后基本每年举办，自由市场放开后停办。

的，怎么打？就是龙跟龙打起来了，真的是人跟人打起来了。我当时很小，很害怕，就逃回家了。

龙舟以蒋村、五常最有名。他们的龙舟分为"满天装"和"半天装"。"满天装"就是整个船都是旗、鼓，花色品种非常漂亮，中间敲鼓，音乐伴奏，相当于现在的花车巡游。比较简约一点的是"半天装"，在整条河上巡游。这个热闹的劲儿我们小孩最喜欢看，在三墩的小河里，龙船尽管不能比赛，但划得很快很有力，像比赛速度那个样子。

龙船到了比较大的河埠会停下来，大家用红的绸带或者红的丝绵给龙船披红，就是用红绸带或红丝绵在龙角上面绑起来，然后给龙船里边放很多米，这个是祈愿丰收，十分吉利的。

第三个我要讲跳花灯，这是个舞蹈，是南阳坝的，有男孩儿跳的，也有女孩儿跳的。花灯是自己做的，做得非常精致、漂亮。

记得这个花灯舞，经杭县中学音乐、美术老师柳村老师的指导、改编，曾去参加县里的舞蹈比赛，还得过奖呢。

还有一个叫"连厢舞"，即打连厢①。

小河②，这边风景独好

接下来我要讲一下交通，很简单，主要靠门前的这条小河。如果我们三墩的人要到杭州去办事，主要靠小划船，一直给你划到小河，或者到祥符桥。

一般小船划到小河，小河上岸了以后，有公共汽车，到城里就是这样麻烦，哪里像现在这样四通八达。

四周的农民要把土货运到三墩来卖，要把这里的日用品买回去，就是靠这一条河来回运的。

在三墩中学读书、家住附近双桥村杨家塘农村的一位同学跟我讲，小时

---

① 打连厢，是江南地区的一种传统民俗舞蹈，也叫"打莲湘"，即以手持特制竹竿道具边舞边唱为特点，具有悠久历史和文化价值。

② 小河，地名，位于拱墅区，运河边。

候他跟他爸爸、爷爷摇船到三墩，沿途风光相当漂亮。到了三墩，爷爷在茶馆喝茶，非常惬意。他爸爸将农村带来的土货卖掉，买一包荷叶包的阿奎的羊肉，他自己就在三墩走一圈玩玩。

解放以后，供销社成立了，定期定时有所谓"航船"，就是把日用品拉到周边各个乡镇的供销社分社去卖。回来时带上农村收购的农产品，农民就不需要摇橹划船到三墩来卖了，这是第二步。再后面这个航船变成机器船了，不用摇了。以前的这种运输形式，经过三步，又快了很多很多。

第二个作用是运柴。三墩原来是没有煤球厂的，更不用说煤气了，烧茶煮饭主要是靠烧柴火。三墩没有山，有树木的地方也少之又少，只能靠这条小河的水路将周边山区、乡村的各种硬柴和茅草运来供居民使用，这样自然就催生了柴行及在河埠上现卖柴火的交易。

第三个作用是运水。以前三墩没有自来水，全部是靠这条河里的水作为饮用水的。家里灶间的七石水缸，就是一个水缸可以装七担水的那种。早晨四五点钟的时候把水从河里挑上来，用明矾淀一淀，就能吃了。

小时候河水清得不得了。后来听说上游造纸厂的废水往河里排了，污染得厉害。从此以后三墩就慢慢地有自来水接过来。

下午的时候，河上有停着"木鸭儿"的捉鱼船从别的渔村驶过来，"木鸭儿"就是鸬鹚，又叫"鱼鹰"。它喉咙口绑有一道绳子，五六只这样的捉鱼船，赶下停在船沿上的鱼鹰，让它们一齐下水，总数有 30 只左右，它们游来游去，一会儿就将包头、鲢鱼这样的大鱼捉住了。渔民用一根头上带钩的竹竿，趁势钩上捉到鱼的鱼鹰脚上的小铁圈，拉上来挤出大鱼，喂它小鱼，然后一只一只让它停放在船沿。捉鱼过程和捉完鱼后的景象，真是美！捉到的鱼沿途就卖，但是这个鱼不好吃，非常腥。

我很小的时候也学着钓鱼，吃过饭后，在我大舅母门口的河埠，嗒嗒嗒嗒跑来，嗒嗒嗒嗒跑去，用一颗饭粒或者一只苍蝇作鱼饵，一钓就钓起条昌条鱼，真是好开心啊！

读小学的时候，好多同学结伴去花园岗采集植物标本，就要沿着这条小河走。走到祥符桥一半路的样子，有个半路凉亭，四面是敞开的，用前后四根石柱撑起亭子屋顶，后面两根石柱上还记得刻着这样一副对联，左联是"有命也，有运也，缓缓而行"，右联是"为公乎，为私乎，坐坐而去"。几个同学看见后就叽叽喳喳地叫了起来，"坐坐而去，坐坐而去！"大家坐着休息了会儿就直奔花园岗。回来时同样坐在这儿，大家比谁采的植物品种多、谁采得特别。回到家还要将这些标本小心地夹在书里，东问西问这些是什么植物，那乐趣，现在儿童一下课就要被送到各种补习班，那种枯燥味不能与之相比。

采访地点：三墩镇民俗馆

采访时间：2024 年 9 月 5 日 9：00—11：30

被访谈人：蒋全璋

采 访 人：殷　锐　李忠慈

整 理 人：殷　锐　李忠慈

校 对 人：蒋全璋　戴　骏

钱氏几悲欢 古镇曾繁华

钱楠楠

84 岁，钱氏家族后人

我再不说的话，三墩的情况我们这一辈的人也差不多了，下一辈的人什么也不知道了。

钱家悲欢可以写本书

我们家是破落的大户人家，我是 1940 年出生的，我家在（19）40 年后就破落了。因为祖上一代人都相继死掉。奶奶是接近解放（的时候）死的，所以奶奶知道解放前的事，她说，当时（抗日战争前）的三墩是很繁荣的，我们家是大户人家。

奶奶是在我 8 岁时死的，爷爷没见过，我只知道他是干什么的。爷爷的名字我只知道小名叫"阿东"（音译）。我爸爸是独子，他只生下我一个独女，我爸爸叫什么，我也说不上，只知道叫他"阿生"（音译）。我问我表哥，他比我大 20 岁，他说（我爸爸）叫钱至恒（音译）。我爸爸在我 14 个月（大）时就没了。我们家是开绸布店的，店的字号叫"钱光大"，就是现在的陈家桥南 2 号墙门房。

抗日战争时期，三墩离杭州比较近，来往做生意的人比较多，据老人们说是当时的"小上海"，经济比较繁荣。因为这个地方是偏僻小镇，大马路进来拐弯还有几里路才能有集镇，这是不起眼的原因吧。我家的店在集镇中间，门前一条河，又是店面街道，交通方便，（水路）直通卖鱼桥。陈家桥下的河直连大运河，家境好的人家都有船，出行做生意做客、下地干活都靠船。小莲蓬船是接客用的，好像我们现在的公交车，但是穷人坐不起，靠自己的脚来代车船。除了小莲蓬船，还有航船，也是当时的公交船吧！往西往北走每天有航船。

我们三墩整个镇上的几千户人家可以算很少的，但是整个三墩来往的范围，西面到大陆，南面到蒋村，北面到良渚，东南面一直到武林门北，四面八方的人买东西都到这个地方来。那是因为三墩镇上的货物小小大大，从生老病死到婚丧嫁娶，所有的东西，你说得出来的都有。那中心地点在哪里？就是庙前街，以陈家桥为中心的。

我小的时候，绸布庄还在开。杭州附近几个比较有名的城镇，哪怕是杭州（城里）有些店还到"钱光大"来批（发）过去。店里棉布、绸布都有的。"钱光大"原来是爸爸在经营的，但是后来爸爸已经做不来了。因为过去有个说法叫作"请财神"，就是到有钱人家里面去拉一个人出来逼着向他要钱，有点像绑架勒索。一天，绑匪绑了5个人（让他们）排队到了偏僻的地方，我爸排在第二，绑匪"啪"一枪打过去，故意打在第三个人的耳朵上，把他的耳朵打掉了。我爸爸当时就吓得瘫在了地上，结果神经上出了毛病。自从受了惊吓之后，他饭也吃不了，什么东西都做不来了，只是脑子很清楚，就是语言不能够表达，写还会写一写，系鞋带、系裤子、穿衣服都要人帮忙。这个时候我妈妈过来了。我妈妈是瓶窑石濑一个小村子里面买过来做丫鬟服侍我老爸的，当时只有14岁。

爸爸娶的第一个老婆没有生养，娶了第二个老婆是祥符桥的，采取（音译）的时候死掉了。什么叫采取呢？就是生小孩，小孩死了，大人也死了。第三个老婆也死了。那钱家是不是没有后代了？我爸爸的姐姐，就是我姑妈，嫁到双桥乡高桥村那边蔡家，生的第一个儿子过继给钱家做儿子了，实际上他是我的表哥。他家姓蔡的，到了钱家就姓钱，他叫钱建候（过继的时候只有13岁），94岁去世的。

因为第一个老婆没生养，第二个、第三个（老婆）都死掉了，就把这个丫鬟当作第四个老婆了，生下了我。在我前面我妈还生过两个（孩子），也都夭折了。我是在杭州广济医院出生的，就是现在的浙二医院①，那个医院有很多外国医生。我们家因给我爸爸看病，在杭州城隍阁脚下租了一套房子，这里离杭州广济医院最近。房子独门独户，是长租的，有楼上楼下，灶头是铁灶头，我们就住在这里。我妈妈要生小孩，怕生我的时候再出问题，所以就城里住住，三墩住住。

生下我后，全家人都很开心的，终于有了一个孩子，不管女的男的，总而言之钱家有后了。爸爸给我起的名字——钱楠根，就是巴不得这一条根能够留下来。后来我妈妈说叫作树根的根干吗，难听不难听，我妈妈就改成了"楠楠"。

姑妈家里过继来的表哥跟我妈妈相差 5 岁，他叫我妈妈二妈妈。当我老爸去世以后，我和表哥就以陈家桥五里塘那条河为中心，分了一下财产。陈家桥的北面归哥哥，陈家桥的南面归我。北面宅子就在庙前街，这个住宅四进四出，地方很大，是给我哥哥。那个房产外面是一排门房，很简单的，租给一个是开碗店的，叫韦阿二的人开的。卖碗的店面看起来好像只是店面，但走进去是很大一个墙门洞，墙门进去，先是一个小天井，东厢房是大奶奶睡的，西厢房是二奶奶睡的；再一个大客厅，再一个天井，进去是厨房，就是烧饭的地方，有楼梯可以上楼，我们住楼上的；又是一个天井，然后是柴房，杂七杂八的啥东西都有，再就出去的了。出去就是和蒋家结合在一起，是蒋黎明家，我蛮小的时候在这个地方住过的。

三墩镇供销社这个地方，从开始一直到老三墩小学，这一块房子分家产的时候全部是我哥哥拿去的。解放初的时候，我哥哥在诸暨船商学校干老师的，也可能是职员，因为国家要改造了，庙前街上的这些房子就 800 块钱卖给国家了。

另一边"钱光大"的店面房子是归我，当时我还小，由我妈妈代替（打

① 浙二医院，从 1869 年，英国传教士麦多在杭州横大方伯租赁 3 间平房，设立戒烟所，到 1871 年，英国人甘尔德主事，戒烟所更名为"广济医院"。1952 年，浙江省人民政府正式接管医院，并更名为浙江医学院附属第二医院至今。

理）。所以，钱家是把陈家桥从南面到北面两边都占据了。

在西河口那个地方开始就是朱家了，五里塘这边也是朱家的，这两边都是朱家的，朱家这边要一直到武林门方向去的。现在朱泰和家还有人，最老的是 105 岁，还在上城区，是嫁出去的。因为她的侄子、侄女儿在三墩镇小教书，跟我在一起的，所以我认识，姓翁的老师。

五里塘还有一个王家，也蛮有名的，可以说是大地主。五里塘王家的房子也是比较深远，但是里面的结构不是很复杂。外面是排门房做店面，走进去是墙门，墙门里面有天井，有东厢房、西厢房、厨房，然后又是一个天井，大概是两个天井，墙门很好看的。因为王家我有个同学，所以经常进去玩的。

我们的店面后来是由谁打理呢？老爸在的时候还能够主持账上的一切事情，还有一位账房先生和表哥。这位账房先生也是三墩人，住在卸紫桥，到今年是死了三年左右。他当时的年纪还很轻的，帮忙把这个店开下去。布店还被火烧了三次，（19）40 年前就烧过，还有（19）42、（19）43 年这个时候。后来就不开布店了，听人家说是我爷爷的兄弟转到杭州城里去开了。这里变成了杂货店，杂货店也开得比较大，里面不管婚、丧、嫁、娶，所有三墩镇上需要的东西，几乎我们家都有，比百货商店范围还要广一点，你需要什么就拿出来什么。账房先生旁边至少两三个伙计，我妈妈就负责照管我，还管老爸。后来因为我妈不懂经营，店面半死不活的，慢慢没有了。

1943 年我爸爸过世，当时我妈妈年纪还很轻，只有 20 多岁。在陈家桥北有一家三墩益生堂药店，租我们家的房子，老板叫洪先生，吴济时是洪先生的女婿，也是钱家的家庭医生。他给我妈妈介绍了张同泰的一个伙计陈子祥，跟我妈妈同龄，宁波人。就这样他与我妈妈结为夫妻。生下的一个儿子就是我弟弟了，跟我相差 4 岁，叫作陈帮和，后来当了 10 年嵊县县长，最后在浙江省农副集团公司董事长兼总经理（职位）上退休的，蛮有出息的。

一直过了两三年之后，（19）47 年我弟弟陈帮和已经四五岁了，我妈妈肚子里已经有第二个孩子（钱楠娣）了，她才晓得继父在宁波是有老婆的。为什么前面没有说出来，是因为继父的老婆没有生养。这时他们两个人为此事经常吵架，然后继父坐着小划船就回宁波去了。继父回去那天妈妈先在陈家桥追，追得要命的，当时有个橘子摊摆在这个桥上面，我妈冲过去一下都掀翻了，这样也没追上。我妈眼看着继父带着弟弟跑掉了，因为继父在那边（宁波）有妈妈，有爸爸，也有老婆。结果他带我弟弟回了宁波之后，那边的老婆又生了两个孩子，一男一女。因为有句老话，"有了林子有青枝"。

继父逃走之后，我妈妈就带了一个我，还有一个肚子里四五个月的孩子。妈妈的娘家是非常穷的，不是贫农，是雇农，祖籍是绍兴人。外公是从绍兴挑盐到杭州、余杭来卖盐的，结果累死了。外婆有一个儿子、一个女儿，女儿卖给了钱家，儿子不争气，出去了之后没有回来，死在哪里也不知道。舅妈是有的，小孩也有了，小脚的外婆无依无靠，土地也没有，靠人家帮忙给点救济。这样的情况之下外婆很可怜，女儿卖掉了，她不好过来看女儿的，女儿也不可以回娘家去的。封建社会就是这样。后来我舅妈病死了，孩子（陈茂德）跟我一样大，(19)47年也送到我们这里来了。老公死了，儿子不见了，女儿卖掉了，媳妇死了，怎么办？外婆后来上吊自杀了。小脚女人没有生活能力，所以很可怜的。

舅舅家的哥哥（陈茂德）是瘌痢头小孩，靠邻居饥一顿饱一顿给一点吃的。陈茂德他去年刚刚死的，跟我同岁但是月份比我大。他因为没人管，头上生了一头的瘌痢，衣服穿得邋里邋遢的，我妈妈用板刷把他头皮（上的黄癣痂）刷掉，把药涂上，才慢慢地好起来，后来叫他读书，他不愿意，他的书包放在茅坑旁边塞着，自己玩去了。我妈妈自己做油沸粽子让我去卖，我不愿意卖，我宁可饿死也不卖，他把我的也拿去卖掉，他就是贪玩。

爷爷死后，家境慢慢衰落，父亲去世后，家里就靠卖东西，甚至卖房子、卖土地来维持生活。这样我妈妈卖掉了一点，分送掉了一点，剩下的就很少了，结果我家当时的成分评的是中农。

　　我们就是靠房子吃饭的，解放后我才知道，祖上大概留下了 4 套房子，一户人家房租能够有两块钱。还有陈家桥旁边有一些店面也是我们的，没有吃的就卖掉一套。另外大房子我们自己家有两套，楼上楼下。就这样生活还是维持不下去了。到（19）53 年，被服厂里面的工人都叫我妈妈二奶奶的。又有人给她介绍了一个南通人，是浙江省建筑公司扎钢筋的工人，在拱宸桥的。我妈妈来问我意见，当时我已经有一点大了。我说不知道，你觉得怎么好就怎么好。所以我可以说有两个继父。人生就这么复杂，特别是女人，从这里可以看出就是封建社会里的女人是怎么生活的。封建社会就是这么个情况，还是解放后好起来了。

　　第二个继父（19）53 年进来的，（19）54 年生了一个妹妹（施祖莲），就住我们家的。他是南通海门人，47 岁还没有老婆，因为家里穷，所以我妈妈是他的第一个老婆。我继父他们那边排到祖字辈了，所以我妹妹跟着他们排辈走了。这第三个爸爸我也不太见到，我礼拜天回来一趟，礼拜天晚上我就住在学校里了。后来他去金华上班很远的，有时候在那个地方要一两个月才回来一趟。

　　我第二个妹妹（钱楠娣）、第三个妹妹（施祖莲）都下放过的，后来到三墩丝织厂工作到退休为止，都是车间主任。

　　我妈妈一直做裁缝，做到"文化大革命"。她有三个老公，我们四姐弟就有 3 个爸爸。我第一个爸爸也没怎么看见过，14 个月，跟没看见过一样了。第二个爸爸不是我的真正爸爸，第三个爸爸也不是我的真正爸爸，所以我不会叫爸爸，我叫不了爸爸。这两个字到今天还是很陌生的，只会阿爸、阿爸地叫，叫不来爸爸，好像有一点另外的感觉。我这个人跟人家不一样，在这方面是有心理创伤的。

　　后来我们联系到宁波我弟弟那边。那边继父的老婆对我弟弟好像总有一点不太顾得牢的那种，不是很好。那边的婆婆跟媳妇经常吵架，不太和睦，吵架当中就跟我这个弟弟说，你不是她生的。到 18 岁的时候弟弟参军了，那边婆婆说，你的妈妈在杭州，我叫不出来名字，你有个姐姐叫什么名字。

这样一说弟弟再回来认亲的。陈帮和是在宁波那边读中专的最后一年，18岁的时候就参军了，参军后是党的培养让他出国去了两年，再回来到党校里学习一年。然后他在嵊县工作，在嵊县找的对象，生的小孩。我弟弟后来一直是跟我们来往的，直到现在我们还是像一家人一样。

我们四姐妹（弟）虽然不是同一个父亲，但是我们就是同胞手足。可以说好像一个爸爸一个妈妈生出来的，过得非常好，谁有困难大家都帮忙，我们在一起直到现在为止蛮好的。

我那个过继过来的哥哥钱建候，"文化大革命"时说他是地主，工作也没有了，但他很聪明，镇里面人家不会做的东西他都会搞的。后来在镇上一个工厂里面做技术工，一直到退休，他有 5 个小孩，都蛮好的。

陈茂德，是到（19）53 年，他 13 岁时被送回老家去，老家分了一点土地给他，就在那边做农民了。后来入赘到瓶窑镇太平村太公堂，一直做农民。农民是非常苦的，虽然三个儿子身强力壮，但实际上经济很困难，三个儿子都只能照顾自己。他的退休金是我跟我妹妹拿出钱来给他买的养老金，我出大头，她出小头，买到他死为止。给他买了养老保险，他每年就有退休金拿了。当时他每月就有几百块钱养老金可以拿，后来几年能拿到 1700 元钱一个月，到去世前也已经有 2000 元了。

过去的事情太复杂了，真的太复杂，光我家里的事可能有一本书好写的。我女儿说，跟电视剧一样的，要么等她退休了来写，我说你要 67 岁才退休。我女儿跟老公到美国，老公先读书了，然后她再读，老公上班打工，这样轮流读。她是去读硕士，还是先要读大学本科的学科，因为浙江大学医学方面的课到了美国不算，要重新读过。他们在美国退休要 67 岁了。

子子孙孙传承互助风气

庙前街范家湾这个地方，解放前、解放后我们和老邻居一直住在一起的。这些人家真是难得，这个团结互助的风气、和谐的风气直到现在为止还蛮好的。到（20）09 年拆迁了，可是一到时间有什么事情（原来邻居们）

大家都来帮忙了。直到现在这些居民老街坊还一年一聚都来的，人家一家人都做不到的。我们拆迁的第二年，马上聚集起来，三四十个人一起在陈家桥拍照，大家说要留个纪念。还一起外出避暑，前两年去了5家，今年可能去7家。

以前的时候大人出去上班了，小孩子拿一个饭碗，咚咚咚跑到第二家，又咚咚咚地跑到第三家，走来走去走吃饭，好像自己家一样，有这么个感觉。

原来范家湾这边是没有房子的，边上都是竹林，一条小河蛮清爽的。后来盖了一排房子。到了夏天，没有电风扇，大家把竹榻、板凳、门板都搬出来乘凉了。大家把地扫好，水浇好，到五六点钟把饭吃好，就都出来了，年纪大的人讲故事。有一个老奶奶讲故事，讲了一个又一个，实在没故事了，有时候她就胡乱编造了。我记得一个故事，她说从前有一家人家姑娘要出嫁了，要婚船没有，她出嫁前一天买了桂圆壳，她用嘴一吹，在水里面一放，就变成了一条船，在水里走啊走。我小的时候很喜欢这种故事，小孩子们听了很开心的。

我觉得这个风气真的很好。我们拆迁了之后，有几家的老人死掉了，很多人家有的在杭州，有的在秀里华庭（小区），有的在良渚，都赶来为他奔丧。

这个是什么道理？可以说老一辈过得好，下一辈看看也看会的，这个不需要教、不需要讲的。大人为人师表，做事做好（表率）了，从上一代到下一代都会是这样的，所以我说这一点非常好。

我们范家湾二村的村长，到20世纪70年代他还是村长，他非常关心每一家，不管你是什么出身。当时60年代到70年代，阶级成分不好的，谁看得起你。他没有这种感觉，他说阶级的问题，是这个家过去的历史，跟小孩子有什么关系，他还是对人家很好。

所以上一辈的好的地方往往自然而然地影响到下一代。我妈妈也是蛮好的。我记得有一次她给我讲，当时在钱家后门边讨饭的很多，天又很冷，结果有人冻死在我们范家湾这条路上，我们钱家出钱把他葬掉。类似这种小事情蛮多的。

我们这一片十几户肯定有的，从南面第一家是傅兆雄家；第二家是傅延龄家，是两弟兄；第三家是范光德家，他有三弟兄，还有一个姐姐，后来嫁到北京去了，小的时候也跟我们一起玩的；隔壁是董月娟家；再过来是姓李的，在街上卖菜的，这个人的名字我叫不出了，年纪太大了，这家死掉了；还有一家是漆器社的；再过来是一个豆腐店，蒋永强五姐妹，蒋永强是最小的，也是71岁了；再过去是杨阿春；阿春家过去是沈凤仙家，老奶奶家已经没人了；然后是钱家，我和小阿妹施祖莲家；还有张立英；斜对面一家是阿武；靠河边我家土地上后来建起来的还有姓詹的，我们叫她新疆阿姨，因为她（长得）好像新疆人；还有我们都叫"阿土伯伯"的陈公白家。

傅延龄就是我们老村长，死的时候77岁，我记得很牢，他是古龙俱乐部里的骨干分子，很积极的，他爸爸就是姚祺阿东。他的小儿子叫傅兆雄，小时候他是拉二胡的，我是唱戏的，他跟我相差5岁。三墩文工团是（19）51年组织的，当时我们到笕桥机场那边去演出了3个月，（他）每次过来都叫我一起去。他是从浙江省公安厅退休的，他一回来就回古龙俱乐部民乐队里面拉二胡。他一回到家，哪怕今天不是休息天，不管是退休了，还是上班的时候，从东家跑到西家，一家家跑过来问候，一般人不可能这么做，所以说已经习惯了。这个是我们东隔壁的谁家、西隔壁的谁家，很亲热的样子。

到现在为止还是这样，子子孙孙的，已经传到第三代了，那是不容易的，说明当时的风气是很好的。范家湾就是在陈家桥这一个角里面，在这样的环境下还那么和谐，这一点是非常好的。

舌尖上的作坊和老铺

三墩好像一个大集市，陈家桥这边是最中心的地方。抗日战争时期，这些要买进去的、卖出来的都到这里来。到这里来比较安全，从祥符桥来的，从瓶窑来的，从武林门方向来的，从四面八方拥到这个地方来。这里常住人口 3000 多人，但是非常热闹。

陈家桥有两家酒酱店，一个叫穗仁（三墩人通常念"惠仁"），另一个叫同和。穗仁店自己制作，自给自足，所以这里面很大，有很多工人，加工厂一样。同和旁边，靠近西河口的地方有一个油坊，这个油坊很大，这里面我妈妈去开过店的，卖香烟。

三墩油作坊是自己加工的，比较出名。我们这里的豆腐皮也是非常有名的。还有一个是我们当地吃的粉皮，可以说五里塘这一条街上每户人家都会做的。一个铜色的小圆筒，在锅子里面啪一旋、啪一旋，烫好一张皮子就掀起来。粉皮是用荸荠、慈姑还有蕉藕做的，蕉藕粉做的粉皮，吃起来韧性特别好，特别好吃。

三墩这里的荸荠又甜，水分又多，而且不像江北的荸荠蒂是凹进去的，抠出来的肉很少，水分少，硬邦邦的不好吃。荸荠是 10 月份开始有的，到春天这个荸荠地要翻出来种另外的东西了，大家都去踩荸荠了，这个时候没人来管你了，不会说你偷。你用脚去踩出的荸荠又甜又脆，又大又好吃，真的，地里都是，光脚踩过去，碰到硬的用脚指头翻出来，有很多荸荠可以捡。越是冷的天，荸荠越好吃。

豆腐皮是我们过年的时候用来做大菜的，另一个是祭祖必须要用的。祭祖当中有一碗菜，我们现在叫素烧鹅。当时不叫素烧鹅，叫酥肠。为什么叫酥肠？用豆腐皮把豆腐干、笋、肉馅，有的加雪菜包好，再用油一炸，不要炸得太老，拎起来，放在那里。客人来了一段一段切好，再用青菜、笋什么的放在一起烧出来，浓浓的这一碗，大家很要吃[①]的菜。一碗粉皮、一碗素肠，这两碗菜是过年的时候必备的。粉皮怎么烧？肉丝、笋丝、榨菜或者雪菜都可以配的。粉皮先要切好，用热水一泡，捞起来，然后和这些原料放在一起烧，吃起来滑溜溜的。红烧放汤，放白色的韭菜，我们叫白头韭菜，这

---

① 很要吃，很爱吃。

样什么颜色都有了，蛮好看的。

三墩豆腐皮那时候还卖到上海去的，主要产自一个我们叫"小桥头"的地方，还有南阳坝一个村。开始小桥头这个地方做得最多，家家户户都做，做豆腐皮是很辛苦的，烧火不能用柴，用稻草，一定要掌握好火候。三墩豆腐皮比富阳豆腐皮出名还要早，还要好吃，富阳是宣传得好。

庙前街还有个糕饼店，老板娘蛮厉害的，大家叫她"烂污阿糟"，很脏的意思，店里不讲卫生。但是老板娘人漂亮，交际也很广。她老公的样子也是一塌糊涂的，但是做的糕饼很好吃，各式各样的糕饼都做得出来。有咸的、甜的，圆形的、方形的。特别是节日里做各色月饼，咸的甜的都有，一般是苏式的。现在吃的糕点，甜甜的我不喜欢吃，我喜欢吃咸的。糕饼的形状比较丰富，比较漂亮。

还有毛锦堂是做圆子的，特别好吃，在一笑楼茶馆这边卖的。圆子都是带馅的，咸的、甜的都有，咸的是肉和笋丝，都是有汤的，一颗一颗卖的，有点像汤团。

一笑楼茶馆是傅家开的，我们是邻居所以经常跑来跑去、跑进跑出的。这个茶馆当时很热闹。当地茶馆一共有7家，傅家的最大，这边有毛锦堂的圆子店，有唱小戏的，有说大书的，到时候还有加油来点汽油灯的。他们家没有美人靠，外边有美人靠的有好多家，对面有四五家，全部靠河里面捞水，拿起来去烧了给大家吃。但是没有他们生意好，因为他们家人气旺，东西丰富多彩，什么都有。他家里面姚祺阿东是会修汽油灯的。汽油灯要把汽油装好打进去，灯会亮，那么这个灯干吗用？一个是照明用的，再一个哪里演出了、演戏了，要用到这个灯，哪里有聚会了，都到他家里来取这个灯的。所以说他家是两个生意。姚祺阿东是个很会说笑话的人，招呼四面八方的人，蛮会说，总而言之，头脑很灵活，随机应变。（茶馆）4点钟就全部客满。从早上4点到下午4点都是客满的。后来茶馆全部都合并了，公私合营了。

除了茶馆，还有竹器店。竹器店是三墩镇有名的，边编边卖，边卖边编。肉店有小猪行，里面的猪自产自销，杀了之后马上卖。光是陈家桥两边就各有一家。卖肉店店主一个叫锡仁（音译）师傅，另一个叫阿海。这两个人如果现在还在这里的话都 100 多岁了。我住的这些房子就租给两家，一家是肉店，一家是面店。三墩正经的大饭店不大有，就面店蛮多、蛮有名气的。最有名的就是兴隆桥对面的这家，是郁钱呈家开的。

从事幼教　投身文艺

解放的时候，我刚刚 10 岁，那时还蛮活泼可爱的，很喜欢音乐，喜欢文艺方面的东西，一首歌听几遍就知道怎么唱，跳舞我一看就知道怎么跳，反应很快的。(19) 53 年，浙江省军区文工团来招兵的时候要把我招去，我妈妈说少年饭你不要去吃，她说全家就这么一个根，不要去，当时的军区文工团被铺都自己背的。

我 10 岁的时候参加了三墩镇文工团，当时文工团的领导后来当过区长，叫卢永根。他比我大 6 岁，他老婆会唱戏，他会搞乐器，他是住在老婆的舅舅家里面做学徒。三墩镇的人都蛮喜欢文艺，就组织了这么一个团队。

当时我演最小的儿童角色，像《梁山伯与祝英台》里面的四九（贴身书童）。还有歌舞剧，像《兄妹开荒》《王大娘补缸》，这些都是我的小学老师看我蛮有才气，让我演的。因为当时刚刚解放，大搞生产，先在学校里面演，然后到镇上来演了，蛮讨人喜欢的。歌舞剧《兄妹开荒》是两个人跳两个人唱的；《王大娘补缸》是一个喜剧，也是两个人。我总是当男的，女扮男装，经常去演出，以至于后来《浙江日报》弄出来一个小孩不应该拉出去经常演出的（新闻）。

我第一次演出是《兄妹开荒》，第一次上台不会紧张，我的小孩也这样。我的女儿 5 岁时候上台报幕，一点事儿也没有。现在出去旅游，他们总要叫我在车上或者什么地方唱两句，我就唱的。

我当时喜欢的还是越剧。越剧没有专门学过，就听别人唱，看戏里人家怎么表演，他的眼神、手势、表情，我都记在心里，我就知道应该怎么做，就这样自己琢磨出来了。家里面妈妈那么穷，老爸老早死了，我不知道我这方面的东西（天赋）哪里来的。

三墩民乐队是我组织起来的，还有腰鼓队、秧歌队、舞龙队、舞狮队、歌咏队、莲湘队。莲湘是一根竹竿一段一段的，里面放铜钱，哗啦啦会响，就可以这么打起来，一边打一边唱的。还有歌咏队，唱歌比赛有一次去表演，因为有一个藏族舞叫《逛新城》，我按照《逛新城》的内容改成《逛三墩》，《逛三墩》一直"逛"了13次，拿了个一等奖。我们三墩镇的唱歌比赛，一般来说基本上都是我去指导的，拿到好多奖。

还有木兰拳、木兰扇、木兰剑，九几年的时候上海有一个老师专门来教的，我是自己出了25块钱一个小时学了，学成后在这里教给大家，我一分钱也不收，教了28年。我就是跟大家去玩这些，他们开心我也开心，我一个人玩不起来的。

总而言之，这些都是自己喜欢、自己快乐，一个人快乐不起来，人多才快乐得起来。跟吃饭一样，一个人吃饭没味道的，几个人一起吃饭才有味道。

当时我是参加庙前街的戏曲队、舞龙队，是后来因为五里塘村委搬到另外的地方去了，这支舞龙队舍不得丢掉，所以我又把它组织起来。先是组织了一支女子舞龙队，后来男子也出来了，变成两支了。

2007年开始，镇里比较重视文艺了，正式成立了古龙俱乐部，把每个社区管文体的干部找来，我和社区负责的人，加上五里塘舞龙的头头，几个人组成了一个领导班子。第一任董事长叫郎国伟，当时他是村支书，过了几年当副镇长了。后来改选，每个社区的管文体的人，大家无记名投票投哪一个来当董事长。结果由我来接替，我接替他一直到去年了，我说我那么大年纪了，实在吃不消了，我就推荐了一个人。古龙俱乐部现在星期一、星期二、星期三大家分开排练，有的是晚上大家一起排练。一般由队长出点子，把要学的内容想好，然后跟大家一起练练、玩玩。如果有任务了，就要连续几天排练。如果社区需要有这方面的活动，就跟队长联系，然后组织他们一起参加，（如果）没有这么个平台，他们没有地方去玩的。

三墩还有鼓亭乐，因为舞龙必须要有这个东西，坐在里面叮叮当当打起来，龙什么的才都能够动起来。这个亭子有时候固定在一个地方，有时候抬着走。（抬得）时间长吃不消的，只能够抬到一定的地方，固定在一个地方敲打起来，外面舞龙的舞龙，扭秧歌的扭秧歌，打莲湘的打莲湘。坐在亭子里敲打的，有钹，有镲，有锣。

当时读初中也要择优录取，从小学我就参加三墩镇文工团，经常出去演出，所以少读一年书，到14岁才考初中。初中是贫下中农先录取，后面再要成绩好的再招收。

这个时候我想考杭州师范，我印象比较深的，三墩镇有一个区教办的领导，叫袁永大（音译），他说需要老师，让三墩抽两个人去当老师，叫我们去培训了一下，所以我（19）57年就参加工作当老师了。

20世纪50年代都是复式班，什么叫复式班？就是一个班级里一年级、二年级、三年级都有，都是你教的。一节课上，先教一年级，教15分钟，把作业布置好；然后教二年级，让二年级复习好，看看一年级差不多了，再给二年级布置作业；再教三年级。在45分钟之内要把这3个年级全部教完。第一次全县上公开课，就是在我的班上听课，这个时候我才19岁。

这期间，（19）57年至（19）59年我在祥符中心小学任教，（19）60年至（19）80年在勾庄任教。1978年后任命我为完小校长，到了1980年新年到安溪中心小学任教，负责中心和村校的业务。1985年，三墩镇幼儿园需要一个园长，既懂幼儿园的业务，又有管理水平的。上面想把我再调回到三墩幼儿园，问我愿不愿意去。我说我太愿意了，我四十出零了，我说我一定要回到三墩去的。但是我有一个要求，什么要求？我说如果我搞得不好，你们就让我到那边扫地，也在三墩扫了。来到三墩幼儿园后，一待就待了5年。来的时候，幼儿园里什么都没有，没有食堂，睡觉的东西都是竹榻搭的。我跟镇上的领导一起到各个工厂里面去叫他们做，县里面拿了11万元来扩建幼儿园、办食堂。三墩幼儿园是在我手上造起来的，造好之后当时三墩幼儿园属于三墩镇小管的。

解放前的时候出庙会，这里面文化的含义是很重的，因为在解放前，民众祈祷什么？祈祷生活好一些。另外也是一种娱乐活动。解放前的表演形式是丰富多彩的，有铳[①]，放铳，很高的铳；有高跷；有龙，有灯，有火流星[②]。另外还有"化装舞会"，就是有的人化装成什么菩萨出来的。比如今天是地藏王菩萨生日，把地藏王菩萨抬出来的；比如今天是老大伯[③]生日，当地老百姓都叫作干爷的，打扮好的老大伯被带出来。还有旱船。

庙会一般都是节日，一个是正月十五，一个是七月三十地藏王菩萨生日，还有是小年夜，大概是这个时候，延续到后来解放了，我们叫作"踩街"。踩街活动也是很盛大的，有四五次规模特别大，一开始这里面没有舞狮子，只有舞龙。另外有高跷、秧歌、腰鼓，还有莲湘，是戏曲打扮的人表演，队伍在马路上浩浩荡荡，一条街一条街地走过来。从庙会出现到现在，这些文化娱乐活动三墩一直有。这类活动在国外也很多，美国的、英国的，民众自发组织的，国家不拿钱的，他们自己掏腰包，搞得非常隆重。

三墩还有划龙舟，是老百姓的节日活动，也是大家讨个一年到头的风调雨顺。五月初三可能就要开始了，一开始划龙船，龙头再一家一家跑进去化缘，拿个龙头"哐哐哐"敲一下，然后这家要给一点红包，是讨个彩头吧！解放前、解放初不是给红包，是给米、炮仗、食物什么的，龙头到家里来，也是祝家里面兴旺的，有一个好的寓意，所以也很受欢迎。现在是去请他们来。

正月十五闹元宵，这个龙如果起舞的话，要点眼睛，点睛之后要封红包，寓意平安顺当。前两年我带他们（舞龙队）去过好几个小区里。还有政府门口也去，镇长出来点眼睛，发红包。我觉得蛮好的，也是祝大家在一年当中顺顺利利、开开心心。

---

① 铳，一种旧式火器。
② 火流星，一种民间传统杂耍，杭州市级非物质文化遗产项目。
③ 老大伯，三墩的民间俗神。

　　这些讲出来让大家知道，小一辈对历史上三墩是怎么个情况一点也不知道的，你再不说的话就更加不清楚了。现在的小孩不了解忠孝节义，条件太好了。我们当时什么东西都没有。饭有得吃就好了，能够上学就不错了，有一支铅笔、一张纸头就不错了，现在小孩要这样要那样，一代一代的要求越来越高。过去的历史也要让他们知道一下。

采访地点：三墩镇民俗馆
采访时间：2024 年 7 月 19 日 13：30—16：00
被访谈人：钱楠楠
采 访 人：殷　锐　朱宇清　陈　莹
整 理 人：殷　锐　朱宇清　陈　莹
校 对 人：朱嫣红

庭院深深深几许

朱守林

84岁，原工作于浙江医院三墩院区

三墩的商业是个"工"字形，庙前街就是"工"字的栋[①]，上梁是庙西街，下梁是桥南街、桥北街。

兴隆桥 2 号的院落

我们家在庙前街社区兴隆桥 2 号。房子坐南朝北，离五里塘河有 10 多米的距离，右边有一座桥叫"升笋桥"，又叫"兴隆桥"。兴隆桥 2 号是我家的门牌号，其实原先的 1 号也是祖宅的一部分，后来因为解放后东面排门房被收走变成了公房，所以那一部分是 1 号，我们这边是 2 号。

我们朱家的祖宅是先曾祖鼎山公大约在清嘉庆年间建的，至今有 200 多年了。鼎山公有三子，长子德元公、次子復元公和三子御元公，因次子过继给先叔曾祖连山公，所以祖宅由长子和三子居住，也称作老大房和老三房，我们是老三房。这房子很大，是正三间四进，有大墙门、风火墙、大厅、二层楼房。

第一进：正三间门面，排门房子，门前有大稻埕[②]。北面临河，有石砌的河埠平台及东、西石阶，石板路从南向北一直铺设到河埠；西面与远堂先叔祖朱广元为邻；东靠悦昌南货店栈房。由大稻埕从北向南延伸至第四进后

---

① 栋，指屋的正梁。朱先生是以此比喻庙前街在整个三墩布局中的位置，下文提到的"上梁""下梁"亦如此。

② 稻埕，家门口晒谷的大平地。

墙门再东折至后门，与再远堂先伯祖朱凤藻（阿永）公为邻。从北倚墙设毛坑缸 6 只，毛坑前铺设石块路，与正三门排间房子平行东面，由北向南中设弄堂，一向为我先伯祖（以后简称老大房）家使用；西面第一进由北向南延伸至第二进，以石墙西立界碑镌入墙脚，与远堂先叔祖朱广元公为邻；靠西从北向南继续延伸至第三进、第四进，紧邻以石墙夹泥墙与远堂先叔祖朱天元公为界域。正三间排门房为平房，门口二级石阶，进入第一进门，原三间均不隔间，从纵深进入第二进大墙门前，有小天井，东西两侧有小墙门，可进入东西厢房，中有石板铺设甬道，登一石阶才进入大墙门。

第二进：大墙门双门，是用桧木制成的，中间有一对刻有狮口衔铜环的向外门环。墙门内面有直门闪① 及横门闪，外加"丁"字撑顶大门押闪，以防盗匪。墙门右上方为风火墙，是为了防风火侵入内宅。进入墙门为第二进，中间有大天井，两厢有东西厢房，各有小墙门，东厢房直通东廊厅，西厢房直通西庑② 厅。西厢房另设老式的窄面直梯，为了便于上三代妇女小脚攀登，所以加设了扶手。两厢房上端为阁楼，东厢阁楼为未出阁闺女居住（以避《西厢记》之讳），西厢阁楼放置历代家堂、祖宗画像尊容以及银柜，东厢房有账桌金柜，为办红白大事之所需，与两厢房平行为八扇雕花落地窗门，以挡风雨侵袭中庭。进入落地花窗即为正大厅暨东廊厅、西庑厅，正大厅正堂门是永久不开的。正堂门壁横设书桌搁几，搁几下设八仙桌，桌旁各摆一只太师椅，正大厅西东对向各设太师椅四只，茶几两个，间隔摆放。正大厅上方挂郭子仪（郭福）家堂神画像，是描金加七彩的名画，这幅画到过年办红事时才悬挂，到了蒲节，也就是端午节，就要改挂钟馗驱五毒的水墨画辟邪。正大厅的顶上为二楼楼房，中楼南北中间有隔断，南向属老大房，北向属老三房，东房主房为老大房，西房主房为老三房，各有窗门称楼窗，是通风透气所必需。正大厅中堂两侧，开有东西双堂门，为进入穿堂、内室、餐厅、厨房之通道，入通道即为第三进。

---

① 门闪，门闩。
② 庑，正房两侧的小屋子称庑。

第三进：正大厅后为穿堂，又称川（串）堂。穿堂屋主要目的为每年送灶神（东厨司命）后，挂上朱氏九族祖先尊容画，至正月十八落（下）灯卸画。穿堂后两侧，东边客厅有东墙门，东墙门外有一条长弄堂，由北向南走向，从第一进一直延伸到第四进的后墙门，为老大房所有。东边客厅兼餐厅，北面大楼梯可以上二楼，南靠隔墙设有一张大竹榻，沿西走廊设洗脸架，与小天井分隔，走廊尽头南面是老大房的大厨房。这个厨房依北隔墙设一大面板，是切菜、剁肉台；由北靠东向南是碗架、菜橱，并有小窗可以向外倒水用；南面大灶头（三锅两汤罐①），灶头西边是大水缸，沿烧火凳平行的是茶炉；沿茶炉西转北为小灶头，平行有两扇窗门及挡阳板；靠窗门有一张八仙桌，供作坊师傅用餐，冬季也成为老大房自家用餐桌。窗门北边另有一扇小门（又称么门），么门外由北向南为走廊，走廊在屋檐下。沿走廊往南有一堵矮墙，对准大厅、大墙门、排门之中门合缝中线是老大房和老三房唯一有形的划分界域线。走廊南边尽头是第四进干面粉作坊，西边为老三房的厨房。由西边穿堂门进入，依北设菜橱，橱西侧有一个大水缸；靠西设大灶头，亦为三锅两汤罐，但锅灶比老大房要小，亦有一锅之小灶头；南靠南厢房边墙设面板，作切菜、剁肉用途。正南偏东有么门，么门边靠东边小天井设碗架及洗菜台以及洗脸台，盥洗后的水可以直接流入小天井，平行北向设小风炉二台。出么门向西南走是南厢房，南厢房亦设一么门，门内是老三房起居室及餐厅，并设一八仙桌和椅凳。再南向为先祖妣王太夫人卧室，床帐等设备齐全。厢房前置一养金鱼大水缸，沿东边矮墙头有一鸡笼和洗衣糙板，由北向南摆一小毛缸②射尿用。再南向是花坛，有时也种南瓜，花坛下有石板路，通向南进门至第四进水磨作坊，在这四周上方是南天井为老三房的产业。

第四进：由南天井进入，是老三房的水磨作坊，直至小牛棚，后来作坊因多年不用，小牛棚用来放置稻草。原南进走廊至第四进就是干面粉作坊，

---

① 汤罐，柴灶上设置的储水的容器，做饭菜时可同时加热罐中水。
② 毛缸，粪缸。

有大牛棚、放小麦的地板小栈房，再上南还有鱼池塘。靠东面有东后墙门，墙门边有一大毛缸，靠塘边还有阁楼，用木梯上下。沿南至西还有塘埠头，出后墙沿悦昌栈房墙铺设石板头路，沿南塘边及悦昌栈房边，为祖宅最后的东后门。而西后门是栏栅门，塘埠平台西面与远房堂叔朱延康继祧其三房三伯之产业为邻，均为老大房之产业。第四进院子很大，后来又成为菜园子，当年有个花家马戏团，就在我们的菜园地搭台演戏，解放后这块地建成了三墩玻璃厂。

记得南天井里边还有一棵无花果树，三墩镇其他地方没有无花果，就独我们家有一棵，而且特别大，树干很粗。无花果树每年会产很多的果实，就在夏天的七八月份，而且它果期很长，今天熟几个，明天熟一批。无花果熟了，又甜又糯，很好吃，周边有的邻居觉得无花果是清凉的，有医治痔疮的疗效，就经常过来向我们要。

以上四进房子均为瓦房，除了第二进是二层楼房，其他三进全是平房。这个大墙门解放后部分变成了房管所的公租房，又陆续住进了几家租户，成了现实版的《七十二家房客》。有一个租户是一对中学老教师，他们有好几个子女，一楼只有 5 平方米，二楼也是很小一个隔间，一大家子生活起居都挤在这里。还有一户三口之家，经常有一位会说大书的朋友来玩，茶馆里边说大书需要付费的，这个朋友说大书不要钱，只要他来，大家挤在那一小小灶间里听得如痴如醉，这就是穷开心。

到了夏天放暑假，朱家的小孩和租户的小孩原本就有 10 多个，加上周边邻居的孩子，这大厅热闹得不得了。打弹子、撇洋片、躲猫猫也都在这个地方，大人们那时候也任由他们玩。到了晚上，老人、孩子都在这里乘凉，讲笑话、听故事，嘻嘻哈哈中也就忘了炎热。晚上我们家那扇大门都不用锁的，因为如果有小偷摸黑过来肯定会被各家的板凳、椅子、竹榻绊死，像进了个迷魂阵。

20 世纪七八十年代每年到了夏末秋初，家门口的河埠会有一只卖腌菜的小划船停歇。有一对中年夫妻每年都定时像候鸟一样从桐乡那边过来，他们把芥菜一鬏鬏腌好装船过来卖，因为一只只腌菜鬏都是倒着放的，我们都叫倒笃菜，炒菜放一些特别鲜香。我们厅屋比较宽，平时是不住人的，边上的靠墙位置就会给他们摆放腌菜鬏，角落里再搭一张小床，挂上蚊帐，他们住到腌菜卖完收拾好划船回家，年复一年。母亲只收他们很少的租金，有时家中烧的菜也会分给他们，他们的腌菜也会经常送给我们，融洽得像亲戚一样。

这个厅屋角落还住过一个卖豆腐脑的小伙。他有时会舀几碗豆腐脑送给孩子们吃，他们都觉得很好吃。过路客或生意人在厅屋搭个床铺借宿一晚或几天是常有的事，我们也不会收什么钱。因为我母亲说这种做小本生意的外来人蛮辛苦的，也很罪过（可怜），你总不能让他睡在露天，要帮一把的。

第三次文物普查的时候，老宅是作为杭州市城区最完整的一个民宅院落，放在"三普"的不可移动文物名单里面了，但是后来还是拆了，确实是很可惜的。

最热闹的一条街

三墩的商业是个"工"字形，庙前街就是"工"字的栋，上梁是庙西街，下梁是桥南街、桥北街。

庙前街应该不是三墩集镇的发源地，最开始是从西南面的西行桥那边，慢慢发展延伸到庙前街。

三墩最热闹是抗战的时候。在抗战期间三墩是一个缓冲地带，叫作游击区，新四军、国民党军队都有，双方都不占领的，属于"三不管"地带，周边货物都在这里集散，所以也叫"阴阳界"。环境相对是比较宽松的，那就可以做生意了，诸暨、富阳、金华很多跑单帮的都到这里来交易了，可以说是畸形繁荣。《钱塘县志》里说抗战前期三墩有 303 家商铺，人口从早期的 3000 人增加到 2 万多人了。这些商铺都在前面说的这几条街上，其中最热闹的一条街是庙前街。

三墩什么时间段最热闹，那就是过年和打油的时候。这里商铺最多的是油作坊，有 5 家大的油作坊，有朱泰和老油坊、新泰和油坊、正和油坊、朱长顺油坊。还有水作坊，生产淀粉，主要是蚕豆粉、绿豆粉，后来还有番薯粉、荸荠粉，也就是做粉皮、粉丝这些的原料。高峰的时候水作坊有 36 家，三墩镇是由这两大手工业支持的。

油作坊、水作坊都集中在庙前街社区附近这几条街。方圆几十里的人都把油菜籽送到这里来榨油，其他地方不少商家也会收购来大批菜籽委托加工。油作坊一种是畜力，用牛拖；一种是用机器，柴油机。先把生菜籽炒熟，再压碎，制成油饼，然后装上油车榨油。解放初期还这样加工，很多工人都是从诸暨、萧山过来的。规模最大的就是朱泰和、朱长顺两家，杭州灵隐、昭庆这些大寺庙所用灯油的最大供应商也是朱泰和。

三墩豆腐店有 9 家，茶馆有 18 家①。在茶馆里一方面喝喝茶，另一方面，好像我们现在活动中心一样的，到这里说说话、聊聊天，东家长西家短的。有邻里闹纠纷的，也到这里"吃品茶"，一起评评理，说和一下。门口有卖蜜饯、哈拉贝（类似今手串）的。早中晚都有人来喝茶。

茶馆里白天唱小书，晚上唱大书，唱小书的一个拉胡琴，一个唱。有时候苏州评弹也会来茶馆唱。大书先生向城里请的，叫"温故社"，是杭州市说书人协会，很有名的叫作李宝华。大书先生穿长衫，左手拿纸扇，右手是静木，讲到紧要关节，忽然静木一敲，且听下回分解。茶客们还没过瘾，要求再打一圈，这时候店主帮忙收取一圈钞票，再继续讲下去。散场时晚上 10 点多了，听站壁书的小孩子常常被大人关到门外，我也遇到过听书回家太晚了被关到门外的。

一笑楼是这里比较大的茶馆，老板阿东还经营一个业务——出租汽油灯。就像三墩中学，到了晚上用什么照明？当时也没有电，就用汽灯，灯泡

---

① 明清时，商业街中较大的茶馆，见诸记载。如庙前街茶馆有：一笑楼、珠色大妈茶馆、洪元茶馆、张宝泉奶奶茶馆。庙西街有：孙葛利茶馆、和尚茶馆、蒋文卿茶馆、朱阿娥茶馆、聚一楼、吴水根茶馆。陈家桥北街有：小高茶馆、许阿三茶馆、阿刚茶馆、朱宝延茶馆、香媂茶馆、阿木茶馆，及陈福真茶馆、阿掌茶馆等。（朱守林整理）

就像一个乒乓球一样。然后要打汽，就在益笑楼弄的。益笑楼专门经营这个东西，一个教室里两个汽油灯，一前一后。包括解放以前、解放以后，在有电灯之前，这个区域的（汽灯）都是他经销的。还有就是人家做生日时，把汽油灯挂起来，就很亮了。

茶馆里卖红茶、绿茶，也有茶叶末子。只喝一开，就是冲泡一次，不再添加茶叶了。也有自己带茶叶和茶具，但是茶钱还是要照付的。到过年的时候，正月初一到初三，放一个青果，就是橄榄，叫作元宝茶，味道很好。平时喝茶也不贵的，一毛钱一杯茶。还有小团子，立夏糕，是菱形的，上面插一个小旗子。

武林门外第一家

三墩的几户大家，蒋家①是搞政治的，朱家是搞商业的，王家是搞工业的，钱家是绸缎生意，也是商业的。

一个星期之前我得到消息，朱（泰和）家的长子长孙是 102 岁刚刚去世。

朱泰和②应为朱凤藻，小名朱阿永，有 4 个儿子、4 个女儿。大儿子是阿炳。二儿子是阿年，是三墩第一个博士，在美国读的硕士、博士，后来在我国台湾基隆市当"市长"，"228 事件"③之后回到大陆，当时他和陈毅关系很好。回来后先在之江大学担任教授，后在上海文史馆担任研究员的。第三个儿子是海波。第四个儿子是阿满，他生了两个儿子，一个叫明德，一个叫明亮。明德有两个儿子，一个叫朱海，在宿州市人民政府任职；一个叫朱浒，是中国人民大学清史研究所所长、历史学院副院长。

朱家后人还有一个朱畅中，清华大学建筑设计系的，中华人民共和国国

---

① 指蒋东屏、蒋乐潜。

② 朱泰和家族谱系详见文后附录二《可嘉堂朱氏历代个人简史》。

③ "二二八事件"，又称"228 事件"，是 1947 年 2 月 28 日台湾爆发的民众反抗国民党统治的爱国民主运动。起因是台北女烟贩与查缉员冲突，引发全岛抗议。事件中，本省人和外省人均有受害。它深刻影响了台湾政治社会，成为台湾史上的重要悲剧，也是"台独"势力歪曲利用的历史事件。纪念"二二八事件"旨在还原真相，促进族群和谐与两岸和平发展。

徽设计时，梁思成身体不大好，朱畅中代表清华大学去汇报的，是向周总理汇报的。

朱阿永，即朱凤藻，他的墓碑在"文化大革命"中被运去文星桥作抽水机埠石条。后来经人指点到五里塘村二队，在化石灰的坑里把墓碑找了回来，运到大陆北山公墓，后经余杭县台办协调，重新建墓立碑。墓碑碑文由朱泰和的孙子朱浒写了一篇，我写了一篇。

朱泰和房子很气派，在东蒋桥附近的房子都是他们的，据说有 5000 多间，土地有 1 万多亩，《杭县志》记载是 4 万亩，其实不是真的，那是因为旱灾时很多灾民把房契暂时抵押在朱泰和这边，后来官方把这些都算成朱家的了。小河直街①一条街都是他家里去营造的。我们小时候要去城里，兴隆桥这里有很多小划船停在码头，我们都在那边乘小划船，划到小河直街那边上岸，再到汽车路上去坐公交车的。我们主要的交通工具就是小划船，还有航船，航船主要是做运货的，大一点。

现在的庙前街社区所在地本来就是朱泰和家的住宅，从东蒋桥一直到现在的振华路这边，一进一进很深的。当时朱家后人朱畅智回来和我说，朱泰和宅造就造了 6 年，雕花雕了 8 年，实际朱家最后只住了 3 年。伪军部队也占领过，解放后收为国有，有两名医生也在这边住过，后面变成三墩区政府、三墩镇政府的驻地。

陈家桥南面的义昌当铺也是朱泰和家的，所以朱泰和家叫"武林门外第一家"，是个大户人家，现在他家这些子子孙孙都不在这里了。

但是朱家的家谱在我这里，他们后人回来也是到我这里来复印的。我们两家是一个祖先的，祭祖，还有祖坟在一起，在上生庵那边。

我去过台湾 4 次，曾两次与朱泰和后人朱畅智会面。我大哥朱守萧也在解放期间去了台湾，前几年过世了。

---

① 小河直街位于京杭大运河、小河、余杭塘河三河交汇处，东临小河，西临和睦路，南临小河路，北临长征桥路。自宋代以来，这一区域一直是运河沿线的重要区域，经过民国年间的繁荣后留下的历史遗迹类型众多，历史文化内涵丰富。

水乡风俗与非遗

我们三墩庙这里主神供奉的是雷万春，他是唐朝"安史之乱"时候的大将，被称为"忠正明王"。

小时候比较好玩的就是看戏了。三墩有一个墩叫文星墩①，从东往西来的人，必须经过祥符桥，绕过文星墩，再从文星桥到五里塘，再进入三墩。因为文星墩周围几乎都是水，就是说来三墩的船必须绕这个文星墩航行，才可进入三墩。在文星墩中间有个关帝庙，是三墩最好玩的地方。文星墩上还有文昌阁，是抗战前倒塌的，戏台在文昌阁后面，我发现凡是有庙的地方都有戏台。有庙会或者菩萨生日的时候有戏，大家都划船过来看戏。水上的小船很多，这是最好玩的事。下雨的时候划着船可以在房屋下面躲雨，洗东西都在水里洗的。三墩一切都靠水的，所以水是我们的源泉。

三墩的交通工具就是小船，有一次我们从五常港出来，带着我夫人，她怀里抱着小女儿，大女儿也在船里。船很小，我一个人划船，汽轮船过来我要马上刹牢，因为浪头很大，怕出事情。划到三墩起码一个多钟头。

三墩还有农历七月三十点地蜡烛的民俗。女儿或者干女儿、侄女儿，送给母亲、干妈、姑妈的月饼必须要在七月三十地藏王菩萨的生日前送过来，这样才是孝顺。一起送过来的还有蜡烛、线香、棒香。大蜡烛有两对，就是天一对、地一对，小蜡烛按照长辈的年龄是一岁一支。到了七月三十日这天傍晚时分，有送蜡烛的家里，就在家门前摆上香案，把月饼供上。桌上是两对大蜡烛，再点上线香，主要是祭天地和地藏王菩萨。小蜡烛就从家门口一路点到三墩庙，有桥的过桥。还要去河埠头放河灯，河灯以前就是用锯木渣加上菜油，糊成碗一样的，里面放上灯草，放在木板上，沿着河水漂去。这样蜡烛插在河岸边、桥上、水上，儿童聚在一起玩耍，特别热闹。地蜡烛越亮，老人心里就越高兴。因为有女儿、干女儿、侄女儿为老人掌灯，奉献孝

---

① 三墩原水网密布，有三个大墩，分别为文星墩、灯彩墩、水月墩，墩的周围都是沼泽。

心，今后丰都（鬼城）路上是一路光明，不用担忧了。

以前还有种习俗，小孩子夜里总是哭，就拿个黄纸写上："天黄黄，地黄黄，我家有个夜哭郎，过路人读一遍，一觉困到大天亮。"

小时候还看到过鼓亭乐，鼓亭乐的老曲谱就在我这里，是我大哥朱守萧记录的。解放时期他随国民党部队去了台湾的，一直到 20 世纪 80 年代末才与我们联系上，首次回家探亲他就想起儿时的鼓亭乐，于是找到了陈公白翻出了《趣伯樯》[①]《三五七》这些老曲谱的手抄本，重新整理好记录下来。他又召集了儿时的其他伙伴组成了鼓亭乐队和舞龙队，陈公白动手复原了鼓亭的样子，活动地点放在陈家桥南街 2 号，这就有了三墩古龙俱乐部的雏形。

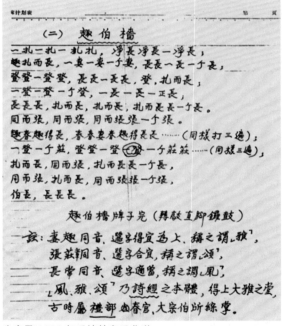

朱守萧 1996 年手抄鼓亭乐曲谱

---

① 据朱守萧手稿，《趣伯樯》等鼓亭乐打击乐曲谱从陈公白珍藏的民国二十年（1931 年）春手抄本上抄录。

鼓亭乐表演时前面有调龙灯，还有火流星不停转。以前这些都是不务正业的人去学的，游手好闲的人去做的。鼓亭乐有 4 个人抬，还有人敲打乐器，七八个人的样子。有一位姓施的很有名的作曲家还给鼓亭乐作过曲。

采访地点：三墩镇民俗馆

采访时间：2024 年 7 月 15 日 13：30—16：00

被访谈人：朱守林

采 访 人：殷　锐

整 理 人：殷　锐　戴　骏

校 对 人：朱嫣红　朱守林

附录：

古镇砻磨水作坊

朱守林

天目之水自西向东逶迤而来，经余杭塘河、宦塘河流经三墩全境，注入太湖。水是生命之源，是古镇三墩水文化的摇篮。以水为载体的手工业应运而生。酱园、酒坊茶馆、豆腐作坊、豆腐皮作坊、面筋作坊，特别是砻磨水作坊傍水而建。水作坊的主要产品是淀粉、粉丝，它和三墩油坊生产的菜油、南阳坝生产的豆腐皮一样是三墩的拳头产品，闻名杭城。

砻磨水作坊顾名思义，以水为载体，沿河布局发展，以五里塘两岸的王、朱两家，和沈家门吴家门的沈、吴两家为作坊集中地。其他在西河口、南陈斗也有零星作坊。五里塘两岸业主有王阿示、王阿昌、王阿仙、王金荣、王金富、王印相、王镇华、王镇海、王杏泉、王杏财、王梅生、朱延徽、朱延达、朱延裕等 16 家。沈家门沿河有蒋绍祥、方炳生、朱本文、沈法泉、沈松泉、沈生泉、沈士根、沈士标、吴阿明、吴士金、范阿永、余奶奶、沈阿永、吴茂乃14家。西河口有朱阿永、李镇海、倪小狗3家。南陈斗有陈士金、陈士福、陈荣金3家。整个三墩镇共有水作坊36家。

砻磨水作坊临河而设，便于挑水。平屋二三间，黄牛一二头，石磨一副，七石大缸十余只，及粉筛、挂袋等工具，并附设牛棚、猪栏、晒场、淘麦场、筛粉厢等。主要加工的原料是蚕豆、豌豆、绿豆、蕉藕、番薯、荸荠等具有淀粉的植物种子或块根。水作坊生产淀粉流程如下：浸泡豆类原料（冬天时间长，夏日短），上磨成浆，入缸，二次过筛，沉淀，细筛过浆，沉淀，挂粉制成潮粉。作坊中如有两头牛，轮流拉磨，每天做一石蚕豆，即140斤。出粉率以百斤原料计算，蚕豆50斤，豌豆70斤，绿豆60斤，蕉藕、番薯22斤，荸荠15斤，均为潮粉。潮粉晒成干粉折头为六折。豌豆出粉率最高，粉质较次；绿豆粉质最好；荸荠产量最少；橡子粉质量差，涩口，只好做工业原料。大宗产品就是蚕豆粉，是敲粉丝、烫粉皮、做麻糊的上等淀粉。原料均采购于湖州、嘉兴、无锡各粮号，产品制成均用小划船为运输工具，销往杭州市各单样店（出售芡儿粉、粉皮、粉丝、麻糊、面粉、面条的商店）。遇到产品滞销、人手足、设备全的业主，将淀粉直接制成粉丝销售，称为敲粉丝。敲粉丝的作业是，先将粉按比例调成糊状，呈流动状和可塑性，上锅蒸成七成熟，掌握火候，不断敲击铜盘，粉糊丝状流入沸腾的滚开水锅中，结成丝状，捞起晒干，打捆成粉丝产品，号称龙头粉丝，绿豆粉质量尤佳。资本足的水作坊，配套建成砻磨水作坊，三墩就有王阿示、王阿昌、朱长顺族系，及沈、吴十数家。砻者，砻谷将稻谷加工成糙米；磨者，小麦加工成面粉、面筋。并须建有晒场、淘麦设施。磨小麦副产品为麦麸，除作饲料外，制成面筋供应市场，故砻磨水作坊附设面筋工厂，号称踏面筋。先将麦麸和水加入适量食盐，灌入布袋，将布袋扎口放入踏面筋的大木桶中，用双脚不断踏揉，逐步加水漂去麸壳，多次漂踏最后留下白白的面筋，即小麦的植物蛋白。砻磨水作坊有豆渣、泔水、麦麸等产品，均是饲养生猪的上等饲料，每户作坊主均养有10余头生猪，生产规模大的养有100余头生猪，为数不少，如王阿示、王阿昌、朱长顺各家。

　　碻磨水作坊因水而兴，一个镇上36家碻磨水作坊已成规模，就是资本雄厚武林门外第一家的朱泰和仍保留碻磨水作坊，不忘水作坊曾为朱泰和积累过原始资本。为便于协作和生产管理，在清末民初三墩就成立碻磨水作同业公会。会所设在西行桥会馆内，订立章程，公推五里塘王阿示为会长。同业公会每逢阴历八月中秋前后，在三墩南相公庙，与小满节后香市开张的油车戏一样，在戏台上整猪整羊祭典相公，庆喜碻磨水作财路亨通。请来的戏班有绍兴大班和小京班，曲目连本，免费上演好几天，附近乡亲争相观看。碻磨水作坊促进了三墩的经济发展，活跃了文艺舞台。现虽然消失，但它永远留在三墩居民的记忆中，像甘醇的美酒一样，回味无穷。

写故乡的故事

劳德泉

80 岁，原三墩玻璃厂工人

庙前街，以前叫"臭水弄"，窄窄的街面中间铺着长石板，两边都是店面……

我今年虚龄 81 岁，1944 年出生，我家祖籍是绍兴，我爸爸就生在这里（庙前街），我也是这里出生的，一辈子有 70 多年在庙前街生活。现在迁出来有 5 年的样子，其实也不算迁出来，因为这个距离很近的。现在住到楼房，但我更思念儿时的秋水弄：它伴随我成长。人常说返老还童，如今我真正感悟到"血地"[①] 可亲。

庙前街有些人是我们从小一起玩起来的，很多人都有共同的语言，像王峥我们都是同学，范宗富比我们稍微小一点，大家也都很喜欢收集一些民间故事，讲过镇上的一些东西，我写了很多东西在里面[②]，都是我小时候的经历。就当时而言我们住的房子也还可以，我们庙前街这个房子原来也是人家的，后来人家要卖了，我们把它买进来，我们自己家的店面（顺昌腌腊店），也在庙前街这里。

我爸爸做生意很精明的，那时条件还不错，我们算个有钱的人家。后来我哥哥的女儿出嫁，说这句话有个三四十年了，他们要用金器什么的。大妹妹就说，爸爸你（把家里金器）分分好了。每个人分了 8 个金戒指，50 块银圆。我爸爸有个朋友叫戴龙生，活像电视剧里的鲁智深，满口萧山话：走

---

① "血地"，是民间的说法，就是出生的地方。

② 本文相关部分也参考了劳德泉手写的关于庙前街、陈家桥店铺的文章。

咚走咚，掰开闭拢。龙生伯比我爸年长几岁，也是做腌腊生意的同行，他们经常结伴到卖鱼桥、盐桥去进货。当时还没有马路，特别是五里塘一段，硬是从七高八低的人家门口骑行，足见养家糊口的艰辛、人生的不易。他们是三墩街上车技最好的两人。

成了写故事高手

我家住在庙前街新桥头，我是普通群众，喜欢写文章，写了很多社会故事，发表了40多万字在一些报纸、刊物上，像杭州的《山海经》，（发表）最多的是上海的《故事会》，还有《采风》《上海故事》《文化娱乐》等，当时20世纪80年代（这类故事）很火的。现在纯文学的（热度）上来了，此一时彼一时啊。我当时写得太少了，收集得太少了，像收集民间故事、民俗故事，这块东西现在是很热门的。

当时我们余杭县（三墩曾属于余杭县）里我写得算多的。他们想叫我去临平的县文化馆里去（工作），我说我家在三墩，这时我儿子刚刚读初中，我老婆在勾庄供销社工作，我说（难道）家不要了？

我当时在玻璃厂上班，三墩玻璃厂是大的集体企业，当时效益很不错，做过玻璃管、医院用的玻璃瓶，还做过插花的玻璃金鱼花瓶。平面玻璃要求高，当时杭州只有杭州玻璃厂能做，我们这边基本就是做曲面的，用管子吹，大灯泡、小灯泡也是吹出来的。三墩玻璃厂（工作）是很苦的，我是锅炉工，烧炉子（烧制玻璃的炉子）的，炉子不能停，要三班倒。所以平时有精力多写一点，没有精力就少写一点。

我发表的第一篇文章就一炮打响，标题叫作《一试就灵》[①]。20世纪80年代，各个县里文化馆主要搞新故事创作，都抓得紧的。比如我们当时在余杭县的，还有桐庐县、富阳县等，杭州一共7个县，还有郊区，有一批高手，都是文化馆里专门搞这个的，只有我是业余的。

---

① 该篇故事由浙江省民间文艺家协会选拔参加江浙沪新故事大会，创作二等奖，表演二等奖。改编成说唱，获省曲艺表演创作二等奖。

我写的（《一试就灵》）稿子，素材是真的。那时候是（19）62年或是（19）63年，我高中毕业回到三墩，看到马路旁边很多的小贩，在庙前街三墩剧院那个地方。有一天早晨，有一个我们三墩的人，在陆板桥那边的，他是我们本地弄蛇药的，是个驼背的人，卖药救人治病。他旁边二三十米的地方有个外地的也在卖。这个三墩人卖3毛钱一包，外地人卖1毛钱一包。所以本地人说自己的蛇药是正宗的，外地人的是假的。外地人听见了，他走过来，说你老兄弟卖蛇药，我也卖蛇药，谁好谁屑^①，我们不好乱说的。你这个篓子里面有蛇，我这里也有蛇，我们可以互相交替都让蛇啄一口，然后交替吃药。我灵感就是从这个事情上来的。

当时我们文化馆里搞故事的人对我说，老劳，你一开始就动那不行，这个故事高潮要到最后的。

我后面是怎么写的呢？这个故事是这样写的。我把卖蛇药的两人写成两个罪犯，姐姐就是姓梅的，叫"美女蛇"，她弟弟犯过事情，是个罪犯，他们合伙化装成卖蛇药的躲避抓捕。这时公安局的人已经盯牢他们，要抓他们了，他们也化装成卖蛇药的。最后就把他们两姐弟抓起来了。

我的这个故事先是在我们余杭县讲的，一炮打响了。叫我们出去参赛讲以后，第一天就把本子交给上海故事会社来的一个老编辑，叫陈中朝。他是很谦虚的，他看了之后就说，我觉得你这个故事不要改，一个字也不要改，结尾很惊艳的，很出乎意料。像我们写是写不出来，但是我们搞编辑的人好的、不好的，好在哪里，不好在哪里，一看就知道。这篇故事上海《故事会》马上就发，后来杭州的《文化与娱乐》刊物也要发表。这次我一共拿了3000多块钱（稿费），20世纪80年代月工资才40块钱，当时我40岁不到。

八几年的时候有个"江浙沪新故事"故事创作和讲故事比赛，第一年在上海，第二年在江苏无锡，我都去（参加）了。比赛第三年到我们浙江，我就带了《一试就灵》这个故事去，也是我自己讲的。（结果）获了个创作二

---

① 屑，指人或事物很差，很垃圾。

等奖，演讲也是二等奖。

一些真正的东西不是写出来人家就肯定要看，（而是）一定要通过自己的加工消化这个东西，（在写出来之前在）我脑子里已经摆了很长时间。

还有我写了我父亲的故事，两年前《人世间》电视剧很红，于是浙江省网络文学会发起了一个网络征文活动。我写了一篇根据我父亲在庙前街做生意而来的文章《父亲的军装》①，这个故事是虚构的，但我的情感是真实的。

我爸爸是在庙前街做小生意的，也不是什么有名气的人，但是他对共产党感情很深，对毛主席的感情很深，这个感情是真的。三墩的第一辆自行车就是我父亲买的，爸爸是卖香烟、咸鱼鲞的。他要自行车作为运货的交通工具，所以就有了那个故事。

老街上几个奇人

三墩街上人多是小本经营的小商人，但也有几个奇人，儿时的记忆，80多岁的我至今仍然不能忘怀。下面讲几个奇人。

"翘胡子"张发根：他在我们隔壁头的，做蜡烛台做得蛮好，我经常看的。蜡烛台怎么做呢？这个是需要技术的。先用一只小风箱，将锡块、边角料炀开来，锡的熔点不太高，炀开之后将锡水倒入4块铜板中，一股青烟弥漫四围。待锡冷却后，拿出划针样板，划出大小形状不一的锡片，脑子里都计算好榫头搭头。稍作休息，开始焊接，做出香烛台、酒杯等，磨光边角，一件精光锃亮的物件终于完工。

韩大伯：他做蚊香很有一套的，后来我长大以后，到另外地方小镇上，从良渚到临平这些地方去，从来没看见这样做蚊香的，你说奇不奇。韩大伯小小的个子，脸上有几颗麻子，一口字正腔圆的"杭白儿"。他儿子是我的同学，两个豆儿鬼终日在一起。他是做蚊虫香的，将木屑筛去粗屑，晒干后拌入适量的"六六粉，敌敌畏"，最后将木屑装入一只铁皮漏斗，站在方凳

---

① 见文后附录。

上，从木屑斗里拉出一根事先埋着的细铁链，拿出事先糊好的纸筒，用脚趾压着，"嗖嗖，嗖嗖"，（将木屑）装入纸筒，手快脚快，摆满了一面板。用细麻线扎住口子，用一块小木板轻轻按一下，盖上红印，"韩林芳蚊香"5个大字鲜艳夺目。

王瑞夫的银器店：三墩街上有三家银器店，为啥独说他呢？原因有二：一是他是绍兴人，和我们是同乡；二是他的独养儿子黄牛哥是我们的同班同学，是个老留级，在班里是大佬，很讲义气，我们这批小鬼头谁受了欺负，他定会牛眼乌珠弹出，保护弱小。好不容易小学毕业，已是18岁的大小伙子。黄牛哥哥读书不行，但头脑不笨，跟他老爸学银匠（手艺）。老子是个高手，教导儿子：你读书读不好，这点生活①是值钱的，以后有饭吃，掼不死的；做生活弗好心野，做这个东西要用心，金银都是宝贝，很值钱的，给人家做坏了要赔的；金银过大气要平缓，勤翻细转。三年徒弟、四年半作，黄牛哥硬是成了出挑的高手，敲几只银戒指是小菜一碟，做几把手镯、脚镯信手拈来，打几把长命锁那是环扣得体，锁面的"长命富贵""观音送子"更是形态奇妙、栩栩如生。我高中毕业回乡，黄牛哥哥已是三墩有名的匠人。

我记忆里的老店清单

三墩，顾名思义由三个墩组成——文星墩、灯彩墩、水月墩。相传，三墩原先的中心在西行桥，我们小时候那边还有蛮大的油车，是榨油的油车，这个石碾、石槽子里面都有，我们小时候还能看到的，太平天国时期之后逐步迁到陈家桥边。

三墩当辰光②最多的东西是什么呢？——茶店，茶店是信息中心。老底子为什么要喝茶，张三长李四短，我们村坊上死了个人，他们村坊上生了个女儿，这种事情老百姓喜欢听，而且传播范围蛮广的。大家不是刻意去听，但也能够听到很多社会新闻，长了短，短了长。像这种某家生了三胞胎有

---

① 生活，行当。

② 当辰光，当年的时候。

什么稀奇，那边谁家生了 6 个丫头，瞎烦三千的事情蛮多。三墩最多的是茶店。一壶茶，红茶 3 钱（8 分），绿茶 2 钱（6 分），茶水用砻糠烧起来。茶店是老百姓聚散的地方，南来北往，商贾游客信息交流，是非公断，桌子一拍，走，到茶店里去评道理去！

小小三墩，从东数过来，有大高麻子茶店、许阿三茶店、傅阿东茶店、小高茶店、陈阿林茶店，陈家桥对面是严奶奶茶店，庙前街朱掌龙茶店，庙西街子玉茶店，卸紫桥边上是蒋文清茶店、朱一文茶店，有 10 家之多。每天清晨回乡老农会聚在这 10 家茶店，叽叽喳喳，声高气长，传递着社会新闻。啥个东家一只母猪生了 11 只小猪，第二天，东家发现猪棚血乎乎的一片，全被自家一只黑狗咬了个"滑踏精光"。东家气得眼乌珠暴出，抽出一根条柴，抽了过去，黑狗眼睛暴出，回了老家。这样的大头天话讲弗完，听弗够。

庙前街，以前又叫"臭水弄"，窄窄的街面中间铺着长石板，两边都是店面，从南往北递进是阿东茶馆、戴龙生腌腊咸鲞店、聚根老头的卤味店、三人剃头店、张梦根锡器店，张大伯的边上是我爸开的顺昌腌腊店。过来跟我爸爸贴牢的那家，老爹爹姓刘，做鞋子的。老底子鞋子上好之后，因为都是布鞋，他要把这个毛边用石膏，在石膏有水分的时候沿着鞋子边沿涂一圈，涂好之后用那个烙铁，就是熨斗，但这个不是平的，是有弧度的，就这么烫过去。

（以下所涉及店铺为陈家桥南自西向东）

豆腐阿泉豆腐作坊。王老师（王峥）爸爸叫豆腐阿泉，这里还有叫水果阿泉的，他们家里面原先做豆腐、卖豆腐，另外东西不卖。是王峥奶奶卖的，大家都叫她"虎奶奶"，人并不凶，胖胖的。

王东卿中医馆。这相当于一个中医诊所，医生医术不错的，乡镇能够主治的医生都很厉害的。三墩还有几个很厉害的，比如费元春，他后来在三墩的余杭第九人民医院里面，后来九院改成浙江医院了。

虞爹爹小猪行。小猪行不是卖猪肉的，是卖小猪活猪的，一年四季都卖，小猪都是义乌浦江那边来的，两头乌的猪。我们一般都是春天抓两头回家养，到冬天来卖货卖掉的，就跟存钱一样。

王阿大水果行。卖水果的，主要批发水果，不是零售的。规模很大，批给卖水果的人。没有包装的，一筐筐、一篓篓的都是。

蒋培森米店。这个店是专门卖米的。

田阿牛木作坊。木作坊是打农具的，专门做农具，木制的农具，比如农民养蚕的时候，有个木制的三脚的木架，把竹匾一层一层地放进去，还要做小板凳，等等。

木器社。位置比阿牛他们还要上去一点。

沈阿福银匠店。就是做银首饰的，三墩有三家，陈家桥这里一家，庙前街这地方有两家，王瑞夫家，还有一家姓葛的。银器说起来也是高消费，很宝贝的，就像有人家孙子、外孙生出来，就要戴个小长命百岁锁的，小姑娘嘛搞个银戒指。

蒋奶奶算命店。就在当铺旁边，当铺那个时候还有的，在火烧地那块，现在房子还在。坐的是藤椅，藤椅里面有点破了。蒋奶奶眼睛是真瞎的，但是对自己家里布局很清楚，什么东西摆在这里，什么东西摆在那里，都摆好的。她有一个盘子，里面有东西，哗啦啦响，她嘴里面念念有词，自己很有数的。算命的人不需要你多说，只要报八字，他会说的。真的假的我不知道。她应该不简单，店倒是开了蛮长时间的。

董老大皮货行。这个不是卖皮衣服的，他是收皮毛然后加工。三墩周边农民那里，有特别多的冬天羊皮，小羊羔皮。我讲一个事。这个店里有个老伙计叫老魏，人眼睛很不好的，几乎瞎的，看东西要很近看。有一天店里没啥人在，有人拿了件货过来，他拿过来凑近了看了看、摸了摸，他说这个东西这是第二次进店、第二次看到了。拿来的人问，你怎么知道这个东西来过的？他说羊羔皮上有两个斑点的，你看我眼睛瞎，但是我心里非常清楚。你当我老魏是瞎子，骗不到的，都老江湖了。30 块钱的羊羔皮不是这样的，这货最多值 8 块钱。

沿河是周迪安的水果店，是零售的，跟水果行相差二三十米。

小米店。小米店就是卖大米、糙米、糯米的，就这么几个品种。

邹阿牛竹制品店。这是二开间的，算是很大了，他这个竹制品店是专门卖竹器，竹器自己也做，边做边卖，竹篮、竹匾、竹筐这些。他的儿子是在余杭县政府里（工作）的。

余阿寿肉店。卖猪肉的，一天逮一只猪，都能卖完。

奶奶母女茶店。奶奶姓严，严奶奶母女两个人开的。也有三开间了，估计就到陈家桥了，这个位置相当好，它在溢笑楼对面，有美人靠。陈家桥南街北街的这些店都有美人靠的。

食品公司的禽蛋部。就是后来的食品公司。

许洪茂的面店。卖生的面。

王掌林豆腐店。专门卖豆腐、豆腐皮。

钱光大店。店面很大，有几开间，后来解放初三墩银行营业部就在这里。里面是卖什么的都有，这个钱家还是比较有名的。还有朱家，他们的店铺规模或者宅子都很大，生意也不错的，很多方面都做得，酒酱酿造这一块比较厉害。还有沈家，基本上是做这个水作坊。我们这里不种麦子的，蚕豆是最多，一季水稻一季蚕豆。蚕豆吃不完，加工成粉皮、粉丝。很多人家都在做水作坊，这是相当大资金的事情，他要做一年，得存很多豆，而且他还要有牛，还要除虫。姓蒋的一家也是做水作坊，他们爸爸蒋兆祥是我们邻居。

张梦根南货店。卖南货的。

范光德中药店。卖看病的中药。

（以下所涉及店铺为陈家桥北自东向西）

老娘舅车行。这里卖自行车，修理自行车、周转车，出租自行车。我们小时候都是租他那边的自行车，8分钱一个小时，（一般）租一个小时这样子。

陈世昌眼科诊所。专门看眼科，生意很好，不是看近视眼，那个时候就是看糊眼，就是眼睛糊住了、发红了，用棕丝给它捅开。

邮政代办点。相当于邮局，就在升箩桥转弯的地方。

高井水白铁铺。白铁铺是用买来的白铁皮做东西，比如说做个小的喇叭口铁桶，用铁皮围起来、卷起来。

大高茶店。这也是一家茶馆，也蛮大的，比较深，大概有一进。这是西面的，而且那边还有小高（茶店），是他们兄弟俩开的茶店。

戴穗仁酿造厂。这是做酿造酱油、酒、豆瓣酱的。

阿炳面店。这个是卖熟面的，就是烧面条给顾客吃，这个都是给来回的农民客商吃的。

王永标杂货店。杂货店卖金属锡，店主儿子跟我同年。每次有青梅的时候，一个小小的青梅放点蜜糖，一分钱一个的，我们叫小零食。他们卖的东西零零散散都不上品的，也没有店面，晚上拿布盖起来，因为在那里头的东西也不值钱的。

再往北是陈炳奎百货店，这个也是什么都卖。

胡五金布店。卖面料，不是成品的衣服，就只是卖面料。

骆阿德酥藕店。酥藕就是将普通的藕打碎在锅子里烧，把糯米放下去，加白糖、糖精，慢火熬几个小时，做成粥，生意蛮好的，一两分钱一碗。

方记米店。卖米的，有三开间。

百货店。卖百货的。

菜场。用草坪草棚搭起来的，我大概记得是六开间。

张记蜡烛店。张立明他家，蜡烛自己做自己卖。他们有个地窖放蜡烛的。

潘家纸马店。卖祭祀供品这些。

恒大南货店。卖桂圆、荔枝，还有很多南货。三开间，比较大的。

江复元碗店。专门卖碗，还有缸，陶瓷品的东西。

程万里南货店。也是一样卖南货，他这只有一间，小一点。

章沛林茶叶店。专门卖茶叶，一般普通的红茶、绿茶都有的。

韩林芳蚊香灯笼店。卖蚊香的，他家做蚊香很好的，他们自己做的，其他地方从来没看见过，也是独家的手艺。他们家做灯笼用很细的竹子，做成一个大篮子一样，框架弄好之后外面糊一层纸，上面喜字写得很漂亮的。夏天做蜡烛，到冬天做灯笼。

陈永海箱子店。主要是修理普通的木板箱，如果家里的箱子坏掉了，就到他这里修。这个东西我当时在农村下乡的时候试过，很难做的，比如说有的木板没接好，不平整的。这还是一个很有技巧的手艺。

麻饼阿荣糕饼店。他们自己做的，自己卖，也批发出去，有饼、烧饼、糕点，做得最多的是芝麻饼。类似的糕点还有毛锦堂做得很好，团子里面（的馅）有甜的，有咸的，还有汤的，二分五一个，一毛钱四个，荤素价格一样的，很好吃。这个团子皮是水磨糯米粉的。他家的芝麻酱也做得很好的。

祝生高的打铁铺。在庙前街上，差不多就是现在小皮匠那个位置，船钉打得比较多，小农具也做。像割草的割草刀、割稻子的镰刀，弯弯的上面还有狗牙齿的，我们三墩人叫稻锯。俗话说镰刀不磨不快，但是他这种不用磨的。

葛师傅裁缝店。做衣服的。

万兆婷布店。这是卖面料的。

陶德顺杂货店。这个是卖杂货的。

陈全兴布店。这也是卖布的。

洪再春杂货店。卖杂货的。

钱中台布店。也是卖布的。

大头阿惠铁铺。这个是白铁铺。

祝炳南钟表店。卖钟表，也修钟表，现在还在。

周宝儿刻章店。刻印章的。

卢先生的蛋片店。我同学家的，蛋饼很香的。卢大伯有两个女儿、一个儿子，第二个女儿跟我是同班同学，放学一起回家，老远就能闻到一股焦香味，那就走不开了。这家店在三墩街上属于现代化的，我也会经常光顾。做蛋片是鸡蛋面粉捣捣糊，一只六面体的滚筒安在一根轴上，下面文火加热。掀开盖板，把早已调好的鸡蛋面粉精液槽推到滚筒上方，按钮一揿，细洞里滴几排蛋液，移开推槽，啪啦嗒一声响，滚筒转了一面。打开面板，焦黄粉脆的蛋片呈现在眼前，用铲子轻轻一铲，铲入边上一只竹筐里，卢大伯朝我瞄一眼，"呶，弄几片去"，毛客气了。我咧嘴点了点头，"唰——"一铲蛋片倒在我手心，"谢卢伯伯"，"小滑头"三个字滑入我耳中。

（以下所涉店铺是陈家桥边自南向北）

骆大毛面店。卖面条的，熟面条。

沈阿木面店。卖熟面条的。

上面是大高茶店。

戴穗仁门市部。

面店阿柄。

街对面阿东茶店。阿东茶店地处"龙头"位，店名应该是溢笑楼[①]，倒茶倒溢出来的"溢"。他们家是三墩最大的，也是生意最好的一家（茶店）。若是晚上请来杭州说书先生，惊堂木一敲，呼呼直响的汽油灯随着说书先生声高气粗的声浪，一个个跟着摇头晃脑，是一种享受。我哥哥比我大两岁，我们偷偷去茶店喝茶，倒了壶茶，听杭州大书，以为没有人看见。第二天茶店老板跟我的父亲说了，说你这两个儿子横[②]的，噶小就跑来茶店喝茶听大书了，结果回去我们两个被"拷"了个头颈拳[③]。那时候我哥哥十二三岁，后面我们就不敢去了，就这么偷偷去过一次的。

小高茶店。

朱同和酱园。

魏家石灰行。卖生石灰的，造房子要用的建筑材料。

沿河是刘宝法的浆儿粽子店，卖豆浆和粽子的店。

隔了一面墙还有瞎眼阿寿的油沸粽子。粽子是油锅里炸过的，先把粽子煮熟了，然后到油锅里一炸，外脆里软的，不放糖，这是淡的，吃的就是炸

---

① 溢笑楼，在王峥等口述者的记忆里，阿东茶店的名字为"一笑楼"。

② 横，意为厉害。

③ 头颈拳，打到头颈部位，意为狠狠教训。

过的糯米的香味，没有肉，小小的一只。这个店主一只眼睛是瞎的，所以叫瞎眼阿寿。

紧靠的是三墩铁匠铺沈金春、沈金钧，他们祖籍是南京的。打农具，专门还有人去打船钉，我们这里（有）很多的船，都要修的。祝玉璋，据说也是从诸暨过来的，我就知道他小时候也打这种小农具的，公私合营以后我们都加入供销社了，后来变成了农机厂。

边上三开间的是沈厚仁的糕饼作坊，就是"烂污阿糟"家。沈厚仁家有五六个职工，烘饼师傅个子短小，但翻起饼来手势活络，眼疾手快，只只不重叠，块块不粘连。

再往北有两家银器店。

吴金奎的公平鞋店。专门卖鞋子的，做布鞋，他们家质量很好的。

弄堂边有两家加工生面店、两家布店。

弄堂边庙前街这里有一个印刷厂。这家（的老板）头脑蛮灵的，很早就开印刷厂了，在三墩幼儿园旁边。整日印刷发票、书本，老远就能听到"呱嗒啦、呱嗒啦"一张张纸头出来的声音，这也是三墩最早的工厂。

弄堂边上是陈焕章的牙科诊所。

来震林的轧棉花店生意兴隆，弹棉花、做被子什么的，比如说棉被时间长了很硬，拿过来弹一弹。丝绵被子是有的，但是有丝绵的人家也不是很多，一户人家有一条两条就很不错了。

寿顺兴的油渣店。赶集农民来了买来吃吃，还有鱼肉、大肠这些，他买来现成的，然后他再卖，所以利润比较少。

采访地点：三墩镇秀里华庭居家养老后勤服务中心

采访时间：2024 年 7 月 24 日 13：30—16：00

被访谈人：劳德泉

采 访 人：殷　锐　陈　莹　朱宇清

整 理 人：殷　锐　朱宇清　陈　莹

校 对 人：朱嫣红

附录：

父亲的军装

劳德泉

解放前夕，家父在三墩镇庙前街开了家顺昌腌腊店，小本经营，养家度日。隔三岔五，父亲要骑上自行车到卖鱼桥去批货。

三墩到祥符桥没有公路，花园桥既高又陡，但这是杭州回三墩的必经之路。（19）50年深秋的一天，父亲推着沉重的车子上了花园桥，谁知，前轮卡在碎石上，一瞬间连人带车要翻下桥去。父亲一惊，于是脚一蹬，双手猛一使劲，身体往后一仰，货车掀翻在桥上，"啪——"一声巨响，人掉落在河里。

河道中满是革命草（水草），父亲不识水性，扒开水草，连呛了几口水，连声疾呼："救命！救命啊！"

花园桥旁有座花园庙，在庙里驻扎着解放军，门口站岗的哨兵听到沙哑的呼救声，连忙招呼同伴："快！快去救人！"呼啦一下，三五个解放军直扑花园桥。跟上来的同志挥着有力的拳头，"救人，快去救人！"

不多时，父亲被解放军救上了岸，右脚、小腿被水中竹桩划了长长的一条口子，鲜血直流。

解放军七手八脚地把父亲抬到花园庙里，给他换了套军装，包扎了伤口，然后，连长派了三个战士把父亲送回家。临走时，父亲拉着连长的手说："首长，救命之恩我永世不忘。"连长拉着父亲说："共产党为人民打江山，这是咱的职责。""对对，我一定听党的话，跟共产党走。"

过了三天，父亲把母亲洗好的军装打了个包，从店里捆了几条鱼鲞，斩了一大块咸肉，兴冲冲地来到花园庙。门口没了卫兵，厢房里没有人影，父亲正在犯疑，后殿走来庙祝。"师父，解放军呢？"庙祝一拱手，"解放军早走了，昨天拂晓把庙里打扫干净后就开拔了。""他们到哪去了？"庙祝蛮有见识，说全国还有很多地方没解放，他们肯定又去打仗了。父亲见不到恩人，还不掉军装，肠子都悔青了，只得悻悻回了家。

日月如梭、斗转星移，军装在父亲的箱底藏了几十年。

公私合营后，父亲进了供销社，凭着超强的业务能力，当上了副食品经理。一天在排队的人群里出现了骚动，父亲走出柜台，指着骂骂咧咧的年轻人吼道："骂什么骂？共产党是你骂的吗？大家看看，这位就是讨饭阿桃的大儿子根法，共产党来了，你们吃饱饭了，就忘恩负义，翻身忘本的东西，回家去问问你阿爸，人活在天地之间，应该把良心翻出来晒晒。"父亲的吼声博得乡邻的赞许，根法连连作揖求饶。

母亲在世时，黄梅天过后，她总要把军装拿出来翻晒，母亲过世后翻晒军装的任务就落到小妹的头上。小妹一边整理物件，一边说："年年晒，年年整，又不是稀世珍宝……"没等小妹说完，父亲板着脸说："忘本。"说着撩起裤脚，露出那条长长的伤痕，"每天洗脚时我总会想到救我的解放军，没有解放军，我早就赴阴曹地府啦，哪里还有阿四和你……"说着像放电影似的，又絮絮叨叨地说了一遍。他数说的情境，我们兄妹五人不知听了多少遍，小妹冲爸爸笑笑说："知道了，做人不能忘本。"说着双手做了个心形的手势，俯下身子将双手轻轻地按在父亲的胸口，父亲双眼一眯说："这才是我的贴心小棉袄。"

1997年农历十二月二十九日晚，我忙完了杂活来到老屋的楼上，父子两人慢慢悠悠地抽着烟，父亲说："过了明天又要过大年了，过完年，我将是80岁的老人了，不知还能……"我急忙制止："别瞎说，你是早有玄孙的人，阎罗王也要敬你三分，别瞎想，开心是福，其乐无穷。"说着我想起身倒热水给父亲洗脚，父亲认真地说："阿二我还是躺着惬意，还是聊天说地心里舒坦。"

第二天早上9点多钟，我打算给父亲弄早饭吃，走到床边，"爸爸，爸爸。"父亲平时早就搭理我了，我伏下身上一摸，心头一怔，推开窗子朝楼下直喊，"哥哥，哥哥，你快上来！爸爸他……"

老大冲上楼后，按了按父亲的脉息："走了，爸爸走了。"我心头猛一震。"阿二"，老大指着父亲盖在胸上的军装，我豁然明白，我们老哥俩含着泪花，相对无言，父亲走了，老人家走得那么坦然安详。

外地的三个子女赶了回来，小妹望着床边的军装感慨万千："这宝贝怎么办？你们三个哥哥出个主意。"

大哥沉思良久说："我看军装先放着，明年八十阴寿我们再处理。"军装是用粗麻纱织就，绿色淡而灰色浓，上面的青色不时泛着隐隐的蓝光，衣领处沿了一圈针脚不一的沿口，手肘处两块补丁，大小不一，参差不齐，衣角边是流苏连连，这是官服还是兵服？这就是让一切反动派闻风丧胆的军服！

第二年秋天，我们为父亲做了八十阴寿，那天大哥特地去扯了块光鲜的红绸，把军装包得棱角分明。饭前我们兄妹五家全都赶到中天竺，几个道姑声高气短做了佛事。大哥将父亲的相片和军装投入火堆，嘴里说："爸爸，军装您老带走，军装与您永相伴。"

岁月无情，催人老。我也是80岁的老人了，我们这个大家庭旧貌换新颜，家家多车多房，各家都有共产党员，在各自的岗位上为建设美好的未来添砖加瓦。

信念不变，未来可期。

（本文获 2022 年"人世间"浙江网络征文二等奖）

曾经辉煌的三墩粮站

高彩法

80 岁，原三墩粮管所所长

我们有时候去粮仓转转，因为在那边工作了那么多年了，对这个地方是有感情的。

我是到部队当兵去的。从部队回来到（19）75 年复员，分配到（三墩区）大陆粮站，在大陆粮站是做站长。到了（19）76 年，转到了三墩粮站，当时边上是西行公社。三墩粮站就在东蒋桥，现在老房子还在，在五里塘河西边。那为什么粮站要放在这个地方？因为原来的交通主要靠船，农民卖粮、买粮都要靠船。早的时候没有汽车什么的，农民卖粮都是靠船运过来，所以粮站都是靠河边的。三墩是产粮区，生产的粮食自己吃不完的，三墩粮站也要运粮到杭州城里面的，这是国家分配的任务，那时候计划经济，把三墩多的粮食调出去。三墩镇是整个区的经济文化中心，整个三墩区有 10 个乡镇，三墩区委、区政府就在这边，所以粮站这个地方还是比较热闹的。

收粮供应全镇

三墩粮站规模也不是很大，供应整个三墩镇。那时候种两季稻，夏天收粮是收早稻，每年 7 月 30 号到 8 月 1 号的时候粮站开始收购，农民一般 7 月 25 号就开始收割了。一般在 8 月 1 号开仓收购，这时卖粮的人还不是很多，农民还在收割。到了 8 月 15 号，粮食开始大量上来，粮站开始大批地收粮了。收购一般我们做一个月，从 8 月初收购到 8 月底，天最热的时候早稻收购结束了。晚稻一般都是 11 月份开始收购。

那时候都是以生产队为单位来卖粮的，"交公粮卖余粮"比较多。三墩到了卖粮的时候，东蒋桥那个地方粮船排队也是要排得很远了，河里边一条船一条船地都停在那里，就像现在路边停车一样多，多的时候是起码有二三十条船。一条船卸下来的粮食起码得有5吨，那么就是5000公斤，一年下来三墩粮仓储存有2000多吨。

我们小麦也收的，小麦收购以后直接进仓库了，从仓库直接调到临平去，因为面粉我们不生产的，在临平生产。除了稻谷、小麦，还有油菜籽、蚕豆、豆子都收的。三墩有个油厂也是我们一个系统的，加工菜籽油这些，我们收购了油菜籽以后，调到油厂，油厂加工成油，再调到粮站里，我们卖给农民、居民。蚕豆收购后是直接调到粉丝厂做粉丝的。这些都是按照季节收，农民的东西不能不收，粮食部门必须收。不管你有多少，有的农民拿一斤、两斤来卖，我们都收。收了以后集起来，比方有几百斤了，或者有几千斤了，再由粮食局调派分配。那时计划经济不是用钱买卖的，是国家调拨出去的，比如调到油厂、粉丝厂，是这样搞的。

我们那时候上班很早的，我们是为人民服务、为老百姓服务的。开始"双抢"了，农民要割稻子了，要起早了，我们这个粮站那时候大概早晨5：30就要开门了，做准备工作。七八月份5：30天光很亮的，有太阳了，老百姓一早出来卖粮食、买饲料。买饲料的是有猪的人家，养猪卖给供销社。也就是说卖完粮了也就有了饲料票，他拿了饲料票可以到粮站买饲料，买米糠、买大麦这些喂猪的东西。农民买了饲料还要急着回去劳动，抢收抢种，既要割稻还要忙着插秧。所以老百姓一早要来买饲料，我们粮食部门要跟上去，那就要很早就开门了。

"双抢"过了以后，我们的粮站上班也不会超过7点，一般早上6点钟开门，晚上我们倒也不是很晚，都5点左右下班。中午的话，比如夏天大家可以调休一下，休息几个小时都没关系的，但是员工都很自觉的，有的都是从萧山过来上班的，工作风气都非常好。装饲料糠不是灰很多吗，但是大家都抢着装，不管什么工资不工资的。

这个粮站圆仓库里边稻谷闸门一开，稻米从舂米机器这边进去，那边出来，就是米了。稻谷是从下面进去的，因为仓库里有一个升降机把稻谷送上去，这里倒进去，那边升上去，闸门也打开，直接到米仓里去了，所以稻谷进去，那边米出来了，当时蛮先进的。

我们三墩区这里不会收粮收不到的，我印象中只有一年，它黄梅天时间比较长。还是农民割稻的时候，天天下雨，天天下雨，稻谷晒不干，老百姓还动了不少脑筋，有的用锅炒，那时候是集体经济，是分到一家一户去把它弄干。送来的稻谷有的发芽了，发芽的话国家也有一个政策价格收进来。收起来以后就是放在仓库里边，如果粮仓（里的粮食）够了之后，我们做饲料原料的、做老酒的，就调配出去了，国家统一安排。基本上我们这里收不到粮的情况是没有的，都很顺利地收了，老百姓卖粮食是很积极的。

收农民的粮，晒干的早稻谷，一毛一分一斤。这是有质量标准的，比如水分、里面的杂质、出米率，按照国家标准，一毛一。如果含水分高一点，就稍微扣一点，一毛一不到一点，要扣分把钱了，也不是扣很多，大部分的粮食都是符合国家标准的。加工以后卖给老百姓的米要凭粮票来买，只要一毛三。原来的时候工资只有 40 多块、30 多块，贵了老百姓也买不起的。

粮票也是我们粮食部门发的。每家的粮票是根据你的工种分配的，工种比较累的，比如做重工业的话一般发粮票 35 斤（每月每人）；普通的工人，30 斤；有这种读书的，读初中、小学的小孩子，是 25 斤；还有 15 斤的，刚生出来的话只有十几斤的，就这样。老农民是不发粮票的，都发给居民。粮票是县一级的印了以后发过来到粮管所，粮管所根据粮站有多少居民户口，再发给各个粮站，居民凭购粮簿来领粮票。户口里人员少一个，就要把对应粮票取消了；如果结婚了讨一个进来的，户口马上给你补上了，粮票也加上去，这个很清楚的。

队伍壮大到机构撤销

开始粮食都是国家统购统销，到（19）82 年左右当地开始改革开放，土地分到户了，卖粮就是一家一户过来了。个人卖粮的话用自行车、钢丝车（小推车）运过来。很多时候农民用自行车来卖油菜籽，人多的话东蒋桥要排队，排到现在三墩街那个地方嘞，比船排得还要远很多。有的人家卖100多斤，有的卖200多斤，有的几十斤，有的几公斤他也拿出来卖了，就是一早上就排好队，然后一个一个用磅秤称。

1982年的时候，三墩粮管所老所长年纪大了，我那时候正好年纪轻一点，就被调到三墩区粮管所当所长了。所以我是（19）76年当三墩粮站的站长，1982年当三墩区粮管所所长。粮管所和粮站就在同一个地方，下面是卖粮的粮站，二楼上面是办公的。区里10个乡镇的粮站都归粮管所管。余杭县里面是5个区，当时三墩属于余杭县的，后来九几年的时候划开了。从这一块到余杭区，前面隔出一条河就是西湖区了，三墩、蒋村这一带都划到西湖区去了。三墩区下面有10个公社，我都要管，那时候工作量很大的。

收购结算不是粮站结算的，是以粮管所为单位结算的，粮管所有三个会计，马会计、蒋会计，主要是这两个，还有一个也是姓蒋的。下面粮站有出纳的。原来粮食部门把农民手里的粮收过来，从稻谷仓库拨到米仓里去加工。这个稻谷是经过检验的，根据这个检验，可测算出100斤稻谷，比方说出72斤米。总会计是粮食局的，下面粮管所是会计，把粮管所的报表送上去。这个月收了多少粮食、加工了多少米、卖了多少粮食，一个报表就报得了。你能够出多少米，米仓里的米再返到各个粮站，都是一个一个报告单这么来来去去的，这个误差是很小的。

我到了粮管所才知道，三墩庙，包括地主的房子、资本家的房子，有一部分是归粮食部门管的。因为解放了以后粮食部门都没有房子的，所以把三墩庙都划给粮管所管。庙里的东西都清理干净了，用来堆放粮食。但是不够，后来东蒋桥那个地方地主①的房子也改掉了，就是"十间头"这里，扩大建粮食仓库。我进来的时候，粮站墙是砖的，上面还是木头的，下雨刮风要漏，

---

① 东蒋桥地主，指朱泰和集团。

就把上面搞掉再重新盖。等条件好了，国家有钱拨下来建仓库，慢慢就建起来了。后来改革开放了，我们粮管所就搬到后马路来了，现在叫三墩街。

三墩还有个碾米厂，原来米厂归米厂的，我们管收购，管储运。我们的粮食移过去叫米厂加工。我们都是由余杭粮食局领导的，但是两个单位，他们是加工单位，我们是收购单位。改革开放以后，碾米厂就同粮管所合并了。有一段时间用不了那么多房子，碾米厂就拿去拍卖掉了，后来三替公司买下了。后来听说国家又把它买回来了，现在粮仓里面在改造①。

当时三墩粮站员工真不多，十六七个人，到后来工作量大了，分田到户了，粮站（员工）增加到了二十五六个人。粮站卖粮、卖饲料，农民买糠、买饲料，再买点米、买点油回去。在小的地方，比如大陆粮站，那只有五六个人。我们三墩粮站比较大，整个粮管所的人那就多了，最多的时候有一百二三十个人。

粮食供应是很重要的工作，部队、居民，还有家畜都要吃的，没粮食就不稳了。粮食政策随着整个形势的变化而变化，粮食工作现在还是很受重视的，像我们国家还有储备粮，储存三年的储备粮，三年一换。

我这一代人变化很大了。原来我们粮食部门的员工全部是财政付工资的，吃国家粮的。农民手里收了稻谷加工成米，米卖给居民，粮食本身是不赚钱的，为老百姓服务的。后来放开以后，逐步改革变成国企了，成立了三墩镇粮油公司，就是说粮油公司可以做生意了。计划经济以后，供应不按照国家的价格凭票供应，就要多动脑筋，把粮管所职工安排好，那就是搞多种经营。粮站职工要自己养活自己，发的这些工资要你自己赚出来，单位要创收的。

我当所长的时候，20世纪90年代初，我们单位搞了一块土地，把粮管所不少宿舍盖到外面来了，就是在粮站要自己卖粮、自己吃饭，大家都不用粮票的那个时候。宿舍是在三墩庙那边盖起来的，下面搞商场。我们引进了三墩镇第一个联华超市，在后马路这一带。那个房子在2005年、2006年的

---

① 指2024年进行的杭州市级历史建筑三墩碾米厂粮仓遗址的修缮、装修和利用工程。

时候拆掉了，下面的超市也拆掉了。

这（超市）相当于粮管所搞的一个三产，想办法解决员工收入问题。因为粮票不用了，买粮卖粮都放开了，只要想买粮，哪个地方方便就到哪个地方买，所以我们就要去想办法（创收）。我们在庙前街办了旅社招待所，叫"粮油招待所"，还在良渚办了麦芽厂。

把房子搞出来以后，我们职工开店，有各式各样的店。开了饭店，叫香格里饭店。还搞了一个食品厂，做面条，做油饼，做糕点、年糕、月饼，就叫三墩食品厂。

超市主要解决我们职工的工作岗位，（具体运营）是他们（超市品牌方）来的，我们提供房子、提供员工。前面粮管所招工招了不少，但是后来取消计划经济，员工又多出来了。那我们就要想办法，年纪轻一点的员工，就到超市工作。我们跟他们（超市）商量好，我们提供房子、员工，员工的工资由他们开支，养老金我们买。超市再交给我们一定的房租，我们房租收了给职工买养老金，这样就解决了员工的收入问题。

还有饭店也是这样，我们派几个员工过去，把有经验的厨师聘请过来烧菜，然后把（开饭店的）老板请过来，房租收一点。食品厂、服装厂都是这样搞的。

服装厂原来其实是在东蒋桥，粮食仓库里边就是我们办的服装厂。年纪轻的员工，有的以前会做裁缝的，然后再跟着学一点，服装厂安排几个职工进去，由懂服装经营的人来管理，交点房租。

业务增加了，赚钱了以后，是可以分成的，比如上交60%，剩下的40%可以来搞福利。

我们那时候说搞点福利，以前过年的时候，那发点粉丝都当宝了。后来改革了以后，就靠你这个领导怎么样来关心职工了，这个是不一样的，你要到外面去赚钱。这时候可以搞溢价粮了，比如到安徽采购粮食便宜点，那么运回来到这里来卖，赚个一分钱一斤或五厘钱一斤。赚了发给员工福利，到过年的时候比如发条鱼、发只鸡，职工不是很高兴嘛。

创收了后还盖了很多职工宿舍，基本上我们的员工都有一套住宅的，面积有五六十、六七十平方米。开始的时候宿舍不是卖的，是给他住的，还要租金，几分钱一平方米。到后来房子改革了以后，可以根据工龄卖给员工，那叫房改房。住的房子就按照工龄，有的房子1万多块钱，有的几千，卖给他了。后来那个地方拆迁政府也都有补偿，现在基本上都拆完了。

到2000年，国家把粮管所、粮站都取消了，这一部分人只能自己找工作、自己养活自己了，那时候我们叫"下岗"。一般情况下，（19）84年之前参加工作的国家就给你补偿3万块钱，你自己去找工作。

当时3万块钱还值钱一点，因为工资当时只有千把块一个月。还有一个政策，比如离退休年龄剩了5年的，那么缴养老金的时候，你自己拿出一部分，公家拿出一部分，把养老金买好。我那时候刚刚55（岁），55（岁）以后，粮管所不要了。那我们党员肯定要服从国家安排的。国家给的钱，（其中）9000多（块钱）缴养老金，还有2万（块钱）。这2万块钱拿了以后，你可以自己去招工。年纪轻一点的，有手艺的搞点手艺，有的卖个粮食，搞个小门面，那还可以的。年纪大一点的人，拿了2万块钱，再过两年就退休了。

到现在为止，我们粮管所的人全部都退休了。我（现在）已经80岁了，其他职工都60岁退休的话，比我小20年的人也退休了。我们职工最远的地方有萧山的，有临安的，大部分是三墩地区的。

我们就这样从一个过渡时期一步步过来的。粮食部门改革是国家的改革，现在的粮食大部分不是我们这里生产出来的，都是东北、江苏这些地方产的米，整个杭州基本上没有什么（产粮区）了。

常去看看旧粮仓

我们每个乡镇都有粮食仓库的，三墩就是里厢那个仓库，也不小了。西行桥修马路时拆掉了。底下有几个大仓库，圆圆的是米仓，其他仓库都是长方形的。

现在这个（仓库）是碾米厂旧址，就是以前仓库的一部分。碾米厂是靠南边的，（从这里）一直往北走，这一条河里面的船基本都是卖粮的。原来河面很宽的，我们往杭州运粮都是大船进来的。后来被三替（公司）拍走的就是碾米厂，一百五六十万块钱拍走的。

我们有时候会去粮仓转转，原来的时候，我们总舍不得这个地方。路也不远，就直接到河边转转。因为在那边工作了那么多年，对这个地方是有感情的。

过去还有一个丝绸厂的，后来都并在一起了。原来木器厂做的农具、木器都要用的，比如农民挑粪的粪桶、挑水的水桶、洗脚的脚盆、烧饭的锅盖，这些东西都是木头的。还有农机站，农民的铁耙、锄头等，这些农机管理的东西都要生产的，都是生产当地老百姓用的东西。现在有拖拉机了，种田的工具都改掉了。

当时比较大的厂是三墩玻璃厂。玻璃厂做花瓶，那时候生活困难，这些东西买的人也不多。

三墩味精厂也不小，生产"西湖牌"[①]味精。味精厂在三墩路，文星桥还要再往东。还有一个饲料厂做饲料的，边上是一个油厂，那边就三个大厂了。

我们的粮食，味精厂买去生产味精，后来味精厂搞不好。味精厂把房子盖起来，那都是借钱盖的。粮站把粮食卖给它，钱拿不到了。因为粮食都是调拨的，味精厂买粮食是我们供应的。那时候我们粮站效益也不好，我们也不大愿意卖给它，但是味精厂都是县里管的，粮食都是调拨的，它找到了粮食局，局里说你要卖多少粮食给它，那就得卖给它。后来味精厂倒了，卖粮的钱拿不到了。不管怎么样，它是盖房子盖多了以后倒了，这些房子都被国资收去了，到后来土地价格高了，房子价格也高了，也算是国有资产增值了。

那些年的点滴生活

我们原来住的是属于公家的房子，就在原来三墩庙那里，三岔路口那个地方。那栋房子是三墩粮管所的宿舍，60 多平方米，后来儿子女儿大了，

---

① 三墩味精厂生产的应为"西子牌"味精。

在徐家塘那个地方自己盖了一套（房子）。地址是徐家塘 5 号，现在是停车场。我家邻居，东边是徐秀娥家，西边有一个职工，是外地人入赘。

徐家塘这里后来拆迁补偿了 130 万块钱，那时候给孩子他们了，我们反正有退休工资的。我现在的退休工资有 7000 多元，因为我是退伍回来的，部队给了 1000 块钱。

徐家塘的房子，批了 75 平方米，盖了三层肯定超一点，八九十平方米。我们是（19）92 年、（19）93 年的时候盖的，还是属于晚的，当时邻居们大多都是这种三层的，盖四层、五层的也有，后来也都拆掉了。

我刚刚来大陆粮站的时候工资只有 41 块，因为复员前是当个小排长，那时候粮站老领导年纪大一点，可能工资有 50 来块。工资发了以后，首先把粮票的米先买好，一个月的米买回家。接下来的钱呢？那时候烧煤饼，用煤饼票把计划中的煤饼买回家。再把油买回家，也不剩多少了。当时一个人一个月有 4 两油，按照现在（的计量单位）就是二两半，原来是 16 两一斤的，现在改成 10 两一斤了。

我们家吃油好一点，因为我爸爸、妈妈、我老婆都是农村的，农村的话就不需要这些粮票了。农民把油菜籽收起来卖给粮站以后，就是说国家任务完成以后，多余的油菜籽就给他们油票，所以我们家油票可以多一点的。当时农民拿工分，吃的粮食是自己种出来分的，油是分的，也够吃一年的，但赚钱是不多的；居民一个月拿了几十块钱的工资，还要买米、买油、买自来水，什么都要买的。

原来的居民小孩子多的话，靠几十块钱工资，也蛮紧张的。一般的情况一毛三一斤的米，（每个月）一个大人 30 斤，小孩子 25 斤，那么他们有几个人，有多少粮票，把多少斤米买回家，一般要十几块钱，这些买掉也就没什么钱了。再买点煤饼，油盐酱醋买一点，菜的话基本上困难的人家就只买很便宜的青菜，荤菜是不大吃的，一个月吃一顿肉就不错了。

我的孩子们都是在三墩长大的。我从部队回来是（19）75 年，我儿子（19）75 年生的，我女儿（19）73 年生的。复员时候我们都要打报告，我那时候文化程度也不高，当个排长再提上去也不可能了，我打个报告申请转业。开始领导说我还得晚一点，有个山东的比我来得早一点的老排长叫他先复员，但是他是山东本地人不想离开部队，这样我就早复员回来了。

我小孩就直接读小学一年级。三墩造幼儿园那是七几年的时候，三墩镇发动大家搞个独立的幼儿园，原来幼儿园是（附属）在小学里的，这个幼儿园是每个企业出点钱建起来的。三墩小学早先在弄堂里厢的，后来小学搬到振华路那个地方去了，所以这个地方改为现在的中心幼儿园了。大家（每个厂）凑点钱，粮站出了几千块钱。

小时候我们也经常跑三墩，因为我老家（金家渡）到三墩近，我们一般情况下都跑三墩，那边老百姓大部分也都跑三墩上街买东西的，这里什么都有的。三墩这个地方有一个区委，是经济文化中心。而且三墩这个码头原来很大，卸紫桥那一带原来（运输）主要靠船，现在慢慢小了。

我记得兰里公园那个地方靠河边有一条石板路一直通到对面，三岔路口庙前街那里是一个庙，我们小的时候过来三墩庙还在的。庙过去就是卸紫桥，都是石板路。后来三墩供销社搞起来了，也搞得比较早的，五几年搞的。再早的时候，陈家桥有个照相馆，靠河边是一条小路，也不通马路的，振中路也是后来搞的，以前都是稻田。我们原来到三墩骑自行车去的时候，就是走振中路到文星桥那个地方，从文星桥那边拐弯拐到河边了。那时是石子路，也不是柏油路，我们上班从三墩陈家桥到东蒋桥，往那条路走。

三墩吃的东西很多。三墩的粉皮是家乡土菜，肯定会烧的了，肉末粉皮是这里老百姓的当家菜。还有66块红烧肉，就是爸爸妈妈66岁了，当女儿的要烧66块红烧肉送给爸妈吃的。原来的时候条件差，不大吃得到，女儿趁这个机会搞66块红烧肉一大碗给爸爸妈妈吃，现在要吃了就把肉切小一点，意思一下。

原来过年的时候白斩鸡肯定都有的，还有红烧肉、腌鱼，只要这三个荤菜就不错了。再搞点蔬菜、粉皮。

三墩七月三十日点地蜡烛，就是女儿出嫁了，到了七月三十日这天要帮妈妈搞点月饼、搞点香、搞点蜡烛。以前的蜡烛都要点到庙里面的，后来三墩庙没了，路上电灯又那么多了，就不搞了，有的人要搞就在家门口搞对蜡烛。

庙前街的照相馆很早就有了，我儿子他们出生以后很小的时候去拍过照，照相馆现在还在的，拍得还好的。庙前街上还有理发店，现在还有两三个人在，理发店的小王师傅在的，还有个女的。还有个肉铺卖肉的，有个老的叫阿海，已经没有了。

庙前街这里卖肉的、卖鱼的、弹棉花的都有，都在这一条街的，实际上是三墩生意人最多的地方，也因为三墩区在这里，是经济文化中心。

新味馆，就在陈家桥那个地方，炒菜油爆虾什么都有的，供销社办的。我有时会去吃面——虾爆鳝面。五兴菜馆也是饭店，它那个房子是五里塘（社区）的，就在现在马路的三岔路口。还有香格里饭店做的大肉包还是很有名的，大肉包一块钱一个。

三墩变化也很大的，但就是周围变化很大，里厢没怎么变，大家还能看到以前那个样子，它现在跟 20 世纪 80 年代也差不多，没有太大变化。里厢这个地方，路变好一点，河边河道都砌起来好一点。河道变窄了，比以前窄。

庙前街这些老房子能够像古代样式改一下的话，也是不错的，还是蛮有味道的。现在有一条马路做起来了，靠北边这一条房子（庙西街建筑群）都还没改，这里一直通到卸紫桥这一条改一下。老房子改起来的话是需要国家投资，有一些建筑改好了会很好。三墩这个地方房产价格不会低的，靠地铁也近，靠浙江大学也近，这个地方还有一个浙江医院，所以位置应该还是不错的。

采访地点：三墩镇民俗馆

采访时间：2024 年 7 月 30 日 15：30—17：00

被访谈人：高彩法

采 访 人：殷 锐 朱宇清

整 理 人：殷 锐 朱宇清

校 对 人：高彩法

附录：

三墩粮管所碾米厂旧址建筑群情况介绍

朱嫣红　整理

一、民国时期

三墩粮管所、粮库地块 1949 年前系三墩最大的集团朱泰和家族所有，其范围北起环龙桥（又名新桥头），南至东蒋桥，西至东蒋湾整个地段。这一片房舍除西北角陈雪林、陈惠林两家外，都属于朱泰和集团产业。

朱泰和集团掌门人是朱焕庭，小名阿永，现在的三墩老人都称其为"朱阿永"，官方史料多称其为"朱阿荣"。朱焕庭的父亲是当地大地主，有田地 3000 余亩，"朱泰和"是他在清末创设的字号，至朱焕庭接手时只是一个主营榨制菜油、柏油等油品的一般店铺，营业部仅工人十余个。辛亥革命（1911 年）后，朱焕庭的侄儿朱晓雷（一作朱啸雷，后以朱晓雷称呼）担任三墩里长，相当于镇长。朱焕庭主内，朱晓雷主外，凭借叔侄的默契配合和经营得法，朱泰和的业务很快得到发展。民国元年（1912 年）朱焕庭开办了新泰和油坊，陆续兼营起粮食、肥料、饲料等业务，货源也从本地门市收购逐渐拓展到湖墅各米行整船采购乃至外省产区直接洽商。民国时期朱泰和家族号称"柏油大王"，《浙湖源丰润烛栈谨告全国父老兄弟书》中描述道："杭州三墩镇朱泰和之柏油……此种柏油，恐中地稀见。"精于传统工商业而又善用金融工具的朱泰和，主营油车业务突飞猛进，资本更为集聚，在时局配合下开枝散叶，陆续开出磨坊、南货、米行、酱园、典当等分号。

朱焕庭家族产业日益庞大，店铺房屋不计其数，据《杭县志》记载，至 1949 年，占地面积达 43450 亩（其中在杭县有 1.2 万余亩），相当于 29 平方公里。土改中起出的地契和图照，竟重达 354 公斤。[①]朱家在当时号称"武

---

① 据朱泰和家后人回忆，土改中起出的地契中，有相当一部分为一些借债者抵押的地契。

林门外第一家",民间传言的"半镇店屋尽姓朱"也不为过。后人编出打油诗形容称:"五里塘中船相连,升箩桥下埠成片。钱塘兰里朱泰和,武林门外半爿天。"杭州小河直街上的房子,也多为这位富豪所建,其中较为典型的是已经拆除的泰和里,取的就是朱泰和之名。

五里塘河东蒋桥以南就是全镇鼎鼎大名的朱泰和双墙门。这是朱焕庭精心打造的 6 间四进四厅大宅院,门前有巨大平台河埠,北面筑有风火墙,因开设东西两个墙门,故得名。该建筑匠心独具、耗资巨大,历时 6 年完工,整个建筑的镂雕装饰又耗时 8 年。墙门内假山、松竹、花坛、月池样样俱全,鸳鸯厅、走马楼,就连天井四周的栏杆都为红木雕花,可谓极尽奢华。据说双墙门用材十分考究,半人多高的墙基均用优质长条石筑砌,院子内所有构件雕工华丽精美,梨木门窗均雕刻花鸟人物山水故事,五金构(配)件多用紫铜或锡,被称为百工窗(一扇窗一百工)。该建筑解放后成为三墩区委办公用房,在 20 世纪 80 年代初被拆除重建为政府办公楼,现在成为庙前街社区用房。

在东蒋桥以北,建有朱泰和的碾米坊、榨油坊、库房,还有部分住宅供工人居住,大开间的房舍有十余间,为砖木结构,俗称"十间头"。此地块因贸易发达,故有"两多",一是过街凉亭多,便于来往过客歇力;二是河埠多,便于船运上下货,类型有单河埠、双河埠、平台河埠,最大的河埠有数十米长,位于东蒋桥东北侧。据《余杭县粮食志》记载,民国二十六年(1937 年)前,三墩每年春粮上市旺季时,每天的成交量达 1000 多石,九十月间,上市稻谷在 2000 石以上。粮商货源以收购乡货(即当地生产的粮食)为主,还常向杭州湖墅等地采购。东蒋桥东侧水域有多条水系交汇,河面开阔,能供多条货船停泊上下货,在端午前后也成为观赏龙舟表演的重要地段。

民国三十五年(1946 年)11 月,此地块修建粮仓两座,容量为 3625 石,修建经费为法币 5337000 元。

二、解放初期

杭州市于 1949 年 5 月 3 日解放，同日，中国人民解放军二十军在孙继先军长带领下进驻三墩镇。主要驻地就是朱泰和油坊及附属仓库，即现在的三墩粮管所及粮库所在地，"十间头"作为部队营房使用。

解放后三墩地属杭县，20 世纪 50 年代提出了"以粮为纲"的口号，那个时期农业税是国家的重要税赋，故各地兴建粮库用于储藏公粮。当时三墩区是杭州地区的主要粮食产地，1949 年 8 月杭县粮食局首先将三墩庙改建为三墩区粮库进行使用。1953 年 11 月，国家实行粮食统购统销，对私营粮商进行改造，原有三墩庙无法满足储粮的需求，于是 1954 年年初撤销原三墩庙粮库，迁至东蒋桥北原朱泰和油坊及宅地，将该地块"十间头"原有泥墙和砖木结构仓房进行改建。1954 年 6 月 10 日三墩粮食市场交易所开所，同年 10 月 20 日正式成立三墩粮食管理所，此地块成了区级粮食管理机构——三墩粮管所、供应机构——三墩粮站以及粮食加工厂、碾米厂所在地。此后逐步建起数幢大型现代化粮库，形成了杭州近郊粮食集散地。三墩粮站的主要职能一是入库，即收购公粮、收取农业税；二是出库，是将原稻谷或已加工后的大米运往各地。交通工具主要是船运，1959 年三墩建成公路，将东蒋桥进行改造拓宽，才有大卡车直接驶进库区。

1961 年，三墩并入余杭县，建立三墩区，三墩镇为区委所在地，下辖留下、五常、勾庄、蒋村、双桥、良渚、安溪、大陆等多个乡镇。随后在三墩区属地内相继建起了良渚石桥粮库、大陆红星粮库、五常粮库、沅谊粮库、安溪龙王庙粮库、双桥下确桥粮库及勾庄义桥粮库。1969 年"文化大革命"开始，粮管所建立"革命委员会"，粮站建立"革命领导小组"，直至 1978 年恢复粮食管理所和粮站名称。

三墩碾米厂由杭州第五碾米厂与杭州市三墩油厂合并而成，1960 年称地方国营三墩粮油加工厂。1962 年粮油加工厂撤销，改称地方国营三墩稻谷加工厂。1964 年 7 月，更名为国营三墩碾米厂。20 世纪 50 年代的碾米厂生产工艺基本靠人工搬运和手摇风车、大筛等。60 年代后，逐步用电动机、升降机、分离筛等动力设备代替体力劳动。1974年10月，三墩粮站进行房屋设备全面更新，投资为12.96万元，现存粮库大多为当时改造，"十间头"原有青石板地面全部改为混凝土大拱仓，所有建筑面貌一新。

三、改革开放时期

1978年12月，我国进入了改革开放新时期，生产者积极性的全面调动激发了经济活力。1982年开始承包到户，1983年后粮站将以生产队为单位收粮改为一家一户收粮模式，为了方便群众交粮，还先后建起了运河、肇河粮仓。随着国营企业自主权的改善，三墩粮管所还搞起了食品加工厂，开展了多种经营，在三墩街建起粮油大楼。

1982年，浙江省粮食厅把三墩车间列为日产50吨大米成套设备定型厂。1984年，三墩车间生产的早籼标二米获得省优质产品，同年又获得商业部信得过产品奖。1984—1986年，泰国、联邦德国、瑞士等国的代表先后到三墩碾米厂参观。到了1987年，碾米厂厂区占地面积9888平方米，固定资产原值67万元，年设计生产能力已达到大米4120万斤、饲料880万斤、毛糠油320万斤，有固定职工46人，完成工业总产值461.1万元，创利润9.3万元。

1996年5月，三墩镇划归西湖区管辖。1998年杭州市成立粮食收储有限公司，负责市区政策性粮食的收购保管，三墩粮管所、粮站划归其管理。2000年三墩粮管所、粮站机构撤销，所有资产进行清理、拍卖，原粮管所部分建筑为杭州三替公司所有，之后成为韵达、圆通快递中转站，西侧粮站部分归西湖城投所有。

2021年11月23日，三墩粮管所碾米厂旧址被列为杭州市第八批历史建筑。

庙弄去得来

王　峥

80 岁，退休教师

老三墩人一般还是把庙前街叫庙弄的多，"人到哪里去得来？庙弄去得来！"

我的老家就在三墩，但是不在庙前街，是在东蒋桥这里。那时候东蒋桥这边就稍微偏了一点，有点郊区的意思，相当于街上跟农村分界的地方。现在从庙前街社区办公室出来，有两座桥到西河口，以前没有的。我们小时候如果从西河口到东蒋桥，就要走到陈家桥，走过以后再转过来，所以东蒋桥相对来说就偏僻一点了。附近没有什么店的，旁边就是朱泰和的双墙门，现在是庙前街社区所在地。

我们小时候说要到街上去，就是专指到庙前街去，所以去庙前街，就是"上街"了！那时候不叫庙前街，叫庙弄。大家买东西逛街，一般也都在那里玩的，比如过年的时候，到街上去玩去了，就跑到庙弄里面去买年画什么的。

庙前街，以前也叫臭水弄，最早的时候没有其他店，只有三家水作坊，水作坊泔水多少臭了，所以就叫"臭水弄"。后来水作坊都搬到五里塘去了，有人把这里改成"秋水弄"，听起来很雅的。不过老三墩人一般还是把庙前街叫庙弄的多，"人到哪里去得来？庙弄去得来！"

庙弄依稀繁华

那时候的三墩镇就相当于现在的庙前街社区，现在庙前街社区所管的地方就是以前三墩镇所管的地方。也可以说庙前街是（三墩镇）最原始的起点，然后向周边散发开来。

（三墩）最中心就在庙前街的陈家桥，陈家桥等于是三墩的一个地标建筑。庙前街的头就是陈家桥，旁边还有几条街也在陈家桥旁边：陈家桥北面就是桥北街；陈家桥南面就是桥南街；桥南街、桥北街连着庙前街，然后再加一个庙西街，还有一个五里塘街，是比较短的。三墩基本上就这几条街。

我小时候吃过晚饭，跑到陈家桥去玩，就已经算是很放纵自己了。家里大人知道以后要骂的："小鬼撩夜。"好像跑到陈家桥都是很远的地方了。

陈家桥正好在庙前街与桥北街、桥南街交会的地方。小商小贩会在桥上摆地摊，桥上就很拥挤，这时，挑担人往往会边高叫着"开棒"边向前挤。小时候我听到"开棒"总在想这到底是什么意思，是要用棒打一下吗？等相当大了才知道，原来是"不要碰到"的意思。

三墩最热闹的是庙前街，大家如果要买东西、要玩，都要到这里来。整个街市从早到晚人来客往，非常热闹，茶馆、饮食店几乎天天晚上经营。午夜时候整个镇子才会安静下来，可过不多久，就有赶早市的农民来敲开了茶馆的门。

街上最多的是茶店，喝茶是做体力劳动的人比较多，朱泰和这种大户人家他们不会出来到茶店喝茶的。茶馆里面就好像现在大家搓麻将一样的，是三墩镇信息中心，空气是很浑浊的，很多人抽烟。

茶店里有说书的，喝茶听书要付钱，我们小孩子也听书，但是不喝茶，就站在那里听，叫作听"站壁书"，大人付钱就是坐着听书。

像我家这样的，我爸爸老是在这茶馆里，为什么呢？做豆腐有个特点，早上忙过以后下午没事情了，他就跑到茶馆里喝茶。我有时候有点什么事情要去叫他，就跑到茶馆里。第一次听书，发现说话是用京白说的，不是杭州话，京白就不大听得懂了，所以开始的时候一点都没觉得怎么好听，但是几次后听懂了，就被吸引住了。过年的时候叫我做客我都不去了，我一定要去听这个大书的。我就听《三国演义》《七侠五义》《金台传》。金台是什么人？岳飞的师父，叫周侗，周侗就是金台的徒弟。周侗的最后一个徒弟就是岳飞。实际上这个东西（听书）对我们是相当好，甚至是一种启蒙教育在里面。说书的特别会吸引人，他说到张飞三挑赵子龙。你想想张飞、赵子龙不是一家人，怎么会这样？这时候他说明天再来听，结果明天他还没讲到，他还要欲知后事如何，还要明天来听。所以再这么一直听下去了。大书还有很多，像《包公案》《施公案》《大明英列传》。

庙前街比较大的茶馆叫一笑楼①，茶馆很大。为什么说它很大，因为它就在陈家桥下面，是最中心的地方。这里门口摆摊的很多，有几个没有店面的，就在这里摆个摊，而且是固定在这里摆。有羊肉摊，还有汤团摊、水果摊、鱼摊等。

茶楼老板姓傅，叫阿东，也叫"姚祺阿东"。姚祺是东汉一个名将，像张飞、李逵一样的人，他（茶楼老板）这个外形有点像的，（性格）有点莽撞也很耿直的，所以叫他"姚祺阿东"。茶馆后来到（19）55 年、（19）56 年的时候合并了，手工业小商小贩都组成了三墩供销社和合作商店，并在一起了。

我小时候有时就帮我奶奶（卖豆腐），我奶奶是专门卖豆腐的，大概是小学三四年级的时候，过年前生意特别忙，我开始帮她收钱。待到生意清下来时，祖母会从我家豆腐店斜对面的毛锦堂圆子铺买一碗豆沙汤圆作为对我的奖励。毛锦堂的老板是个大胖子，他的汤圆在三墩镇也可称一绝，又糯又甜，煞是好吃。

陈家桥正南堍有个点心铺，拿手的点心就是烧饼油条。我每天下午放学经过奶奶的豆腐铺，奶奶一般会从那个点心铺上买个烧饼给我，我一边吃一边走回家，并且总要求自己在到家前吃完，为的是不让弟弟知道，否则他会吵闹的。偶尔遇到奶奶心情特别好时，她会让点心铺特意为我做个猪油菜肉烧饼，那味道特别好吃，现在吃不到了。

---

① 一笑楼茶馆名称说法还有"益笑楼""溢笑楼"等，王峥在余杭档案馆查到档案记载为"一笑楼"，本书从此说。

街上有些面店卖生面，有些卖熟面，就是面馆。我们以前从来不到外面去吃，老是在外面吃饭的这种人大家觉得是败家子。在外面吃叫下馆子，馆子里是往来做生意的、过来买卖东西的农民吃的多，包括捐客，也在里面谈生意。

庙西街也不错的，房子很多的。我叫一个同学（夏祖泉）给画了庙西街的店铺分布图，他家就是在庙西街开茶店的。写的时候他手是抖的，还下雨，很多字都看不清了。（从这幅图上看）庙西街那边店铺和住家比较多，三墩庙在东，从三墩庙开始，（西边的一排）有：

蒋家祠堂，后来做文化站的，解放以后我们看戏都在这里。

小辫子……

祝继祖钟表店。

厕所。

蒋菊珊布店。

水作坊。

叶三毛南货店。

芝玉茶店。

丁阿月……

河埠。

腌腊店。

陈继安茶叶店（其父所开）。

竹器店。

河埠。

厕所。

布店。

王柳珍豆腐店。

罗水根。

王炳□豆腐店。

徐家宏杂货店（其父开）。

周某某杂货店。

蜡烛店。

河埠。

严志文理发店。

河埠。

王寿林豆腐店。

薛发明人家。

詹立标。

河埠。

理发店。

董建国住家，董建国后来担任我们余杭县副县长。

河埠。

卸紫桥。

自来水龙头，公用的自来水龙头。

这里提到的理发店很多都是很小的一间门面。（19）58年的时候拆了好多房子。在陈家桥北面朝南靠河的全部拆掉了，陈家桥南面靠河的也全部拆掉了。陈家桥北面拆掉以后，茶馆这里就造了三墩供销社，还有三墩合作商店。供销社好像是大集体的性质，合作商店完全是集体的，我老婆就是三墩合作商店的会计，商店里面也开了几家茶馆。

墙门老宅旧人家

庙前街朱泰和的老宅子是很考究的，有个花园、有假山，房子全部都是雕花的。朱家在庙前街这里的（房子）我们称为双墙门，他们还有一幢建筑，大家叫三墙门。后来做粮站的这个地方就是他们的，那里面也有很多房子。

朱泰和家的三墙门早一点，双墙门造了6年，雕了8年，他们自己只住了3年。三墙门房子对面是比较普通的平房，我们家就住在这里的。在三墙门外这里有一口井，河对面朱泰和油作坊厂里也有一口井的，这两口井就好像龙的两只眼睛，有讲究的，说是这里有一个风水。这口水井上有个铁皮盖子，我小时候夏天的早晨起来之后，就跑到井边把脸贴着铁皮盖子，很清凉的。水井里可以打水的，吃西瓜的时候也可以弄一个篮子，把西瓜放在井水里面，让它凉一会儿再吃。

按照钱家后人说，庙前街他们应该是有半条街的房子。庙西街大多数是蒋家的，庙前街大多数是钱家的，王家在五里塘这里。三墩镇镇长以前都是蒋家的，所以说是蒋家的官多，朱家的钞票多。

三墩小学就是南侧西河口姓蒋的宅院改的，这户人家很大，里面房子很多，还有池塘荷花塘，是大户人家。我还在小学六年级的时候，有一次一些调皮的学生，就在房上面有一个阁楼一样很矮的结构里面发现了好多的锡器，酒壶、烛台什么都有，说明他们家的确蛮好的。

这户姓蒋的人家当时都在的，因为是地主家，房子收掉变成政府的了。他家两个孩子比我小一届，也是在乡镇小学读书的，一个叫蒋滋芬，一个叫蒋滋敏，都是女孩。蒋滋芬那个时候也是比较出挑的，在学校里面演戏什么的都有她的份儿。后来下乡做知青，再回来当老师的。蒋滋敏和徐振华是亲家，她现在大概是老年痴呆，也不会讲什么话了。

蒋家墙门有好几进、几十个房间。现在从幼儿园的大门进去，靠右手边楼房都是雕花的，再是天井，然后往里面又是一个建筑，而且这些房子之间互相都连牢的，再过去又是马头墙做成的。一个小学我们有 6 个年级，（每个年级）2 个班，12 个班级都在这个宅院里面的。还有教师的宿舍、教师的办公室也在里面，除了食堂在外面，其他都在里面。后来蒋家这座宅院都拆了，现在就是幼儿园，你看不到原先的影子了，一点都看不到了。

幼儿园的旁边还有一户姓蒋的，所以这里是两户姓蒋的人家。这户人家是蒋菊珊、蒋宪民，他们还住在这里的，他们在西河口一带也有房子的。

从陈家桥下来，一户人家叫蒋尔康。蒋尔康家就是钱楠楠家旁边中学弄的，三墩中学弄的这一片建筑都是他们家的。从开头一直到结尾了，整个弄堂走完基本上都是他们家的。

他们家有好多的子女，蒋尔康大概有 6 个儿子、1 个女儿，蒋尔康本人没有工作，解放以后这许多人怎么养活？就是靠房租。他的房子自己住一部分，其他全部租出去。后来子女都出去工作了，这个房子又被国家收去了。到改革开放以后，又还给了他们一部分，现在还是蒋尔康家。他们家本来有一个儿子跟我年纪一样大，叫蒋鹏璋，他一直住在这里。后来三墩说这些房子都要拆，他们不同意拆，极力向上面反映，说老房子不能拆。后来倒的确是保住了，蒋尔康家的房子还在。当时庙前街这些老房子已经拆得差不多了，说里面有一些房子是要保留。我看现在岌岌可危了，要么重新修过。不过现在是历史保护建筑了，以后不会拆了。

蒋鹏璋的哥哥比较有名的叫蒋全璋，原来是杭州西湖电视机厂的总工程师。蒋全璋的夫人也是三墩人，是我们三墩中学的语文老师，比我高两届，跟钱楠楠是蛮要好的。

蒋鹏璋现在不住这里了，住到他女儿那里去了，这里没有人了。我的丈母娘曾经就住在这里面过，就是租他们房子，后来就是向国家租。我丈母娘从解放前到三墩，一直住到自己一个人没办法住了，住到我家里为止，一直在这里住的，所以说她在这里过了大半辈子。

她住的房子是两层，一层只有五十几平方米，楼上楼下的。楼上做卧室，楼下一个厨房。那个时候不像我们现在这种现代的房子，同一个房间里面吃饭、烧饭的，旁边弄一个灶头，灶头旁边就是吃饭的客厅。

范家湾这里原来有一个大户人家就姓范的，范家开一个较大的药铺，店堂、住宅的建筑都颇为精致，门窗、牛腿都雕有花卉人物。现在很破败，但仍常有摄影爱好者或古建筑爱好者来拍照打卡。据说这范家在清末时出过一个秀才，名叫范泽甫，这在文化氛围并不太浓的三墩，也算是一件很可炫耀的光宗耀祖的事儿了。20 世纪 50 年代这范家曾有一女子疯了，整天在屋檐下走来走去，嘴里念念有词，或唱着小调。我们那时很顽皮，经过范家湾时，又怕她，又要逗她唱歌。她应该受过相当的教育，有时嘴里念的是

"father mother 你们好，孩儿在校读 book，样样功课都 good，只有 English 弗及格"，那英语发音还不错的。

朱守林家也是一个墙门房子的，后来一部分做玻璃厂了，之前的墙门里面本来做过雨伞厂的，是纸伞不是布伞。后面还有很大的一个坟，我们小时候蛮喜欢到那里去玩，在坟上跑来跑去，有个空地也比较大。三墩外面有个马戏团叫花家马戏团，就在他们房子后面一个很大的空地上搭了帐篷，然后表演，我们小时候看的就是花家马戏团的戏。过一两年来一次。

江南韵味的弄堂

以前三墩小学是在现在三墩中学这个地方的。原先三墩有两个庙，三墩小学用的叫相公庙，另外庙旁边有一个柏子庵堂，后来就变成三墩中学了，所以三墩中学跟三墩小学是紧邻的。后来小学又搬了，（19）55 年搬到现在幼儿园这个地方。我就在相公庙这里的小学读到五年级，到六年级的时候就搬到（现幼儿园）这边来了，后来小学又搬走了，留给三墩幼儿园了。

本来幼儿园在三墩小学的后面，附属三墩小学的。三墩小学这条弄叫小学弄。小学弄以前叫商会弄，这条路现在就是叫商会路。解放以后商会不存在了，这里慢慢就变成小学了。南面是三墩镇小，北面就是幼儿园，商会弄里面走到底有一个比较大的建筑，很气派的，有比较大的一个厅堂，里面有个戏台可以演戏。这个地方做过工人俱乐部，"大跃进"时做过公社的食堂，后来变成小学的食堂，反正就是变来变去变了好多次，最后拆掉了。

中学旁边有个当店，就是当铺，解放以前是朱泰和开的。解放以后当铺也作工人俱乐部和三墩工会办公用。当铺边上这条弄三墩人叫"当弄堂"，三墩弄堂本来就这么几条，这一条是比较典型的，还有商会弄，就这两条最有名。陆游有个名句"小楼一夜听春雨，深巷明朝卖杏花"，还有戴望舒的《雨巷》，当弄很像这些诗句里描写的弄堂小巷，特别有江南的味道。这条路很长，很幽深，路是青色石板路，走多了路不平，走起来就有声音的。两边都是墙了，没有店，现在底下有几户人家往这里开门的，以前没有开门，都是墙。

当铺很幽深，它的南面部分后来变成三墩中学的宿舍，里面很阴暗潮湿，不大看得到太阳的，所以就有了狐狸精的传说。我们小时候很怕这个地方，不敢过去的，到了初中以后学校有住校生，星期六有些住校生不回家，我们跟他们一起玩，经常去学校睡觉。这时年龄大一点了不大怕了，反而想看看狐狸精到底长得什么样。

在当店旁边也有一批房子的，叫作"孙栈房"（音译），到底哪些字也不晓得，我小时候听说这里面也有狐狸精的。

当弄是去小学、去中学一定要经过的，如果往范家湾去也行的，但是范家湾要弯一弯的，所以一般要往这里走。我读小学的时候往这里走，初中也是，后来我到三墩参加工作，在三墩中学教书又要往这里走，所以这条路走了大半生。我写过一首诗，当弄这里走过我的大半生，就这个意思的。

范家湾实际上也是条弄堂，它北端连着陈家桥南街，南段向西连接当弄，弄内至今还保留着钱光大古宅的一部分。因为弄的东面紧挨着一条小河，所以被称作"湾"；又因为弄内住有姓范的大户人家，所以这条弄被叫作"范家湾"。

双港路与范家湾一样，虽称为路，其实应是弄。之所以称为路，大约是由于弄内路面较宽，而且有一段路挨着一个荷花池，旁边没有房屋。双港路，我认为应是"桑港路"。称"港"是有一条小河在旁边的，但只有一条小河，何来"双港"？称"桑"则是旁边确有相当的桑树地，我们小时候还曾去那儿摘桑葚吃。桑港弄最值得一提的是那儿有个在三墩颇有名气的尼庵——吉祥庵，宣统元年，就是1909年，在吉祥庵后殿开办了"钱塘县三墩初级小学堂"，这是三墩镇现代学校的起点。解放初期，三墩小学也还在吉祥庵开设过分部，我就曾经在那儿上过一段时期的学。

小桥河埠船家

三墩这里河埠是很多的，因为三墩这里都是河。所以房子都是一半造在河里面，很多人家里就有河埠。水里有柱子（支撑上面房屋），靠边上人家房屋都是有美人靠的，全部都是这样，还是很漂亮的，完全是水乡的样子。

我们家这个房子有一个地方特别好，都是二层的楼房，上面是楼，下面是空的，空的下面刚刚做了一个河埠在那里的。下雨天的时候，我们可以在这里的河埠头玩的，钓鱼，弄一些什么活动，所以蛮有味道的。

我家边上就是东蒋桥，对面有朱泰和的一个油坊，还有一个很大的河埠，和一般河埠不一样。它是一个半圆的弧形，很长的，有三层，一层一层上去的，可以来停船的。解放后油坊变成粮站了，很多农民交粮或者换公粮都在这里停船的，船很多，就好像叶圣陶《多收三五斗》里面提到的，还有一个他们之间的泡泡，白腻泡沫什么的，把缝隙都填平了，写的完全（是）这个样子。解放前到了要榨油的时候了，春天油菜籽收起来的时候，从四面八方把油菜籽运过来，在油坊里面榨成油，卖到好多地方，说是上海也卖过去的。

河埠旁边有一座朱泰和家的凉亭，我们小时候经常在里面玩，凉亭很大，所以下雨天也可以玩的，小孩子们玩官军捉强盗这种游戏。街上还有个朱同和的酱园，卖烧酒，还有酱菜、酱瓜这一类，像杭州景阳观一样。

那时候我们到杭州去是没有其他交通工具的，如果要去杭州，就要到兴隆桥北面的河埠去坐船，小划船都停在这里，相当于运客的船。兴隆桥旁边有个搬运工会，主要是大船运货物的一般就到这里，然后就由搬运工会的人把货物搬上岸，所以这里的码头河埠当初也是比较大的。

运客船的河埠只有两个地方，一个在兴隆桥旁边，还有一个就在水月墩这里，等于说有两个（客运的船）帮了。水月墩这里也有说法，也可能主要是运货的。

小划船载三五个人最多，我们一家到杭州去，我妈妈带了我、弟弟，然后下到船里。船里面很舒适的，有席子铺在那里，很薄的被子都有，在里面可以睡觉，上面有篷，吃东西也可以。船是两个人划的，就这么一路划过去，划到现在小河直街这里。小河直街这条街，也是朱泰和造的。上岸后穿过小河直街马路，就有公交车了，然后坐公交车到城里去。划船要走10多里，好像要两个小时，反正我们早上从三墩到杭州亲戚家里面，基本上就到那边吃午饭了。

三墩有一些船上人家的，一些从外地尤其从苏北来的，我们叫"江北佬"。我家旁边当初就有一户人家，他们只有两条船，都很矮小，船看起来也破破烂烂的，篷上补的布。这一家有三兄弟，老大不结婚，老三也不结婚，老二结婚的。老二结婚以后他们后人也都在这两条船上生活。他们家老三是做"磨剪子，戗菜刀"的小生意。老大年纪比较大了，喜欢画画、吹笛子，一到过年他经常画一些古代的人物，送给我们小孩子小小的一张，比如画一个张飞给我们玩。他也喜欢吹笛子，所以他家后人，就是老二最小的儿子，大概受大伯的影响专门喜欢吹笛子，后来工作也是在余杭小百花剧团里面吹笛子的，他是周大风的学生。老二家还有个儿子，专门喜欢画画，没其他工作，就是画画、卖画，然后教教学生。

船家感觉生活还蛮艰苦的，但是也出了两个人才，慢慢地他们不在船上住了，在岸上搭一个棚子住，再后来慢慢搬到街上来。

豆腐店人家儿女

我家以前在三墩开豆腐店的，开豆腐店很辛苦，"摇橹打铁磨豆腐"是以前最辛苦的几种营生了。我们家卖豆腐是在陈家桥的桥头，做豆腐是在东蒋桥的桥头，东蒋桥的房子有三四间，里面做豆腐的有两间，一间是我们作为厨房的，一间是作为客厅的，那是很简陋的，房子也很矮。

人家说"豆腐是水做的，阎王是鬼做的"，就是说做豆腐不要什么钱，好像成本蛮低的，说起来应该我们赚了很多钱了，但是我们家也不见得怎么样，连房子也没有。东蒋桥这里的就是租朱泰和的房子，解放以后变成公房了，就充公了。（19）56年台风把这些房子吹倒就不存在了。

（19）55年的时候，手工业合作社改造，那时候三墩镇上的豆腐店也有七八家，都并成三墩豆腐社，这样我们也就不做了。

三墩豆腐社起先在三墩小学旁边的，后来搬到了范家湾这里，我们家里我奶奶、我爸爸、我妈妈，然后我哥、我弟，有 6 口人，两个人在豆腐社里赚工资。像我爸这样赚得还可以的，有 45 块钱一个月；我奶奶本来就是卖豆腐的，也进了合作社里面，她的工资比较低了，18 块钱一个月。他们两个加起来，我们这户人家（生活费用）基本上就可以凑出来了。主要我奶奶工资太少，而且没过多长时间就退休了，退休（工资）大概 15 块钱一个月。

我们家每到过年的时候有一件事情，就是把千张、豆腐干，还有油豆腐什么的豆制品，总是要送给一些亲朋好友。每每到这个时候，我爸爸妈妈两个人就在那里说，有哪几户人家要送的，然后这户人家多少，称好，弄好，再叫我送过去给人家。我爸爸妈妈他们一边在弄，一边嘴巴在说，真是年年要弄的咪。所以我在旁边就说了，你们不要说了，不送不就好了吗？他们又回答，（别人家送的）东西过来了，我们肯定要送了，因为家里没有别的送的，就送豆制品。所以我老是要说的，既然感觉到什么都很麻烦了，你不送人家，人家明年就不送过来了，这样每年也就不需要送来送去了。

过年就是这样，不送又感觉少了什么。反正过年做客，我们以前实在是生活太困难了，比如一年来吃不到鸡的，就是在过年之后杀一只鸡。比如家里养的是 5 只鸡，自己家吃了一只，还有就是要送人的，送这种鸡过去的亲戚是很重要的，比如我的干娘，朱泰和的三女儿。

朱泰和有 4 个女儿，我们这边叫法，大女儿叫大干娘，二女儿叫二干娘，三女儿叫三干娘，四女儿叫四干娘，都这样叫的。二干娘的先生是一位名医，叫杨济生，原来在浙江医院、浙江省中医院都做过院长。三干娘今年已 105 岁，仍健在的。她的先生三干爷是杭州谢启大鞋庄的老板，她就是老板娘。我是拜朱泰和的三女儿真正做干娘的。

因为我妈妈她是丫鬟，就在朱泰和家里，跟着第三个小姐的。我妈从来不说自己是丫鬟的，她说"我是朱泰和的女儿，她们全部都是姐妹相称的"。他们对她蛮好的，年年都来往。平时听到的是丫鬟们怎么受气，但是我妈妈从来不这样讲，她就说自己是给朱家朱泰和做女儿的，什么朱泰和糕饼店里面、工厂里面她随便跑进去吃好了，实际上就是他们的关系是比较好的。妈妈年纪大一点，朱泰和女儿叫她阿姐的，过年他们回礼都是蛮客气的。

小时候没有东西吃，全靠有一个什么节日能够给我们吃一点好东西，像爸爸买黄条糕给我。我们家算是蛮好的，因为毕竟做豆腐经济也稍微好一点。像我老伴小时候从来没有零食吃，他们家里人多，就是靠我丈人一个人在赚钱，很早以前很困难的，所以他们从来没有零食吃。要吃零食，就自己去踩荸荠。我们小时候都去过的，用脚在田里踩过去，碰到一个硬硬的可能是荸荠，然后挖出来，有时候还不少，我一个下午有一篮好挖了。

小时候的点心是好吃的。我小时候如果不上学，就在东蒋桥豆腐作坊这里玩了，到了上午大概9点光景，总是有人一边走一边卖点心。卖一种黄条糕，两分钱一块，我觉得蛮好吃的，我爸爸这个时候肯定会买个黄条糕给我吃的。还有一个叫方糕，现在也有的，方糕要5分钱一块的，爸爸基本上不给我买。我要吃方糕了，除非我今天要特意向他讨："爸爸，我要去吃。"然后他也不一定买，要好多好多日子才能买一块（方糕）。我觉得好像后来就没有黄条糕了，现在也没有了。

那时候我觉得家里管得还是蛮严的，我们爸爸妈妈不让我们到河里面去游泳的。只有六月初六这一天，传说是猫狗都洗澡的日子，在我们妈妈的监督下，在河埠里面玩玩水，其他时间都不能下去，那是管得很严的。

我们隔壁有一个人叫根生，这个人很喜欢玩水的，其实水性也很好。有一次在水里面玩了好几个小时，他妈妈来叫他出来，他啪一个猛子扎下去，不理他妈妈。他妈妈火起来了，拿起旁边一块大石头丢过去，刚刚丢在他的鼻梁上，血都出来了。这个人后来鼻子塌下去了，鼻梁都给他敲断了。

我们家管得特别严，我有一篇文章也提到，我妹妹就是因为玩水死掉的，我们家都是男孩子，女孩子养不牢。我有个亲妹妹，她是4岁的时候，我这个时候是11岁，在读小学三四年级。我弟弟刚刚8岁，下半年就要上学了，上半年他带了妹妹去人家家里去玩，小孩子跟小孩子之间吵架了，我弟弟一气之下拉了妹妹回家来，路过我们家门口有个池塘。我弟弟路过池塘的时候看到里面有木料，是别人家扔掉的垃圾可以做柴的，我弟弟太懂事了，就去捡柴去了，把这个妹妹忘掉了，时间比较长一点了。等到他捡了柴回到家里看看我妈妈在烧饭，就把这个柴火给我妈妈，然后说妹妹回来了，我妈妈说没有。我弟弟说回来了，我妈妈急起来了，连忙跑起来去看了。往塘里一看，妹妹浮起来，因为她平时喜欢在池塘边上丢石头，大概这一次又是这样，（不小心）滑进去了。所以我妈妈对我们下水里面管得很严的。

三墩以前还有很多的童谣，"一只鸡，二会飞，三个铜板买来滴，四川带来滴，五颜六色滴，骆驼背来滴，七高八低滴，爸爸买来滴，酒里浸过滴，实在没有滴，骗骗伢儿滴"。这些童谣都是我们（指三墩童谣整理者王峥和范宗富）记忆里留下来的。我奶奶夏天乘风凉的时候，就唱这些童谣，然后我们跟着念。像范宗富老师他记忆中的童谣也是他的长辈当时读给他的，（这些童谣）都没有书的，我们听到的都是口口相传。收集整理的时候问了很多三墩的老人，到底是什么样的字也不知道，反正就是这么个发音。

三墩庙里（附神）主要供一个叫"老大伯"的（神明）。这里认老大伯做干爷的蛮多的，（认老大伯做干爷的人）取名中肯定都有个"寿"字，三墩名字里面带一个"寿"字的（人），大部分都属于这种。三墩庙菩萨"老大伯"生辰七月初七，各村的人都过来庆生，这一天特别热闹。

此外还有春节、正月十五元宵节、观音菩萨生日这种日子，也都很热闹的，要一起庆贺，叫作"出会"。庙前街这里还有在打油、开市的第一天，都要出会的。出会，是三墩民间的一种庆典活动，大约相当于后世的游行、踩街。三墩出会一般在正月十五或某些重要的菩萨（如观音菩萨）的生日举行。活动当天，游行队伍先在三墩庙集中，然后沿着三墩的街道先后依次游行。路线事先设计好，不得重复。游行队伍中一般有火流星、走高跷，鼓亭、化装成戏剧人物、放铳手、龙灯、狮子灯。我只在四五岁时看到过一次出会，那是正月十五，最前面是火流星开道，后面有举旗子的仪仗队，有踩高跷的，有鼓亭，由人抬着，最后是两排放铳手，穿着如同义和团那样的服装。当时我太小，只觉得很壮观，具体还有哪些内容，记不太清了。

三墩还有七月三十点地蜡烛的习俗，一支蜡烛两支香。我们小时候都是第二天一早起来就去收香棒，香都烧没了，下面是插香的棒子，这个香棒我们就去收起来，收了以后大家玩。一把香棒，啪一下甩开，甩开以后一根一根挑，如果棒头动一动的，就失败了。

我们还有个"收魂儿"的仪式，好像说小孩子魂不在身上，所以要收魂儿。收魂儿怎么弄呢？拿一个碗里放米，上面用布盖住、扎牢，两个人一个走在前面，一个人拿着这个东西，然后就喊，一个喊："阿毛回来！"一个答："回来了！"

乡愁说不尽

这些都是三墩庙前街这些老街的事情，现在有些地方重新造的号称老街，其实都是新街。恢复老街，要有自己的特色，不能根本没有一种乡愁在里面。所以真的要像什么古龙俱乐部这样能够恢复起来，这倒是好的。

在三墩原来的老百姓心里面，更多有一种怀旧的成分。就好像我住在三墩中学宿舍里面已经35年了，从去年开始我在另外一个地方买了套房子，然后搬到那里去了，但是我总感觉我在新的房子里面像在做客人，好像心还是在原先那个地方。三墩宿舍的房子我没卖掉，也没有租掉，因为里面杂七杂八的东西太多，一下子也整理不了。我经常要去浇浇花，每一次到那边，回来的时候就感觉好像跟一个老朋友告别，有点眼泪汪汪的味道，觉得蛮舍不得的。我也晓得那个房子是很破的，这个地方现在也没有说要收掉，也没说要拆掉，房子很集中的，有70多户人家，这么窄的一点地方，也没有老板看中这点土地，除非政府来处理。

我对过去有一种文化的眷恋，三墩人就是希望能够看到三墩像个样子，但又不要弄得像祥符桥这样，完全是新的街，不是老街。应该像绍兴的安昌古镇，还是有古镇的味道的，但是又能收拾得蛮干净的，也不是七高八低的，还是比较整齐的，我感觉这样的比较好。老的东西应该还保留在那里的，完全是老的味道，保留老的东西，让我们后人知道或者体会到当初的那种生活。

采访地点：三墩镇民俗馆
采访时间：2024 年 7 月 15 日 13：30—16：00
　　　　　2024 年 8 月 7 日 9：30—11：30
被访谈人：王　峥
采 访 人：殷　锐　朱宇清
整 理 人：殷　锐　朱宇清
校 对 人：王　峥

附录：

三墩的河埠头

王　峥

水乡河埠头，
几块青石铺就。
枕一河碧波，
傍几棵垂柳。

这是我早年写的一首新诗《河埠头》的第一段。这里写的是江南农村中常见的最简陋的河埠，一般是很粗放地砌一下台阶，搭上几块条石，够到河水就成了。但集镇上的河埠就要考究得多了。

三墩是一个水乡集镇，它主要由三个较大的河墩——灯彩墩、水月墩、文星墩组成，整个集镇临河而建，靠河而生，河道纵横，河埠特多，许多市井故事就在河埠头演绎着。如果说茶馆是旧时男人们交流信息的场所，那么河埠头就是妇女们诉说家长里短的地方。妇女们一边洗菜、捣衣，一边高声谈笑，把三墩镇发生的新闻传个遍后，继续回家相夫教子。

旧时三墩最繁忙的河埠应是朱同和河埠。这是一个淌水式河埠，又是建在屋檐下，可遮风避雨。由河埠上岸，一边是一家点心店，另一边是一家杂货店，正前方是朱同和酱园，经营各色酒酱，业务甚好。由这个河埠头上岸的来客一上岸就可喝上一碗热腾腾的豆浆，吃上美味的油沸粽子，买到心仪的家用日用品。再加上那河埠头正处在三墩最热闹的地段，所以这个河埠要想它冷冷清清也难，可以说从早到晚停满了船只。

朱同和河埠的西面有一个较大的河埠，我们姑且称它为"油坊河埠"。这是一个双落水河埠，它是先为淌水式，延伸到河面时建一平台，然后从平台左右两边砌阶入水。这个河埠的岸上是朱泰和油坊，解放后政府没收改成地方国营炼油厂。河埠停泊的主要是装载榨油用的农产品原料的船和装载榨成后的成品半成品的船。这些船船体较大，需要分两边停泊，双落水河埠正适此用。

由油坊河埠向西至西河口，涉过东蒋漾潭，在老泰和凉亭下就是老泰和河埠。老泰和河埠与众不同，它除了有一个颇为宽大的淌水式河埠外，紧靠着还有弧形的分高、中、低三级的20多米长的"河埠"。这里之所以打引号，是因为那长长的三级"河埠"不是传统意义上的河埠，但其作用却与河埠一样，是用来停泊船只，只不过可以停更多的船只。解放前这两个河埠是朱泰和油坊的"码头"，运来成船的油菜籽，送出榨出的菜籽油，可谓迎来送往，常年忙碌不断。解放后，朱泰和的住宅和油坊改成了粮站，这两个河埠一到征粮时节，停泊的船真个拥挤不堪。叶圣陶先生在《多收了三五斗》中写道："万盛米行的河埠头，横七竖八停泊着乡村里出来的敞口船。船里装载的是新米，把船身压得很低。齐船舷的菜叶和垃圾给白腻的泡沫包围着，一漾一漾地，填没了这船和那船之间的空隙。"我在初中读到这段话时，立刻联想到的就是老泰和河埠。征粮时节那河埠头的景象就是这样。

老泰和河埠再往西，就到了被三墩人叫作"十间头"的地方，那一带的南面是老泰和油坊的工厂，工厂外临河有好几个河埠，统被叫作"十间头河埠"。传说这里河埠淹死过人。那是油坊工人，深夜下班，去河中洗澡，结果淹死了，鞋子裤衩还留在河埠头。从此这河埠头就"不干净"了，时有鬼叫声。有一次有个外地人夜间骑自行车经过，笔直的路他看成拐弯的，向河中骑了下去，又淹死了，人们说那是前面那人"讨替代"。从此这条路一到晚上就人迹全无。

老泰和弧形河埠的西面有一桥，名东蒋桥。桥的东南侧紧挨桥壁处有一河埠，这是一个比较简陋的淌水式河埠，不妨叫它东蒋桥河埠。我家就住在东蒋桥西面，经常要用这个河埠，我家附近的邻居也常用这个河埠。我家邻居有个少年叫根生，特爱玩水，往往一到河中一两个小时还不肯上岸。一次他老妈来到这个河埠唤他，他故意潜到水下，不作理睬。他妈生气了，捡起一块石头掷去，不料正中根生的鼻梁。顿时血流如注，他妈慌了，忙把他拖回家中。后来不知如何止的血，反正彻底好后，根生成了塌鼻头。我家家教较严，且我有个妹妹4岁时掉在池塘里淹死，所以我妈严禁我和我弟弟到河中玩水，只有每年农历六月初六传说猫狗洗浴的日子才允许我们在她监视下到这个河埠来洗个冷水澡。不过，到了我上初中后，这个禁令松了，我也学会了狗刨式游泳，还经常带初中同班两个最要好的同学姜正侃、方述成到这个河埠下水游泳。

东蒋桥河埠的西面是建在我家楼下的一个廊檐下河埠，遮阳挡雨，我们小孩子常在这河埠头玩，摸蚌捉虾，折纸船漂流，隔河埠乱骂对岸的小女孩，反正童年的许多好事糗事都在这里完成。

这个河埠的再西面是一个相当简陋的乡村式河埠，边上停着两条小船，那是一家从苏北逃难到三墩来的人家，起先生活起居都在船上，后来在岸上搭了个草棚，过起半水上半陆上的生活。那船上有个老人爱画画，吹笛子，有时会画一些古代人物送给我们这些小屁孩。大约受他爱好艺术的影响，他的后人中有两人从事书画工作，一人从事音乐工作。

上次说到三墩最有名的陈家桥，在陈家桥的东面不远处也有一座石板平桥，叫兴隆桥（三墩人读别了，读到后来读成了"升箩桥"）。兴隆桥边有个淌水式河埠，那可说是一个客船码头。旧时三墩不通汽车（直到 1958 年才通上汽车），陆路只能凭步行。但水路交通较发达，从三墩到杭州城去，一般都坐小划船到杭州小河。小划船体量小，可坐三五人，但干净温馨，可坐可卧。兴隆桥河埠就是小划船的泊船招客码头，三墩人要坐小划船就必到这个河埠。我儿时由母亲带着去杭州城走亲戚，每次都在这个河埠头下的船。1958 年后通了汽车，小划船渐渐淡出了人们的视线，兴隆桥河埠却一时未被废弃而成为进出三墩大件物资的码头。那时三墩搬运工会设在兴隆桥边，进出三墩的大件物品就由搬运工会的工人在这里扛抬上岸。看着搬运工人走在搭于船舷与河埠石阶之间的跳板上，跳板一弹一弹的，颇为他们捏一把汗。市井百姓生活之不易，令人长叹。

三墩的河埠，有不少可说是私家河埠，它们搭在人家的后门临河处。这种河埠很窄很小，是迷你袖珍型的，河边人家生活用水不必到外面河埠，自己家里就可解决，且河埠建在伸向河中的屋檐下，雨雪天也可使用。缺点就是小，两人同时用，一不小心就可能挤进河里。三墩庙西街的好多人家有私家河埠，公用的大河埠只在三墩旅馆对面，由水路来三墩的客人下了船就能找到歇脚处。某个少女在自家河埠洗涤，对面有人偷偷欣赏着，这种场景应该时有发生，只是时过境迁，都湮没在岁月的尘埃中了。

"庆圆"饭店和新味馆

沈凤仙

79 岁，原"庆圆"饭店店主之女，后为"新味馆"职工

那种划船上岸来的（船夫），把客人送到这里之后，遇到饭点就会在这里吃饭。按现在的说法就是快餐，就这么兜^①点现成的菜，也叫门板菜。

我家的"庆圆"饭店

我是（19）45 年出生的，小时候住在范家湾里，家里开的饭店叫"庆圆"，是庆祝圆满成功的意思。就在三墩街上，真的就在陈家桥旁边，桥东面贴牢五里塘河。我外公、外婆那一辈就已经开了，我爸爸是从绍兴过来的上门女婿，所以我叫外公外婆是叫"爷爷奶奶"的。

我们家住在这个范家湾里头，住和开店是分开的，也没有多少路，反正翻过一座陈家桥就是了。这样从家里到店里去帮忙就很便当了，特别是烧（菜）的时候，蛮叫得应的。

我们这家店在三墩街上算大的，烧面、卖饭。店面是朝着街上的，也有毛四间门面宽，门口全是排门，早上开张落^②排门，夜里关店上排门。西面靠桥的一边是入口，进门就是收钞票的账桌，还有放门板菜的位置，门板菜就好比现在的快餐，走到就好吃。往里走是买主坐下来吃饭的地方，大概有两间门面，这两间南面靠河是一根根栏杆，看得到河，买主吃吃面、吃吃饭，吃好坐在椅子上看河港里来来往往的船，划龙船的辰光还可以坐着看。

---

① 兜，用勺子盛。

② 落，下。这里指卸下排门。

店里头就是这种八仙桌，凳子就是这种长条凳，一张桌子四只长条凳。那时没有那种骨牌凳，都是这种长条凳。有时候人多就要拼桌，比如我们都认识的，又比较识相的，那边都坐满了，那么"来来来，这边挨挨坐坐么好了"。吃当然是分开吃的，你归你的菜蔬[①]，我归我的，我嘛同我的朋友吃，大家在一张桌子上。大家也晓得店里坐不起了，个么[②]坐到哪里去呢，也就挨落来[③]坐坐。

往东另一边就是烧饭烧菜的灶间，灶间边上就是一个河埠，有个平台，一档一档[④]落去可以直接到河里，这个河埠是在我们饭店里面的，我们自己汰菜蔬、汰毛巾、汰抹桌布，不是给外面人用的。

我们到夜里也营业的，当时没有电灯，用的是汽油灯，还要打汽，就这么用一只钩子挂起来，开始做夜市生意了。

划船来的客人

那时候饭馆门前的河里有小划船，三墩街上每天都有小划船载着城里的客人过来，比方有客人来，从杭州划到这里来，上岸了他们就要吃饭了。那么也分有钞票的和没钞票的客人，条件不同的。那种没有什么钞票的人就买一份饭，买点菜蔬这种的，坐在门口的位置开始吃；那么有钞票的老倌[⑤]，走进来就点爆鳝面、肉丝面、虾仁面，样样都吃得蛮好的。

那种划船上岸来的（船夫），把客人送到这里之后，遇到饭点就会在这里吃饭。按现在的说法就是快餐，就这么兜点现成的菜，也叫门板菜。一块块的鱼头，腌菜、辣椒、肉丝炒一碗，一份份摆好，就摆在卸下来的长长的排门板上面。饭嘛盛在碗里的，菜盛在另一个盘子里。他们这种做体力活的胃口都很好。比方说："老板，你给我盛点腌菜辣椒，再帮我弄块鱼头。"就

---

① 菜蔬，即菜。

② 个么，那么。

③ 挨落来，挤在一起。

④ 一档，即台阶的一级。

⑤ 老倌，人，意近于"家伙"，一般指男性。

连饭带菜端着碗蹲在门前，吃吃蛮方便的。落雨天都蹲①到里面来吃了，伊②为什么要在外面吃？他们要叫买主的，买主他们要坐船，要到小河（直街）那边去的。一定要盯牢，如果我站在后面，（客人）不是被你叫了去？那我是不是也要站在外头，跟现在车站出租车排队一个道理。所以他们吃饭喜欢到外头去吃，落雨天那叫没得办法，也为了生意。

店里干活的人

我外公有两个学徒，我爸爸这个人很实惠的，所以我外公就看中了他，叫他入赘做了上门女婿。这个店我爸爸是买菜兼炉台师傅，店里主要是我爸爸在烧菜。

我们这家店在三墩街上蛮有名气的，不是我自称自好，我还小的时候就晓得我爸爸这个人很和气的，不是那样凶巴巴的。那时候开店都讲和气生财，有几家店就不是这样了。我们店再过去一点有家"春华园"，店门口不是经常有农民出来摆个篮子卖点东西嘛，那个老板就出来这么一脚把篮头踢开。我爸爸呢如果看到他们摆在我们店门口，也不去说他们的；如果摆得太中间，影响我们的买主进出了，就轻轻讲："大伯，你这个篮子好不好摆点过去，让我们买主好走路。"脚踢这种事情不会做，我爸爸很和气生财的，个个人都讲我爸爸人好。

店里有五六个人，一共两个伙计，一个伙计是我们自己亲戚，给我爸打打下手，平时烧烧饭，烧烧简单的门板菜，我爸不在的时候他就顶上做炉台师傅。我的外公和这个人是表弟兄，所以我叫他爹爹，算是自家人啦。他的父母死得早，等于是我们家来照顾的，所以他结婚讨老娘③的棉床什么都是我们买的。等于这个老娘是我们帮他讨来的，结婚他一个人也不懂的，他爸爸妈妈老早死了，一直在我们的店里做生活。还有一个伙计是外面招的，在

---

① 蹲，待。

② 伊，他。

③ 讨老娘，娶老婆。

我们店做的时间也很长，做杂务的，做一些零零碎碎的事情，兜兜菜、劈劈柴。

我们店里干活的还有我的外婆、妈妈，还有我恩娘，恩娘是我妈妈的妹子，跟我妈相差 10 岁了。我恩娘她也要帮店里干活的，早上起得早，出去读书之前就帮店里手工摇好两包面粉的面条。那个时候没有用电的机器，都是手工的，一只浅浅的缸里头加水揉粉，揉粉揉好用个家伙把面条摇出来。一包面粉大概 50 斤，两包面粉 100 斤都是归我恩娘摇的，一般一日两包面粉的面都卖光的。

关于菜的价格我是不太清爽①的，我只晓得这样在卖的。那时我只顾着读书去、读书来，一般放学回来我是不用帮忙的，我是一个头②，没有兄弟妹子的。走到家嘛就盛点饭，菜蔬嘛现成的门板菜，我自己喜欢的要吃的就兜一点。现在的学校都有中饭吃的，那时候我们读书又没有饭吃的。

我恩娘读书的时候也跟我一样的，也是中午放学就到店里吃饭，她每次都是兜一碗豆腐汤，一碗饭哗哗吃光就读书去了。我和她相差 12 岁，饭各归各吃，吃光各归各去学校。她读中学，我读小学。

辛苦一个店，好吃一碗面

做饭店蛮辛苦的，我爸爸起得蛮早的，按现在说起来四五点钟要走起来③了，我妈妈晚一点的。我爸爸嘛要去三墩街上买菜的，菜买了来，肉买了来，鸡买了来，都是菜场里收了来的。买菜嘛要找老户头④了，比方你专门在那边卖菜的，我也相信你的，老户头也会送过来的，我爸爸用秤称好收进来。这种呢，卖菜的这个老倌也要蛮实惠的，不会调白⑤我们，互相信任。

---

① 清爽，清楚。
② 一个头，指独生女。
③ 走起来，起床。
④ 老户头，老主顾。
⑤ 调白，戏耍，这里有使诈之意。

　　（店里）准备工作也都是我爸爸来做的。早上6点钟的样子就开张了，我们早饭粥是不做的，印象当中就是卖面的，有拌面、青菜肉丝面、油渣面。要早早去做生意去的人就吃一碗（普通的）面，条件好的嘛就吃一碗爆鳝面，钞票多的嘛还有虾仁面、腰子面。

　　老底子的黄鳝这个背脊真是辣刮丝黄①的。我们有一个缸养起来的，每日里我爸爸都会去收这个黄鳝，菜场上挑选了再给倒进去。像现在这样天气噶热的，早中晚都要换水，不换水要死的，那时候的水也好，没有漂白粉，我们那时候都是用的河水，现在的自来水不太养得活的。那时候的虾比现在的好，正宗。

　　说起虾仁，现在的人都弄不来的，虾仁我会弄的。我们这个店这边一个灶间，那边一个河埠档儿下去，人家打鱼打来，上岸了，这种虾儿嘛滴滴活②的，我们这嘛收来。我这个人读书读不出的，不要读的，宁可做生活的。有时候去读书还早，就起来帮忙剥虾，虾仁剥好嘛蛮新鲜就好卖了，剥虾儿很难，头嘛摘掉，尾巴这嘛一挤就出来了，不会剥的人要黏住的。那时候的虾儿好吃，一上岸我们就马上收进来了，滴活。

　　面和菜的品种我们的牌子上也有写出的。比如拌面、拌川、光面。拌面同拌川是两回事情，拌面就是捞起来，在碗里放酱油这样一拌，蛮便宜的；如果是拌川呢，面捞起来这里一拌，还要锅子里开油锅给你拌一拌。拌川跟拌面相差了一个是油锅子里去拌一拌，一个是碗里拌。拌川、拌面一般都没有加料的，只有肉丝面、爆鳝面这种，外面店里比如他要这个料子多点，就给他加点料。这个加料就不叫加料了，叫"过桥"，那时候开店一般就这样手抓点放进面碗里了。

　　面就是黄鳝面、爆鳝面、虾仁面、片儿川、虾腰面（虾仁跟腰子加上去就是虾腰面），品种也不是蛮多。品种也多不了，个毛③咯有冰箱了，那个

_____

①　辣刮丝黄，形容黄得鲜亮。

②　滴滴活，水淋淋的特别鲜活。

③　个毛，现在。

时间没有冰箱，东西不买来嘛，买主要吃了没有，拿不出；东西买来多嘛，又没人要吃了。那么这点东西摆到哪里去呢？这个辰光呢，我们对面有个店叫悦昌，悦昌店下面是摆蜡烛的，蜡烛做好了要摆在这个地窖子①里的，地窖子蛮阴凉了，就好比现在的地下室一样。我们同对面关系蛮好的，这个肉卖不完了就摆在他家的地窖子里面的。有辰光摇好的面条卖不完也是拿到悦昌南货店的地窖子那边存放。

最多摆一夜，我们自己也要考虑到卖出去要新鲜的呀。跟现在一样，好不冰嘛总归是不冰的好，尽量把新鲜的肉啊面啊卖出去。买主箍不牢的，有好有屑②，今天生意好、生意屑，有大小日的。

新味馆的成与散

（19）56年公私合营，四家店都并进去了，有和我们一样卖饭菜的春华园，有卖面的面店阿炳，还有家卖馄饨的李来宝，连同我们的庆圆饭店也并掉了。并起来先是叫作"民主食堂"，开在现在庙前街社区办公房子前面的洋桥③头边上，每家私人饭店的桌子凳子，什么都并进去的。房子有一楼一底，楼上也有客人坐，楼层中间有个洞，楼下炉台师傅烧好，通过这个洞口和小电梯一样用绳索拉上二楼，不用绳索的话服务员上下楼要跑煞，汤都要倒翻嘞。后来就搬到陈家桥头文具店旁边的位置，名称再改成"新味馆"。

公私合营嘛，我爸爸和我妈、我奶奶都来饭店干活领工资了，一开始我还在读书，还没做生活，没参加进去。到了（19）75年我按照政策可以顶妈妈的职，也叫优先录用，所以也到新味馆上班了。当时我奶奶也不叫工作人员，叫从业人员。合并了之后呢，就是有领导来这管的，不采取我们私人的那套东西了，（采用）他们自己的一套了。

饭店公私合并了以后，这个新味馆比我们私人的饭店还是要考究的。我

---

① 地窖子，地窖。

② 屑，不好。

③ 洋桥，指社区办公楼前三墩镇上建的第一座水泥桥。

们私人店卖炒菜就进门一块门板，一只只搪瓷盆摆来东①，饭罩子罩一下，有苍蝇了，弄个像现在街上水果店那样转转的（小电扇去除扇叶绑上尼龙绳），当时是手动地赶赶苍蝇蚊子。新味馆就不是这样了，新味馆的快餐是一个窗口用一块玻璃拦拦的，就是要把菜摆在柜头里面，更加卫生了。比如客人来了，买主指一指，我们就把菜从里面拿出来了。

而且新味馆还有酒柜。我好几样活做过，捞面也捞过，后来在卖酒的酒部待的时间最长，葡萄酒、白酒、五加皮。烧好的菜也放在我这边，买主付好钞票领了票子到我这边拿菜，我递给他们。

新味馆的面分量基本上都蛮标准的，一两面一碗肉丝面，也没有以前私人店里这种加料过桥的面，这个价格是规定好的。肉丝面多少，片儿川多少，买什么品种的面和菜，就撕什么样的票子，品种票子上都印好的。如果过桥的话，我们这个发票，用手撕的发票要加一笔钞票了，加一笔钞票就复杂了，所以我们新味馆没有过桥的。

我们店里头的菜蔬卖相蛮好的，最有名气的是爆鳝片、炒虾仁，爆鳝片还去临平参加比赛得奖过，价格最贵。有个老买主家里一来客人，就叫他儿子拿了碗来我们店买一碗爆鳝片，爆好了拿回家招待客人。新味馆的爆鳝片毛②有名了。那时候甲鱼不太烧的，现在的结婚喜酒中甲鱼什么都有，以前不用甲鱼的，为啥？甲鱼又叫王八，就是乌龟。你说结婚酒席上个乌龟，比如结了婚女方外面有人了，你这个老公就戴绿帽子了，这个被人家叫作活乌龟了，所以老早的时候乌龟我们不上桌的。

现在人结婚摆酒都是在饭店，最早的时候新味馆蛮少摆酒席的。那时候有这种条件的人家少，都是摆家里，叫些帮工烧烧，我家里头摆两桌，借你家里摆一桌，最后帮忙烧的、汰的、递菜的再弄一桌吃吃。后头大家条件都好起来了，新味馆摆喜酒的也慢慢多起来，因为新味馆大嘛。等到摆喜酒了，饭店就不对外招呼其他客人了，我也要帮忙做杂务，汰汰菜，端端盘

---

① 来东，在那。

② 毛，很。

子。我自己的小孩结婚，还有范家湾里好几户人家的孩子都在新味馆里办喜酒的。上梁了、搬新屋了也过来办酒，东家钞票多嘛，桌数多，上的菜也好；东家钞票少嘛，场面上交代得过去就可以。

大概（19）91 年私人饭店多起来了，公家的新味馆生意没有私人那样活络，开不好了也就开始散掉了，店里这批人都分散了。我后来被安置在副食品的批发部，做收款的活，到（19）95 年正式退休。

我这个人就是平平常常，准时上班落班①，从不迟到早退，自己的份自己做清爽，不会让人家找出毛病。但是准备工作我做得蛮充分的，我在酒部的时候，落班之前我先擦好，弄清爽，大碗、小碗一摞摞都摆好。在家里也是这样，任何事情都计划好，哪怕以前穷的时候用钞票也是先紧后松，从不去求人。现在的年轻人懒得烧，都到饭店吃，还要吃外卖，我是觉得还是自己烧烧好吃。

采访地点：沈凤仙家中

采访时间：2024 年 6 月 20 日 14：40—15：40

　　　　　　2024 年 11 月 14 日 14：24—15：24

被访谈人：沈凤仙

采 访 人：朱宇清　陈　莹（第一次）

　　　　　　朱宇清（第二次）

整 理 人：朱嫣红

校 对 人：朱嫣红

---

① 落班，下班。

生于斯，长于斯，教于斯

范宗富

79 岁，退休教师

我去过很多古街古镇，我说三墩搞起来比它们不知道要好多少。

我家现在住在南阳坝社区，解放以前是三墩镇的边上，属于农村，三墩中学南面，我们家跟三墩中学的医务室和学生的宿舍贴牢的。那个地方叫肖家桥，也叫永兴桥。

我们住的地方在农村，属于居民户口，拆迁时给我分配到卸紫家园，离过去的家很近的。

我是（19）45 年 7 月 13 号出生。日本鬼子那时候没有投降，我后面问母亲，我出生在哪一个地方哪一间屋，她也说不清楚了，因为当时家里很穷，没有房子，都是租房子的，反正就在肖家桥那一带。我爷爷去世的时候，父亲还在襁褓里，他没有见到过爷爷。我奶奶靠给人家洗衣服养 3 个孩子，所以我父亲 14 岁就进了三墩街上朱同和酱园里当学徒，是很苦的。

朱同和酱园和失传的技艺

朱同和酱园我进去过的，里面生产酱油、豆瓣酱，还有腌制品，如酱萝卜、酱瓜这些。三墩还有一个戴穗仁酱园，是三墩最早的酱园。朱同和前面是门市部，后面是作坊。有好多好多大缸，一个个大缸里面全都是酱。豆瓣酱发酵时上面有个罩子，白天打开晒晒，晚上罩着防止漏水、进虫子。酱园还酿酒，酒甏叠得很高很高。

朱同和产的有些腌制品现在已经失传了，比如"象牙萝卜"，是很好吃的，很长很脆。为什么叫象牙？因为萝卜一根有手指头那么长，上面还有一个很长的辫子，现在的酱萝卜都是一片一片的。那时候我去酱园里玩，工友们拿了几根酱萝卜给我吃，我爸爸看到以后夺下来，不给我吃。所以我记得很牢的，现在（象牙萝卜）失传了，真的很可惜。

朱同和的酱萝卜都是咸的，佐饭下粥都可以。当时朱同和酱园还是一个酒店，前面是店，后面是作坊，像鲁迅写的咸亨酒店一样的。有爱喝酒的顾客就买一点酱菜，坐在旁边喝酒。酱瓜、酱萝卜都是下酒菜，如果吃得好一点，就买茴香豆或者烧的蔬菜弄几样，所以我爸爸也会烧菜，他烧给那些酒客们吃。柜台这里下酒菜吃吃，柜台里面买买酱油啊、腐乳啊。

打酱油打酒有提子、漏斗，装酱油是用瓶子，特别值得一提的就是装腐乳、豆瓣酱用的盛器，现在已经失传了，就是毛竹笋壳。把笋壳弄干净以后，折成像小船一样的，但两头不是尖的，一头是平的，一头有个柄，像手机一样大。这样子做好以后，买豆瓣酱、买腐乳装好就可以拿回家了，很方便。我后面没再见到过（这种容器）了。

朱同和酱园和供销社是两个系统的，供销社属于商业系统，酱园属于工业系统，20世纪50年代跟戴穗仁合并了，变成了戴穗仁酿造厂。我爸爸后来在这个厂退休的，他是里面的老职工了，算年纪最大的，工资仅次于厂长，20世纪五六十年代有71块钱，是很高的，我记得我刚工作才30块（钱）。再后来戴穗仁酿造厂改成三墩酒厂了，老字号也没有了。

我哥、我侄儿都在这个厂里工作的，我哥可能是顶进去 ① 的，我侄儿后来在厂里当会计，他们都在这里退的。作坊里面做萝卜，好多好多萝卜都需要叫人来切，那时会叫一些临时工。

---

① 顶进去，即顶职，在特定的历史背景下，尤其在20世纪80年代的中国，这是一种就业安排方式，即将退休的职工将自己的工作职位交给子女或其他亲属继续担任。这种做法在当时的国有企业和事业单位中较为常见，旨在缓解就业压力。随着时间的推移，这种制度被认为不利于公平竞争和市场经济发展，因此逐渐被废止。

朱同和的酱瓜也很好吃，现在杭州就是景阳观的酱瓜。我们那时候酱瓜是酱在大缸里，最好吃的就是双脆瓜[①]，这个酱瓜很脆的，下饭可以，下粥也可以。我记得有的人家要把双脆瓜保存起来，就把它晾干，再切成小块，放在瓶子里面保存时间可以长一点。那时条件差，一般人家都拿酱瓜做菜，酱瓜都是三斤五斤买的。现在酱瓜都是用黄瓜做的了，那时不用黄瓜，是用脆瓜。那种脆瓜上面有条纹的，有点像我们现在的柳条瓜，只是没柳条瓜那么大，那种瓜长长的、小小的，没有刺，有条纹的，用这种有条纹的瓜做酱瓜，很脆的。

酱园里的豆瓣酱就用本地的黄豆。三墩的土壤是碱性的青紫土，种出来的黄豆汁水好。所以三墩以前的豆腐皮特别好，现在用北方的黄豆做起来很脆，一弄就碎掉了。三墩豆腐皮很柔韧，因为黄豆本身材料好，这缘于土质好，烧起来不会炀掉或者开裂。做豆腐皮的这些人都还有。小时候我大姐住在南阳坝，到礼拜六了，我就到大姐那里帮他们烧豆腐皮，一边烧火一边看书，还有锅焦[②]，铲下来，放到火里烤，像油条一样，很香的。

这里做淀粉第一个原料是蚕豆，第二个是荸荠。荸荠在我们这里既是水果又是蔬菜，但是我们那个时候主要是拿来做淀粉的，淀粉可以做粉丝、粉皮，可以做很多东西。

我记得我家里做过粉皮的，那时候是用蕉藕。蕉藕是外来物种，20世纪60年代初期，挨饿的时候没有吃的，人家吃树皮、草根，我们就吃蕉藕，这种东西可以充饥。整个煮熟就像芋头一样，然后把它弄碎，研成淀粉，淀粉拿来做烫粉皮，用铜的旋子在锅里旋出来。

水作坊里面也卖粉丝，做粉丝要敲的，用漏斗装好以后，用力敲，震动它，然后淀粉浆从孔里挂下来，挂到冷水里面，形成一根根东西就是粉丝，所以叫"敲粉丝"。"捞粉皮"是吃，我们这里以前去做客叫"捞粉皮"，为什么呢？你去别人家吃饭，人家拿出来的鸡、鸭你不该吃的。我要这样子

---

① 蒋全璋口述认为称"生脆瓜"。

② 锅焦，烧豆腐皮留下来的胶状物。

吃，我父亲会用脚在下面踢我了，我是真想吃一块肉，但他们端出来是给看看的。那么吃什么呢？吃人家烧的粉皮。所以说"到哪里去"？回答"捞粉皮去"，就是去做客的意思。

还有豆瓣酱，也是用黄豆做的。黄豆种在三墩周边的农村，三墩是水网地带，这里面农产品最多的就是水稻，另外就是蚕豆、油菜。

蚕豆主要做淀粉，三墩水作坊特别多，我们查材料查档案发现最早有三家水作坊。水作坊生产的话，因为要发酵，发酵以后水很臭，所以庙前街叫臭水弄，但是后来臭水弄太难听了，就改成秋水弄。逐渐水作坊很多了，卸紫桥、五里塘、西河口这一带，全是水作坊。我老婆也是三墩人，她家里就是水作坊，在环龙桥这里。

油菜籽榨出来的油就是菜籽油，所以三墩油作坊也多，在范家湾、西行桥、大港桥这一带。先在大的石槽里用大石盘碾碎炒熟的油菜籽，碾好以后叫人上油车打，用三角形的楔子一根根打进去，这样把油榨出来。菜籽的渣用稻草裹好做成菜饼，菜饼一般是做饲料喂猪的，还有做肥料也可以。

另外在三墩还有一些米厂，都是小的，没有形成规模。因为米店一般都是私人的，开米店的就叫些人来舂米，当时都是用手工舂米的。最原始是用石臼，效率太低了；后来就用木砻，用木头做的，稍微大一点，能够碾得多一点。碾米的机器是三墩有电了以后才有这个条件，以前没有的。

开朗的妈妈，忧愁的爸爸

我（19）57年进初中，读中学的时候还没有电，学校里面点的是汽灯，传达室里的工友把汽都打好，同学们一个个拎过来。一个教室里面两盏灯，一前一后，烧起来有呲呲的声音，很亮的，我们叫它"汽油灯"。

我们家里最开始用的是蜡烛。后来有煤油了，当初叫洋油的，就用煤油灯。煤油灯就是那种小小的灯座上面有一根很细的管子，一个灯芯插在下面的煤油里。后来还有一种灯，上面有个玻璃罩，我们土话叫"美孚灯"。煤油灯有烟，美孚灯没有烟，亮度要大一些。

想不到的是，美孚灯还能够熏蚊子。夏天那时候帐篷里面有蚊虫，会停在蚊帐上，有的时候手拍也拍不到，我母亲就拿一盏美孚灯，这样稍一靠近（蚊子）。它有这个原理，热气一上来蚊子就受不了，啪嗒掉下去了，掉到灯罩里面，所以灯罩下面全是蚊子。我记得夜深了，我醒过来，妈妈在那里这样靠过去一个个熏蚊子。

我爸虽然工资高，但是家里负担很重的，因为我妈生病。我妈在四十几岁的时候，我记得那是八月十五中秋节，我们祭祖，这里风俗要祭月神，大家吃柿子、月饼还蛮高兴的，吃好以后睡觉醒来，我妈就喊了，她说"疼死了、疼死了，我的脚疼！"床一动就疼，甚至我们住在楼上，一搬一动就疼，后来到处去看，苦头也吃得太多了。

我记得顶清楚的是用砒霜，到运河那边一个叫林家兜的地方，我们雇船到那个地方去烧（药）。它是这样子的，穴位上放一点（砒霜），然后用药膏贴好。开头不疼的，到后来就有脓水出来了，那是疼的。用这种治疗过，还要打针灸吃药，药酒的瓶子床底下柜子底下好多嘞。所以我妈妈看病花了不少钱，我爸爸发工资发出来全是借条，全是互助资金，那时候叫互助储金会，看病在互助资金里借几十块钱，到发了工资全是一张张扣掉的借条。我妈就是看这个病花了好多钱，到后来我妈一只脚是残疾的，走路脚一颠一颠的。实际上是什么毛病也看不出来，也没有医生给下结论。

后来我妈妈能走路了，像我到湘湖师范去读书，她还送我到萧山去；我到良渚去工作，我们还一起乘公交。她能走的，就是一颠一颠的，一只脚伸不直。

我妈是家庭妇女，但是很能干。她小时候跟我外公开店，卖竹篮、簸箕这些竹制品。店铺位置在当弄（中学弄）北面，东面是陈家桥，北面临河，可以看到河的北岸，就在这个地方开店。

我妈开店赚的钱外公（用来）买了房子，买了地，所以我外公很疼这个女儿。我妈 14 岁看店帮他做生意，到 27 岁才出嫁的，家里舍不得让她走，我妈也不愿意走。后来因为日本鬼子要抓"花姑娘"①，我妈躲在我外婆家里，脸上涂了烟灰，可是这样时间长了也不行，就嫁给我父亲了，当时是不太情愿的。

我父亲的第一个老婆（就是我大妈）去世了，抛下了3个孩子，一个男孩7岁，女孩一个5岁，一个3岁。可是3岁的小孩还不会说话，不会拉屎拉尿。

那时候我妈死活都不肯嫁过来，人家介绍的，当时做媒要送彩纸折的花，过来提亲要走程序。这个彩花拿过来我妈气得把它撕掉了，根本不情愿。过去还要管3个孩子，怎么办呢？所以我奶奶就跟我大姑妈商量，把最小的孩子送掉吧。我大姑妈下面有两个弟弟，一个是我大伯，一个是我父亲。早些年我奶奶就是靠洗衣服养活孩子的。后来我姑妈就把最小的三姐送掉了。我爸去世的时候还在想这个女儿，我通过《都市快报》登报找过，没找着，时间太久了。

我还有个大伯被国民党打死了，他家里留下孤儿寡母的，我爸爸的侄儿也接过来由我妈妈抚养。所以算上大伯家的堂哥，我家就有4个孩子。后来我爸爸带他出去做学徒。在家里面我跟我大哥大姐蛮好的，就像亲兄弟姐妹一样，年纪也差不多。堂哥后来大概在20世纪50年代支援宁夏去了，到宁夏以后，在那里成家立业，娶了一个河南的姑娘。我堂嫂生了3个孩子，我结婚那一年我堂哥来过。我是（19）71年结婚的，他年底来，我爸请他喝酒，他要赶回去。他送了我一张床单，这是我们最后一面，后来一直没有见过，就是通信保持联络，我也给他寄过羊毛衫。他去世后中断了好多年，因为我2001年搬家，搬了以后东西都丢了，信也找不到了，这样通信地址没有了，就失去联系了。后来有一次我孙子要什么东西，我翻来翻去就在角落里面发现一沓信封，按照这个信封上地址写过去都不通的，那肯定是宁夏住的地址改了。后来我就通过《宁夏日报》去找，记者挺热情的，帮我登

---

① 花姑娘，日军侵略中国时，对姑娘的一种带猥亵意味的称呼。

报联系到我的侄儿、侄女儿，（20）13 年联系上的，真高兴啊！（20）15 年我带了小孙子去探亲，到后来他们（20）16 年就来，（20）18 年又来，那么（20）23 年我外甥、侄儿也去看他们，就这样子又来往了。

我爸爸那边三姐妹（弟），这里大堂哥有两个儿子一个女儿，他的小儿子生了一个儿子，姓范了，叫范丞凯，这是我们范家的根。很帅的，去年考上保定的一所水利学校，我给了他一个红包。

我妈是吃亏在没有文化，她很聪明的，我舅舅在私塾里读书，被留下来了，我妈要给他送雨伞。先生叫舅舅背《三字经》，他背不出来，我妈妈在那里听了一会儿都会背了。我妈妈背书的声音出来，先生说谁呀，我妈妈马上逃走了，所以我妈妈很聪明的。前几年我跟我女婿说，你奶奶如果有文化，会是一个女干部。

她确实很能干，当居民组长的。当时我们住在农村，但是没有土地，属于农村居民。她就跑到县商业局去反映，最后批下来，供应我们票证① 了，很厉害的。我妈妈当居民组长，当时什么都要票证，我妈妈就一张张剪开，每家写好多少人，拿去分发。大家很信任她，她去世前几年走不动了，才叫人家当（居民组长）的。

我妈妈手也很巧，会做绣花鞋，90 岁的人了，还会绣花。人过世以后要穿鞋子的，她就做这种鞋子，这上面要绣莲花、绣藕，我们给她描好图，她用丝线绣的。自己还会做衣服，中式衣服她很熟的。而且她的性格跟我爸相反，我爸爸是很孤僻、很忧愁的，这跟他的经历有关，那么小就没有父亲了，14 岁当学徒，而且又中年丧偶，我妈又生病，天天忧忧愁愁。我妈呢，天生乐天派，啥都不担忧，她办法有的，比如家里没有米下锅了也都不担心，她说出去向人家借一点嘛，明天再还掉。两个人性格完全相反。我得出一个结论，人要长寿，就要开朗，如果忧忧愁愁，像我爸，就只活了 70 岁，

---

① 票证是一种在物资短缺时期，政府为了公平分配有限的生活必需品而发行的购物凭证。在中国的计划经济时代，人们凭票购买粮食、布料、煤油等商品。票证制度反映了特定历史时期的经济管理模式，随着改革开放和市场经济的发展，这一制度逐步取消，最终退出了历史舞台。

而我妈看得开，就活了92岁。那时候我舅舅对我妈态度不好，我妈也不气，她照样念阿弥陀佛、阿弥陀佛，随他去，随他去。

我们家和舅舅家是贴隔壁。当时我家里没有房子，租人家房子。舅舅家隔壁这家人欠债要还，房子就要卖掉。我爸爸是不肯买，我妈要买，后来我妈借了钱，花了96块银圆买下这个房子，一楼一厅的，后面还有一些平房，这是解放前了。买了以后要还钱，我妈就做元宝做纸钱，不分昼夜地做元宝来还钱。冬天也熬夜，弄个煤油灯点起来做这个元宝。把我们放在被窝里面，一塞被窝是冷的，我冷得生冻疮，有的地方骨头都露出来了，所以我的脚从小就有疤痕。我妈咬紧牙关很快就把这钱还掉了，她说租人家房子太苦了，一定要买自己的房子。当时真是了不得，所以我妈很要强的。

被河连着的老桥和老房子

三墩人都是枕河居住的，我们家前面是一条小河。河上有一座小桥叫永兴桥，也叫肖家桥，这是拱桥。三墩现在为止就四座拱桥：杨家桥、穆桥、望月桥、永兴桥，这种袖珍桥很小巧玲珑。就是可惜有的桥联① 被树枝缠绕住了，所以我们在呼吁要把（永兴桥新修的）石磡挖掉，把桥联露出来。因为桥联是桥的面孔，看桥联就知道文化内涵，桥的身世怎么样都知道的。

穆桥这个桥（的桥联）原来是被水泥沙涂掉的，后来请人用锤子一一敲掉，再去弄个黑油漆描一下，桥联就很清楚了。但是杨家桥的桥联是用水泥封住的，我跟王峥老师去用榔头先试着敲敲，但是因为水泥封断是敲不掉的。所以很可惜，到现在我还很心疼。

望月桥那里的凿冰漾，被叫成"族浜漾""族滨漾"，有的干脆叫"日本漾"。后来我和王峥老师去考察过的，根据桥联上面的名字，因为"凿"是

---

① 据范宗富文章记载，望月桥桥联，南侧为："夹岸卧晴虹，半月不分盈仄象；临流成坦道，万年常济往来人"，北侧为："望月著雅名，百顷绿波涵桂魄；凿冰留胜迹，一湾碧水养文昌。"穆桥桥联东侧为："桥通文武双星，一水回澜飞鹢首；塘亘东西五里，中流泛棹卧虹腰。"西侧为："利济亿兆人，前徽未沫；功成十二月，古制犹存。"

繁体字，人家不认识，"凿"与"族"的读音在三墩话中一模一样，就这样以讹传讹。"望月""凿冰"都是动宾结构，所以在镇志里面都纠正过来了。

我们家前面有条小河，西面有个大河沟。三墩中学那里有一座小桥（肖家桥），往虾龙圩那边走的，经过桥往北就到三墩街上去了。桥的北面是一座小教堂，非常小巧玲珑的，后来大概在20世纪60年代被拆掉了，叫耶稣教堂，是三墩唯一的教堂。所以三墩中学校园是由一个教堂、两座庙、一个庵构成的①。我是三墩中学第一届高中生，（19）57年进入初中。（19）60年学校开始办第一届高中，（19）67年没有了，所以我们叫57届，老师们都挺重视的。

我家老房子是2014年拆迁的，房子跟舅舅家连在一起，他们两间，我们一间，一共三间房子。大门进来是楼屋，连着还有房子，再里面还有小房子，是比较深的。这样三间连在一起的，我舅舅家两间，我家在最西面，这个房子的房契我还留在那里。

这个房子是当时村坊里面比较好的房子，后面有几家房子也挺好的，有花窗的，在当时很少见的，但是被烧掉了。当时我大概4岁，记得很清楚，火灾的时候，我爸爸厂里的一些工人都赶过来，把周边这些树都砍掉了，防止火烧过来。那时火很大，火焰很高，刚刚好鱼塘的水也被抽干了。另外有一座房子曾经被烧掉也是很可惜，因为石墙门上面还有砖雕。

我们这个房子在南面，就是有厅堂，算好房子了，为什么好呢？因为每年夏天台风很多，很厉害，树都摇摆，有的人家瓦片都吹得飞了。南面几户人家住的是那种茅舍，他们到我家里来避难，厅屋里面都坐满了。还有（19）58年的时候办公社食堂，也办在我家里，我们三间房子连在一起打通了很大的，桌子摆得开。我记得解放初的时候，家里还来了些解放军的士兵，住在厅屋里，我那个时候很小的，五六岁吧，记得有好些战士抱着枪坐在那里，楼板上有个小孔的，我弄了一根绳子从孔里放下去，一个战士拿枪

---

① 详见本文附录。

往上捅了捅，我吓得马上收起来。这楼屋后面有个小屋子，我最初记得家里还养过猪，靠近最后面柴房里。

（19）64年"四清"工作队来，当时为了避免喝河水得血吸虫病就打井了，每个自然村打了一口井。井都遍地开花了，现在唯一留下的就是我们旁边一口井，叫"革命井"。井水很清很清，三墩街上的人都喜欢到我们那里去打井水。后来河对面造房子，把地下水层切断了，这口井就干了。20世纪六七十年代祥符桥纸厂污水都排到河里，三墩的水都被污染了，变成臭水了，每天要有专门的大船送水过来，现在这种纸厂肯定是不允许的。一直到"五水共治"才变得好起来，有鱼了，有虾有螺蛳了。

2014年以前我住在老房子里，这个房子改造过，三楼两间空着，二楼居室带阳台，后面还有小房子，我和老伴两个人跟我孙子住那里，我女儿们都在街上，那是很舒服的。我们门前是桂花树、铁树，还有石桌石凳放在那里可以在大树底下休息。有时候天气热，都睡不着，外地到这里租房的人过来坐着乘凉，聊天聊到深更半夜，我们在楼上都听见的，我说你们轻一点，我们想睡觉了。

三墩以前很多老房子都拆掉了，比较遗憾的，现在就剩庙前街这么一段古街，还有庙西街路旁边有些破房子，那也是古街，历史蛮悠久的。陈家桥南面还有一些房子。我去过很多古街古镇，我说三墩搞起来比它们不知道要好多少。

庙前街有个古龙俱乐部在那里面，当时我就说古龙俱乐部不要修修补补，要有个规划，对三墩这个古镇，那些古建筑怎么样把它修好，连成一片，古迹的样子都要恢复起来。

庙前街这里我小学读书天天来，这里很热闹的。我们来的时候要经过弄堂到中学弄，以前叫当弄，因为旁边有个义昌当店。我们经过当弄再经过陈家桥，然后到学校。我们读书的时候教室还是老房子。姓蒋的蒋宅，真是一处好房子，很精致的，里面有小花园、小池塘，有假山、石鼓、青石板。我们的教室都在楼上，六年级的时候，天花板露出来了，看里面有亮的东西，那些男同学好奇心特别强的，把桌子搭起来上去一看，是原来来不及拿走的东西。我在良渚工作，就在石桥这个地方，这里有良渚地区最好的房子，教室在楼上，那么多人踩地板一点都不动，这个房子后来做了粮仓。所以以前做教室做粮仓的都是好房子，三墩这里也是一样的。

现在的庙前街社区那里是原先三墩地区最好的房子，叫双墙门，也叫鸳鸯厅，它有两个朝北的墙门，鸳鸯本身是成双成对的。鸳鸯厅里面有围栏四面走得通的，楼上都是栏杆，都走得通。区委大院在这里，后来20世纪七八十年代拆掉了，建成了钢筋水泥的房子。有些房子尽管是钢筋水泥的，但它是70年代建的，包括三墩第一批供销社的房子，这些房子都要保护的。

庙前街、庙西街的老店铺

三墩老街上的店铺很多，我们查过档案，民国时有100多家店。从中学弄堂里出来东侧就是茶馆，早晨吃早茶，晚上吃夜茶、听说书，那时候是唯一的乐趣。但是我因为初中三年、高中三年都有夜自修，所以很少去那个地方听书。

庙前街的马路是青石板铺的，走起来"叮当叮当"会响，还有打铁铺打起来也"叮当叮当"响，听起来挺热闹的。这里有两三家铁匠铺，我有一个同学姓孙，他家里面就是打铁的，跟周围农民农业生产是分不开的。那时农民用的工具锄头、铁耙、笋枪，都是打的。

三墩的照相馆在范家湾北端开了一家，倒是比较早的。是一个姓夏的人开的，后来他又搬到庙前街，再后来移掉了，他的儿子是我的学生。阿虎[①]是后来的。

三墩理发馆在西行桥会馆那里，最早的理发馆在陈家桥的北面，桥头东侧。那时候我记得去理发都用推子的，也没有电风扇，夏天很热，那边有个瞎子，屋子上方有一块很大的纸板，他坐在那里拉，让这块板子左右摆动，

---

① 指三墩照相馆现在的店主周泉虎。

这样有风的话下面理发就凉快。理发馆有好几个理发师傅，我一直在那里理发，其中有几个理发师都过辈①了，还有一个理发师的女儿是我的同学，已经83岁了，她后来也到理发店里干活了。

庙前街上还有一些油漆店、铁匠店、蚊香店、文具店。卖笔卖墨的是郭文华，他的女儿是我的同学，现在还在那里。还有糕饼店，那个店做的一种食品叫"蚕蛹"，面粉团，要在梳子上面滚一滚，它有皱纹出来，才能放到油锅里面炸。我们放学后，特别是女同学，都去帮忙，觉得比较好玩。

庙西街也很热闹，店也蛮多的，供销社的收购站，还有旅馆都在庙西街这边，最早的三墩文化站也在庙西街。

三墩还有很多名医，我们查到的档案里面都有的。包括以前那些历代行政区域的变革，也都有的。和我见到的庙前街都是吻合的。因为三墩确实很热闹，大大小小的店很多，我好多同学家里都开店的，杂货店、米店、布店、雨伞店、银匠店等，什么都有。

街上有几家鞋匠店，可以做布鞋。荡横头②的地方特产就是蒲鞋，是三墩的非物质文化（遗产项目）。优点是它比草鞋好，草鞋冬天冷死的，脚指头都在外面，蒲鞋能够裹住脚趾，里面用布做的，水基本上不能渗进去，所以里面保暖，下河埠、下田干活，特别是掘地，要穿蒲鞋的。

记忆里的三墩小吃

20世纪五六十年代，三墩市场相当繁闹。街市纵横，店铺有百余家。就拿饮食行业来讲，除了众多的茶店、饭馆、酒肆，还有不少沿街而设的小摊。那些带有地方特色的小吃，时至今日还难以忘怀。

陈家桥北侧、庙前街南口有一家粥铺，一年到头专卖藕粥，店主骆阿德，一脸胡楂儿，系着围裙，在不停地舀粥、端粥。紫色的藕粥，热腾腾、稠嘟嘟、香喷喷，藕丁、米粒煮得稀烂，人们称它为"酥藕粥"。往往喝了

---

① 过辈，去世。

② 荡横头，地名，三墩话横与王同音，又称荡王头。

一碗还不够过瘾，舌头舔舔嘴唇，眼睛骨碌碌地望着盛粥的陶缸，还想再来一碗。

酥藕粥香甜可口，老人小孩特别喜爱，它可是花了工夫熬出来的。鲜藕洗净剁碎，和糯米一同放在大铁锅内，为了让藕容易酥烂，还要加入少量灰汁。用柴火焚烧，烧柴大多采用耐燃的树　头。待煮透后，添加白砂糖，搅拌均匀后再用文火焖。出锅后倒入一只大陶缸，上面用木板盖紧，缸的四周用被褥裹住。藕粥就焐在缸里，顾客来了，就掀开盖子，拿勺盛在碗里。

骆阿德的酥藕粥生意很好，几张桌子都坐满了，需要站在一旁等候。有的捧着碗，坐在门槛上。喝粥不像吃饭，几口就可以扒进嘴里。一大碗热乎乎的藕粥端在手里，慢慢地收缩嘴唇喝，并不停将碗旋转。等稀薄的表层喝了，下面浓稠的部分就得动用竹筷。一碗粥喝完，碗底黏着的粥糊，竹筷一下子扒不掉，心急的食客就拿指头刮，有的干脆用舌头舔，于是眉毛、鼻尖上沾着米糊，活像戏班子里的花脸。

朱同和酱园的对面，是个有平台的大河埠。河埠左右石砌的河岸上有一排水榭，刘宝法的浆儿（豆浆）店就夹杂在其中。天还没亮，瘦瘦的、弓着背、留着山羊胡的宝法师傅与胖胖的、梳着两条发辫的师娘，在不停地忙碌着。

豆浆是昨晚磨好的，用的是本地黄豆，浆汁浓厚、醇香。豆浆分甜浆与咸浆两种，甜浆就是单一地加白砂糖冲泡而成；咸浆就复杂了，佐料很多，有猪油渣、油条末、虾皮、榨菜丁、酱油、葱花等。

豆浆放在铁锅里煮，必须掌控好火候，既不能让豆浆沸腾，又不能让它冷却。要时不时察看炉膛里的柴火，让其忽明忽暗地燃烧着。

宝法师傅左手抓住两只碗，右手指头撮起调料放入碗内，动作快得跟鸡啄米似的。调料放好后，就用勺舀起滚烫的豆浆冲入碗里，再拿过一只长柄小竹筒，舀上酱油，给每只碗各洒几滴。

就跟大饼油条一样，豆浆跟油炸粽子也是绝配。师娘在剥米粽的箬叶，将它放入油锅，发出嗞嗞的爆裂声响。她用两根加长的竹筷将米粽不停翻转，不多时，白米粽通体金黄油亮，夹起来放入一旁的大盘里。咬一口松脆的外壳，满嘴的油香。刚出锅的油炸粽，要趁热吃，时间一长外壳就变软，味道就差劲了。油炸粽有白粽和赤豆粽，后者是在糯米中掺了赤豆。较之于白粽，赤豆粽更加脆香，因而广受人们的喜爱。走俏的赤豆粽经常要脱销，要吃就得趁早。

范家湾北端与陈家桥南街交叉口，有一家烧饼油条店。店主沈玉泉师傅，会做一种菱形的烧饼，本地人叫它"尖角烧饼"。他在揉面时加入骰子大小的猪油、葱花，烘烤出来的烧饼香味特别诱人。

沈师傅在案板上把面粉揉成扁担宽的面条，用圆木棍压扁，对折后再压，用刷子抹上香油，撒上白芝麻，然后拿刀斜切。面块呈不正规的菱形，边长有长短之分。他用手蘸了点水，将面块一个个贴在炉膛的壁上，炉里的炭火将他的面孔映得通红。五六分钟，就可以出炉了。沈师傅用一把长长的铁火钳，小心翼翼地夹住烧饼的一角，快速提起放在炉口周围。

和油炸粽一样，烧饼也要趁热吃。冷了的烧饼软瘪瘪的，咬起来跟棉花似的。即使回过炉，味道也大打折扣。把一只刚出炉的烧饼撕开，将一根现炸的油条折断塞在里面，这就是烧饼裹油条，属于最佳的吃法。

陈家桥北街西侧阿刚茶店的门口有两个小摊：一个是卖羊肉王阿奎（俚称"羊肉阿奎"）的肉墩头；一个是卖汤团毛锦堂（诨号"大卵泡锦堂"）的大铁锅。身材胖胖、腆着大肚的锦堂师傅是三墩一带无人不晓、皆大欢喜的汤团制作高手。

锦堂师傅的汤团个头大，近似鸡蛋。它采用水磨粉做成，粉质特别细腻，汤圆绵软柔滑，坊间称作"挂粉汤团"。里面的喜沙（豆沙馅）是经过滤布压榨过的，完全去除赤豆的表皮，因而馅十分酥软，入口即化。

锦堂师傅独自设摊售卖，大清早就坐在那里，两只手在木盆里用力搓揉米粉，捏成一个个米团。再将米团放在掌心里搓成圆球，然后压扁，用手指把它捏成漏斗状，放入豆沙馅后封口，再搓动几下，就放进锅里。起先汤团沉在锅底，等到浮起，就表明煮熟了，可以捞起盛在碗里。

汤圆按个计数定价，顾客根据自己的胃口大小来买，一般人4个下肚就打饱嗝了。

除了本地的小吃，还有外来的，比如酒酿团子（糯米粉里掺入酒酿制成）。小贩胸前平放着一个小竹匾，脖子上套着带钩的绳子将竹匾固定。竹匾里摆放着玉白色的酒酿团子。团子被压成扁平的六边形，中间点上红印。它们紧密地排列在一起，彼此相互粘连，要用剪刀将它们分开。小贩穿行在集市的人流里，用咔嚓咔嚓的剪刀声替代吆喝。遇到买主，按照他的需求，要几个，就剪几个。

旧日三墩的小吃，是市井平淡生活的一部分，谈不上珍贵和奢华。如今有的已经不复存在，当然烧饼油条豆浆还见得到踪影，但都是外地人开设的，吃起来，总觉得不是滋味。

困难时期有米饭吃就很好

以前（20世纪60年代初）那时候蛮困难的，我记得一年四季能吃上一只鸡就不错了。我的学校里有个老师，她丈夫是军官，那生活条件算好的，她每个星期不是买鸡就是买鸭，我们老师都羡慕死了。真好，每周都有肉吃！老师们在当地生活应该还算不错的，我工资尽管是30块钱一个月，在农村已算好了。农民老母鸡生的鸡蛋还是热的，就拿去换钱换酱油换盐，他们是这种水平；我们拿鸡蛋炒着吃，他们说老师生活那么好啊。

平时吃菜就是青菜，哪里有水果的，用荸荠当水果，几个黄的橘子要供菩萨风干了才吃的，还有菱角、甘蔗，也是风干了才好吃。我记得春天吃桑果子（桑葚），嘴唇都吃黑紫了。还有玉米秆子砍下来，吃里面的渣子，有一点甜的味道。春天茅草里面有一根白的东西，就拔出来吃。还有一种叫"酸咕咕草"，茎咬起来酸溜溜的味道。

学校门口摆摊有卖香瓜子、葵花子、茴香豆、青梅，我们看得直流口水，但是没有钱买不了。

困难时期有米饭吃就很好了。我记得高中时候那是三年困难时期了，老师上课我们饿肚子听都听不下去。太饿了，体育课不去上了，篮球根本扔不动了。熬了三年。我到高考那年，看到华侨，穿的是人字拖鞋，自行车骑骑，油条吃吃，真羡慕死了，我啥时候能够吃根油条啊！那个时候我们高考只吃一碗米汤，还有一块糕。我们下课了两个人拿个簸箕到河边去挖水草根，工友把它洗干净以后揉碎，做成一块块糕给你们吃，就是这个样子。

那时候掺米饭吃的都是萝卜或地瓜干，家里定粮居民是 25 斤，我们高中生，有 30 斤，还不全部是大米，要搭配一点地瓜干给你的。烧的饭都是很烂很烂的，干的饭根本不够吃的，所以那时候有大米饭吃真是好了。

20 世纪 60 年代后期才有一定的米饭吃。我自己当时去工作的时候买的是早稻米，一个是价格便宜，一个是早稻米烧的饭容易干，我们在学校里面蒸饭吃。

为师四十载，桃李遍此间

我小时候对医生很崇拜。小时候肚子疼，疼得很要命，三墩这里有个姓金的医生，是在西河口，也在镇志上有记载的，他给我打了一针，肚子就不疼了，我很佩服，这是我对医生最初的印象。

后来读高中的时候，我姐在老余杭医院里工作，我到杨家桥乘轮船去余杭。晚上值班的时候，我看到两个医生，都是华侨子女，一个医生戴了近视眼镜在看书，是医学原版的英文书！我就萌发了想法——要考医科。但是志愿没有填好，南京药学院分数线我差很远，本来浙江医科大学都好录取的，但是我没填。

有人叫我去湘湖师范参加小学老师培训，培训了几个月后被分配到良渚教书，先教小学，后来教高中，再后来教初中，然后再调到三墩来。在良渚18 年，所以我良渚的学生挺多的，小学的、初中的、高中的都有。有的学生小学我教他，高中也是我教他，好多学生都是这样子，所以好多同学跟我关系都很好的。

编写《三墩镇志》是 2013 年到 2014 年两年，这两年就是很集中跟王老师两个人到余杭档案馆（当时在临平区）、杭州档案馆查资料，一个个单位去跑，我跟他两个人骑自行车，如果到临平都是我的学生带我们去。我有几个学生在临平上班，和他们搭个便车过去，就在那待一天，乘公交车回来。

我是（19）64年参加工作的，（19）82年回三墩，良渚学校不肯放，因为工作成绩太好了，年年都是先进。我就跑到局里面去，我说我在良渚踏的时间够长了，18年了，我家里父母都60多岁了，而且身体不好的，我要照顾他们。后来我又跑到县里找县委书记（县委书记他儿子是我的学生）。因为我出身好，大队党支部开会我都去参加，我的发言还有点分量的。公社里面每一年夏天编双抢快报都有我。公社开大会，横幅标语也都是我写的，搞宣传办展览也少不了我。公社干部也很熟，所以经县委书记打了招呼，10月份调令过来，我调回西行中学，2001年合并以后叫三墩中学。

当老师是先教小学，我从高中毕业教小学是绰绰有余的。（19）71年叫我去培训做中学数学老师，（19）75年叫我去高中教政治，然后又让我教语文了。所以我去杭州教师进修学院进修了汉语言文学专业，三年都是业余时间学习的，我有时候上好课，晚上去培训学习，学好再赶回良渚，很苦的。

（19）82年专科升到本科，杭州教师进修学院跟浙江教育学院合并，所以我又参加了本科进修，毕业证书上是浙江教育学院，这样本科又进修三年，成为三墩地区第一个从农村出来的本科生。拿到了奖学金200块，我赶快去买了一台"海鸥牌"的照相机。

我为什么要从良渚调回来，其中还有一个原因是我要进修，从良渚到杭州太远了，从三墩去就近多了，所以我就一定要回来。有时候回来，公交车到属于西湖区的祥符桥为止，后面这段路没有公交车了，这里是余杭县。路灯只有一半，只亮到味精厂，后面没有路灯，都是黑的。有一次起了大雾，我走到河边差点掉进河里。这很辛苦的，3年进修专科，3年本科，一共6年。回到三墩，我后来成了三墩区语文教研组的组长，又是余杭区的大组成员，余杭区我们语文大组7个人，一起编教辅材料，一起出考卷。

我42年的教龄，良渚18年，三墩24年，学生太多了，真的有一种成就感。他们说范老师像你这样教书的人现在哪里有的。首先家访，我是每户人家都跑到的，到双桥去，我骑车去的。有时我看学生还没来，就跑到家里去把学生从床上拉起来，还要把裤子给他穿好，带到学校里面的。学生家庭背景好的、背景差的要一视同仁，不能有两种眼光，这个才是真正的爱。

我自己教语文，才知道这门课的重要，是终身有用的一门课。退休以后，我自己有时间写了，慢慢把文章积累起来，出了三本散文集，还有好多文章我不出书了，在其他杂志上面发表。

采访地点：三墩镇民俗馆

采访时间：2024 年 8 月 21 日 9：30—11：00

被访谈人：范宗富

采 访 人：殷　锐　朱宇清

整 理 人：殷　锐　朱宇清

校 对 人：戴　骏

附录：

母校的回忆

范宗富

母校位于三墩镇陈家桥南，穿过一条五六十米的当弄，沿着一道石栏杆，再向南走几十步，便可抵达。

母校原是一所简易师范，创办人程子祥。新中国成立后，改为杭县第一初级中学，简称"杭县一初"。校徽白底红字，四个苍劲的行楷字，不知是谁的手笔。

母校校舍绝大部分都是宗教场所。校内有两庙一庵一堂：南为永福庙，北为相公庙，中间是百子庵，最南端的是一座耶稣堂。

教室主要集中在相公庙。20 世纪 50 年代初，在百子庵东侧的荒地上，建造了一前一后两排平房，前排有教室 5 间，后排有 2 间。百子庵主要是老师办公室，校长室、教导处、总务处都在那里。里面还有几间实验室和图书室。在百子庵南面，建了几间平房，用作体育室。在永福庙西侧建造一幢西式楼房，用作教工宿舍的有十余间，分设东西两个楼梯，楼上走廊上有木栏杆。楼房的前面是块空地，作为运动场所，安设了一副篮球架，挖了沙坑。后来打了围墙，将楼房、运动场以及小教堂一起围住。小教堂那边的围墙上爬满藤蔓，粉红的月季花、白色的木香花，引得蜂蝶飞舞。特别是那木香花，花朵只有指甲大小，却花香馥郁，老远就能闻到它的浓烈香味。耶稣堂的小院内，有冬青树、馒头花、葡萄架。馒头花比饭碗还要大，花朵上有许多十字形花瓣的小花，呈放射状组成。

学校东侧和南端是一条小河，往北与镇河相通。东南通向望月桥凿冰漾（族滨漾），西南流向西行桥东南和西南最终交汇并抵达余杭塘河。河岸上间隔栽种柳树和桃树，河堤上铺设青石板。阳春三月，桃红柳绿，颇有西湖边的景致味道。

20 世纪 50 年代，整个学校没有围墙，有一条村道从学校内穿过。透过窗户，可以看见村民们往来不断，并毫无顾忌地大声地说着话。直到 60 年代中期建了围墙，将村道移至学校西侧墙外，校园才安宁下来。

膳厅设在永福庙，大厅里摆放着上百张桌子。没有凳子，大家都站着吃饭，8 人一桌。打菜分菜相互轮流，用勺子将小木桶内的菜均匀地分给同学。米饭最初用大铁锅烧，大家在窗口排队打。困难时期改为蒸饭，每人用一个陶钵，自己放米加水，按班级叠放在蒸架上。东侧有教师就餐的地方，里面有 2 张长桌，4 排长椅。伙房临河，有个大河埠，装卸作燃料的砻糠。烧剩的灰烬倾倒在河岸，也可以出售。砻糠灰含碱，可以用来洗碗。水下松软的灰堆里，成了河蚌的栖息之地。大殿的台子，供开会作报告和联欢演出，此时，饭桌全都叠在一边，大家拿着凳子齐刷刷地坐着，大厅内有 10 多根柱子会妨碍视线，观看演出时大家不愿坐在它的后面，听报告反倒争抢着坐在那里。

膳厅西侧的场地上，有两棵白杨树。解放初，树干上曾经拴过军马。后来被锯掉，挖了一个大沙坑。实施劳卫制时，我们常在那里挑灯训练。

耶稣堂大厅为音乐和美术教室，里面有一架钢琴，靠墙摆放着几尊石膏头像，用以素描。一楼大厅中央有根杯子粗细的圆铁柱，大家抓住它攀爬，铁柱被爬得非常光滑。耶稣堂正对面是座小石拱桥，叫永兴桥。桥旁有河埠，可以洗衣服。耶稣堂南侧临河的两间平房是医务室，校医姓蒋，原是国民党部队军医。嗜酒如金，困难时期，用酒精掺水喝饮。他抓到乌梢蛇，用竹竿戳住，剥掉蛇皮直接在火上烤吃。这种野性，也许是军旅生涯养成的。西侧的两间木结构楼房为女生宿舍。男生集中住在校外当弄西侧的当铺栈房内（20 世纪 50 年代初，栈房被用作学生和部分教师的宿舍）。

操场有两个，一个在学校里面，原是低洼的农田铺了一些沙石，20 世纪 60 年代初浇了水泥，设立两个篮球场。一到大雨天，操场就成了一片汪洋；另一个在学校外面，面积较大，有椭圆形的 400 米跑道。全区规模较大的集会如誓师大会、公判大会、中小学运动会等都在这里举行。原先没有主席台，只是沿着路临时搭建。60 年代后期，在操场北面建了一座砖混结构的主席台。初中体育实施劳卫制，分一级、二级、少年级。体育项目中有一项小口径步枪射击，学校聘请部队士兵来校指导。小操场成了训练场所，河堤内侧竖着靶子，轮到训练，就趴在垫子上瞄准。于是一段时间内，校园里响起叭叭的枪声。

学校内有池塘五六个。相公庙北侧的一个，就在墙根，且已在校外，属于野塘，不养殖东西。肃反[①]时，据说有人投池而尽，故望之有些可怕。相公庙的东边有个池塘，池的南端是百子庵，荷花满池，故称荷塘。池水清澈，鱼、虾、螺蛳很多。沿池有三四个河埠可以洗涤器物。池的东侧也有个池塘，里面不养殖什么，水面上漂浮着一些水草。两池中间有条南北向的小

----

① 1955 年肃反运动，即内部肃反运动，是中华人民共和国在 1955 年 7 月至 1957 年底开展的一场针对暗藏反革命分子的政治运动。

径，塘堤上有柳树、白杨，一到盛夏蝉声聒噪不已。永福庙的北侧有两个对称的池塘，西面紧贴殿墙种满荷花，水也清澈，因在村道旁，夏日常有人下水摸螺蛳、摘莲蓬。东面的池塘稍小，基本上也是野塘。男生宿舍里的池塘，四周砌有整齐的石坎，包围在高墙之内，与外河不相通，池水浑浊不堪。那么多的池塘，春夏之交，一到傍晚，便热闹异常。坐在教室里自修，能"听取蛙声一片"。

学校的大门在相公庙南端的西侧，朝北敞开，与北面的男生宿舍遥遥相对。门内设有传达室，室外有根木柱，上端挂着铜铃，垂着一根细绳。为全校作息信号的发布之地。传达室有两间，一间做收发室，一间做油印室。在尚未通电时，这里还摆放汽灯。夜自修之前，工友忙碌地给汽灯打足汽，然后点燃，发出咝咝的响声。每个班级派人前来提走，每班两只，一前一后挂在教室天花板上。大家在灯下看书做作业，教室里十分安静，唯一的声音是汽灯的咝咝声。偶尔有一两声凳子移动的声响，以及走廊里值班教师的皮鞋声。

三墩丧葬风俗

范宗富

中国人对人死后的葬礼普遍都十分重视，但由于地域、宗族、信仰等差异，各地丧葬的习俗又颇有不同之处。江南水乡由于其特定的环境，有着自己特定的丧葬习俗，同时同为江南水乡的每个乡村也各具特色。三墩地区的丧葬风俗，也自成一格。

三墩地区的丧葬风俗中，第一步是要送终。在将逝之人奄奄一息之时，亲人必须来到床前，或者听其临终吩咐并用笔记录，或者对其进行安抚、宽慰，尽量让将逝者平静地离世。这时候依照惯例，还要往将逝者的嘴里塞进一些金银玉器。

然后，就是"烧送魂轿"。人气断绝后，儿子手执一顶纸糊的送魂轿，嘴里喊道："阿大、阿二抬轿，阿三背包裹。"至于抬的、背的人是谁，临终前可征询逝者本人。床前放置一只小凳，点上一对小蜡烛。长子先祭拜，口里念道：

"阿大阿二，轿子抬得稳一些，我胆子小，路费会给的，一路平安到西方。"

念祷完毕，把轿子放到大门外的道地①上。下面垫上豆萁或稻草，点火烧掉。轿子里面有一素记，写上死者的所在地方和姓名，以及"驾乐西天"之类的字。

接着是"点灯上孝"。死者穿戴完毕后，用丝棉絮或者红棉絮封口，包手，裹脚。死者脚后头点上一盏灯，叫作"脚后灯"。此灯一般用一根灯草，加上些菜油。灯旁要有人守护，切不可让灯熄灭。儿子、媳妇及并辈子女，头戴白帽，身围白带。白带宽 10～15 公分，长 5 市尺。儿子鞋头缝一块麻布，麻布的中心再缝一小块白布。媳妇的鞋子前半只缝上白布。孝子们头颈上系一根由三股苎麻线绕成的麻索。孙辈们的鞋头上缝上十字花，花的中央缀上一小块红布。晚上亲属须在死者床前守灵，按照死者去世的时间，如果是前半夜的，只消守两天，如是后半夜的，就要守三天。死者已逾花甲，一般就要守三天灵。

接下去就是"落棺明盖"了。家人泣告亲朋好友，并央告近邻帮忙料理丧事。告知亲戚叫报丧，俗称"报蚕花"，亲戚要成单数。到他们家只消说去世的是何人、送丧带的东西（羹饭）、确定了的送丧时间，其他不必多言。主人要用荤菜让报丧人开荤。报丧人走时绝不能回头，也不能说"再会"之类的话语。

然后就是"落木"。落木也叫入木，即入殓。在落木前，棺樟放在堂屋中央，掀开盖子，放在一侧。家属整理给死者带去的东西及还要穿上身的衣服。材夫（抬棺材的人）要做两件事：一是买水。叫二人提一只灯笼，带几只纸元宝，去死者自己家的河埠头拎 2～3 斤水。回到家后，让亲属（一般

---

① 道地，家门口的平地，常作为晒谷用，又称稻地。

是儿子和媳妇）用一块青布替死者洗身。边洗边说些讨好的话，如干干净净去见菩萨。二是烧帛灰。用一根竹竿，上面绑一把稻草。两人一前一后用手举着，出屋后按出殡的方向走，不可碰着人，一直走到出自然村为止。然后搁放在两块石头上，点上火，烧几只元宝。上述事完毕，材夫喝一杯酒，吸一支烟。下酒菜要有荤有素，切不可少掉豆腐干。吃时应用手抓取，不能使用筷子。

落木时，长子捧死者的头，次子捧脚（特殊情况下，按亲属的关系以此类推）将死者抬到棺盖上。材夫用一根秤，套上根扁担，一头叫一位孝子扛着，将死者的衣服象征性地称一下（不用秤砣）。称的时候，材夫大喊一声：黄金万两！然后将衣服穿在死者的身上。材夫把死者的衣服里里外外再整理一遍，再在死者的头、手、脚上裹上丝棉絮。媳妇双膝跪地，用木梳梳死者的头三遍，边梳边讨几句好话，如保佑子孙平安之类。

盖棺时，灯光熄灭，叫作"无光明身"，活人的影子不能照进棺材。盖棺前还要让儿子将死者的头再扶一扶正。棺盖落榫后，敲上四只钉，敲时，子女们要喊：××放心！然后材夫用桃花纸将棺材的四周的口子封住。

落棺明盖是在"孝堂"中进行的。孝堂在堂屋里拉上孝幔，棺材停在幔后。棺材要搁在自己家的条凳上。死者的头在东面脚在西面，脚后继续点灯。孝幔前安放供桌，上面摆放亲属送来的羹饭。

亡者六七的祭祀，要挑六七羹饭，羹饭（又叫杠饭）是祭祀亡者的供品。由于盛装供品的是统盘（一种油漆大木盆），放在箩筐里，用扁担挑着，故称"挑羹饭"。

挑羹饭的通常是亡者顶头亲（至亲），如出嫁的女儿、媳妇娘家、外甥、干儿子等。

羹饭必须成单数，所以挑羹饭至多三家。接到报丧（俗称报蚕花）后，就要赶紧着手准备。

羹饭大体由八种物品组成：鲜鱼两条，天热可用鲞（一般是裂鲞）；鲜肉（带3~5根肋条），天热可用咸肉；煮熟的鸡一只，天热可用盐水鸡；

豆腐皮或千层加豆腐干；蛋（6～8枚，鸡蛋鸭蛋皮蛋均可）；颗粒糖；元宝、炮仗、蜡烛；筒面（2～4筒）。此外还有米饭、米酒，以及被褥一条。有的还做了"雉山"（米团搭成圆台体状，顶端有一只米粉做成的鸡）。因结丧后分送，又称结丧果。

羹饭挑到亡者家，须由材夫（替亡者穿衣入殓及抬棺的人）接收，放置供奉祭祀的地方，一般是亡者的身旁。祭祀完毕，材夫将供品中的鱼肉鸡素菜蛋糖等，分成两半，一半叫挑羹饭的自行带回家。

祭拜时，须按序进行，儿子、儿媳、女儿、女婿、孙儿女、甥儿女、侄儿女……新亲如刚完婚或已订婚的夫妇祭拜时，一旁要有人扶持，祭拜完毕要给红包。好友祭拜时，亲人要还礼，一般是儿子垂首跪在旁边。

然后就是出殡了。屋外的道地上放上两只条凳，棺材按死者头东脚西停放，孝子孝女们一律跪在死者的脚后。材夫分列在棺材的两侧，手握竹杠子或木杠子套上绳索。起棺出殡时，由长子领丧。长子捧着一个竹筥，里面放着一顶死者生前用过的蚊帐，上面再放着一个牌位。牌位上从左到右写有：公元××××年×月×日殁　享年×岁　孝君×××之灵位　孝子（女）××百拜。儿媳手持糊上白纸的哭竹棒（有催赶材夫之意）。女婿手执挂着孝幡的竹竿（带回放到灵位旁，过了六七烧掉）。棺材抬到事先请风水先生看好的墓地，棺材落地时，凡是送葬的人都要吼叫一声。落土后，在碑石前还要上供，大家鞠躬行礼，静默致哀。安葬完毕，媳妇要抢先走，脱下白衣白帽，这是为了讨个吉利，据说先回家先发财。在返程时，有人在半路上分糖（用单数），分甘蔗，甘蔗老头专分给媳妇。如果家里有三个儿子，就将帐子①分成三份。牌位依旧拿回，放在家里的牌座上。此外，还要从墓地取回一点土（俗称"蚕花泥"），以讨取吉祥平安。

在屋前原先停放棺材的地上，此时还要燃点火堆，凡送葬归来的人都要跨火堆一下。帮忙的人已准备了一钵头糖茶，每人都要喝一口，然后去灵位

---

① 帐，疑为幛。丧事中称为"挽幛"或"祭幛"，是亲友吊唁时赠送的礼仪物品，内容多为悼词。三墩当地普通人家用不起幛，或以帐代之。

祭拜。灵位前上香点烛，蜡烛一直点到当天晚上。也有的人家用一把梯子，上面糊着写有"金""木""水""火""土"的黄纸，其中"火"字要倒写。长子踩踏上去，用手把它们一一击破。

出殡后是"结丧"。结丧要翻历书看日子，有几天的，有11天的，有20多天的，不一而足。结丧的过程比较简单，事先选好一块开阔地，将死者生前穿过的衣服放在搭好的架子上烧。等到烧得差不多的时候，亲人们手拉手围着火堆转个圈，除家人和拿羹饭的亲属以外，其他的人把吊孝的棉纱条、白布条解下投向火中。

结丧后，两个前来帮忙的人把羹饭中的小团子，挨门逐户地向左邻右舍分送，叫作分结丧果，目的是讨个吉利而已。

丧事后的三天里，每天上供一饭一菜，菜要另烧，不能用自己吃过的，上供到六七为止。晚上关门及早上开门时，媳妇都要痛哭一场。

丧事以后，要做"七"。做"七"是一种纪念亡故之人的形式，每隔七天一次，做到"六七"为止。其中"五七""六七"较为讲究，规模也较大，杭州城里做"五七"的多，要搭"望乡台"，放焰口，做道场，场面隆重。本地人只做"六七"，请道士摆忏，和尚念佛，场面也相当热闹。

三墩的酒蛮有名

陈柏华

75 岁，原三墩酒厂厂长

三墩的酒还蛮有名的。当时我配了一支酒叫"径山大曲"。我是最早提出做径山大曲的人。

房子一半在水上

我们小时候从卸紫桥过来，到这边三墩庙。为什么叫庙前街？就是因为有个三墩庙，三墩庙后面（19）58 年就变成了铁器合作社，再后面就拆掉变成丝织厂了。最早的庙就是在这个位置直冲往南，这条路就是庙前街。（19）58 年因为"大跃进"，庙前街大部分房子都拆掉了。拆掉之后，当时标志性建筑就只剩下三墩剧院，现在好像变成了小商品市场了。

因为我出去 30 多年了，我这两年才回三墩来住。但是陈家桥南面这一路，范家湾、当弄堂基本上都没有动。

我觉得三墩的房子是全国独一无二的，（19）58 年拆掉是相当可惜的。三墩的房子原来是这样的，这里有一条河就是五里塘河，又叫宦塘河，这个房子就是一半在水里厢，一半在路高头①。几乎每份②人家房子里面都有一个河埠头，支撑它的都是方的石条，整条的大石板，不像别的地方是用木头支撑的。因为一半是在水里面，所以支撑房子全部都是方形的石条子。有些河埠是缩在房子里的，有些河埠头是嵌在外面的。

---

① 路高头，路上面。

② 份，户。

庙前街供销社是（19）58 年开始建的，（19）58 年建了一个两层的（楼），到现在好像还是这个两层楼没变。

当时一个供销社、一个剧院，是标志性建筑，真正的三墩庙现在已经拆得一点都没了，无影无踪了，最早是"大跃进"时期拆的。

解放前，三墩被称为"小上海"。大港桥这一带的房子，那个时候基本都是木头房子。

原来这条河上从西面山里面过来的竹排蛮多的，竹排多，木排少。三墩这里好像是个中转站，到了这里就停一停，停个几天。这边的河不算宽，那个时候很大的航船也不太有，余杭塘河那边有大航船，要去运河那边。这边我们原来叫小划船的多，小划船就是一个人划的，当时三墩也没有其他的交通工具，只有小划船。比如到杭州去、到哪里去，就是坐这个小划船划过去的。时间是很费的，一般到小河直街那里需要好几个钟头，小河那边上去就有去城里的公交车了。

应该是在（19）58 年之前，交通一般全靠这个小划船。当时兴隆桥边上这个地方，我们又叫"灯草兜"，这个地方停满了这种小划船，每天都是这样，平时就是等生意了。坐船的这个费用我已经记不清了，但肯定是不贵的，那个时候我们一天有一块钱的工资已经不得了了，这（船费）几角钱肯定是要了，但肯定不到一块的。有事情了，要到杭州去了，就到这边来坐船。

当时的小划船进深不到两米吧，上面有芦苇席。这些船都擦得很亮，用桐油漆上去的，清爽是蛮清爽。一般小划船分前舱、中舱、后舱。后舱是坐划船的人，中舱是坐客人的，下船的人都从前舱走。一般船夫就一个人，但是有的船用两个人也有的。后舱的（船夫）是朝前划的，前舱船夫是背靠前面朝后划的，转弯这种靠后舱（船夫）把舵的。

我小时候家就是住在兴隆桥边的，在（19）58 年，一是因为"大跃进"，还有一个原因是要造汽车站，就把老房子拆掉了。最早的公路在徐家塘那个地方，是从祥符桥修过来的，我们那个时候叫"后马路"。这条路还在，就是现在的三墩街。这条路的基础是日本佬弄的，日本佬走掉之后，又没有交通工具了，（19）58 年就把兴隆桥这里的房子给拆了，造了车站，沿五里塘河边出去，直通武林门。就这样五里塘河北面沿河边的一排房子全部被拆完，那时候的房子都是有人的，好些房子都是店铺，这些房子基本都是一半在水面上的。

五里塘的官名又叫"宦塘河"，土话叫五里塘河。兴隆桥的东边店铺不多，商业区集中在陈家桥和兴隆桥之间，包括庙前街这一块。那时候三墩街上这一片分成三个村：一村、二村、三村。一村是以兴隆桥这一带为主；二村就是以陈家桥为主，还有庙前街；三村就是卸紫桥这一块。这个一村再向东去就属于农村了，当时不归镇里管了，当时这个镇也不大，就是这么三个村。到了西行桥、东蒋湾这边，已经属于镇外了。

卸紫桥那边也有一半建在河港水面的房子，拆得比较迟了，是到"文化大革命"之后，还保留了几间。因为我有个同学那时候是住在那里的，他家的房子应该是"文化大革命"之后才拆掉的。房子拆了后，西河口这条河就慢慢被填死了，本来东蒋湾和卸紫桥这边河道是通的，原来这里是水路。

三墩区第一批下乡人

三墩中学原来是叫"相公庙"，我当时读的小学也是在那边，解放之后最早的小学也是在那边。我当时只有 5 岁，跟着我的阿姐一道去读书。但是过了一年，国家就规定了一定要 8 岁才能上一年级，所以我就再退到幼儿园里。我还好的，考试都考得出来的。我当年是一个"学霸"，因为国家政策变了，没办法只好退到庙前街这边的幼儿园。原来的小学不是在庙前街上，在相公庙，我有一个同学叫王青云（音），比我大一岁，他也退到了幼儿园。因为他比我大一岁早上学一年，我们两个的人生轨迹就完全不一样了。因为我们刚好夹在"文化大革命"（之间），到我高三毕业的时候，刚好是"文化大革命"，高考取消了，完全就变了，他比我早一年毕业就考进了复旦（大学）。

这里变成小学之后，相公庙那个地方就办中学了。这个中学最早还是抗战时期从临安迁过来的，所以三墩中学的校史是从临安算起的，不是从这里算起。从那边迁过来之后，先有了初中，到了（19）60年就有了高中。（19）60年之前这边初中读完了之后，高中就要到拱宸桥或者其他地方去读。到（19）60年开始这里才办高中的，现在初中和高中又分开了。

我们是第一批下乡的，（19）68年去的。那个时候我的父母都没有了，兄弟姐妹又都不在身边，我的舅妈送我去的。下乡还比较近，是去良渚的最北面，靠近安溪这边。我们这边下乡远的地方一般都不愿意去，都是就近安排的。那时候叫三墩区，基本上都是在三墩区里边安排的。下了乡就是农民做什么我们也做什么，一样的。我们刚开始落脚①的时候，就住在羊棚边上，羊半夜里"呱啦呱啦"地叫，气味也来得个重。我（19）68年一直到（19）75年回来的，一个抗战时间②。

三墩酒厂的前身与初创

我（19）75年回来就到三墩酒厂，一直到了（19）89年再调到临平去的。三墩酒厂原来叫戴穗仁酱园，是一个官酱园③。据说戴田是光绪（皇帝）的老师，当时他买下来，所以称戴④。"惠仁"的叫法实际上我们大多三墩人念错了，应该是那个稻穗的穗，禾字旁加一个惠，三墩人叫"戴惠仁、戴惠仁"比较顺口，习惯了改不过来。称官酱园是有点来头的，这个厂我们当时能查到的最早资料，就是1818年的时候有一张地契，所以就把1818年作为三墩酒厂的起始点，因为再前面的资料都找不到了，只找到了这张最早的地契。

---

① 落脚，住下来。

② 1968年到1975年是7年时间，口述者以八年抗战作为类比，现称为十四年抗战。

③ 官酱园，旧时有了盐帧，就可在"酱园"两字前面冠以"官"字，官酱园的名称由此而来。盐帧，是一块用火铁烙有"官盐"两字的木牌，意为"官准经营，不用私盐"。盐帧非一般商人所能领到，开酱园的或是达官贵人，或与官衙有关系，所以官酱园的门面仿官府，高墙石门，以显示其气势。

④ 此说并无历史依据，系民间传言。

所以在当时余杭区的四家酒厂，包括临平酒厂中，三墩酒厂是能够查到资料的最早的一家，其他年份都要晚一些。比如塘栖同福永酒厂这种，最早都得到一八六几年、一八八几年了，三墩（历史）最早但最小。

戴穗仁（酱园）原先是做豆瓣酱和酱油为主，所以叫官酱园。到了公私合营之后，就是开始生产酒了，不仅仅是做酱。另外四家酒厂也都是这样，原来都是酱园出身，而不是一开始就是酒厂。酒和酱的制作完全是两码事情，它的生成过程，所有的化学反应都完全不一样。

做酱以黄豆为主，有一种曲①我想不起来叫什么曲。黄豆先蒸酥，但是不能酥得过头，否则糊答答的。因为豆瓣酱里头一颗颗的黄豆形状还要看得出的嘛。再发酵，发酵了之后放到这个酱缸，蛮大的一只只缸，高头有一个斗笠篷，是为了防雨水，有太阳时掀开来给它们晒太阳，豆瓣酱是靠晒的。

取酱油时，豆瓣酱中间要放一只竹编的竹篓，竹篓放进去之后，一颗颗豆瓣进不去，就是它的（汁）水可以进去的，就是说酱油可以进去。这是最原始的一种方法，而且这个酱油是最好的酱油，我们就叫"坐子酱油"，这个是土话，到底是哪两个字我们也弄不清楚，但是这个酱油确实是好的，因为完全是天然的。

后面生产的酱油就不一样了，后来靠蒸煮把它蒸出来，蒸了以后发酵，而且不仅仅是黄豆，包括小麦、大麦都会掺进去。那么酱油酱色从哪里来呢？自己晒晒可以出现一部分，到蒸煮这一块，稍微有点现代化的，它出来的水就是酱油，其实是白颜色，也不是纯白，是有点黄色。这时候就要靠酱色来调了，酱色是红糖炒，炒了之后变成酱色，再给它调成酱油的颜色。那个时候就要放防腐剂，叫硝酸钠，放盐。因为酱缸（传统技艺）里的豆瓣酱盐早就放好了，是一道放进去的。现代（制作工艺）盐后面放进去，调色调味还要加味精。从真正意义上来讲，那应该不是酱油，或者说只是一个配制

---

① 曲，用来酿酒或制酱的曲霉。

酱油。真正的原汁货就是我刚刚讲的酱缸做的，酱缸做的酱油是相当鲜的，它没有任何一种添加的东西，这个就是酱油的（生产）过程。

酿造技术改造升级

做酒的原料不一样，做的方法也不一样，最好就是用大米，还有就是大麦、高粱、地瓜干，地瓜干（酿的酒）我们这边的土话叫"枪毙烧"嘛。还有茯苓，茯苓是一种中药材。茯苓做酒不用加别的东西，只要把它粉碎。当然，所有的这些原材料都要粉碎，茯苓里面的淀粉量很高，所以它的出酒率比较低，但是口味很好，比"枪毙烧"要好。

糯米是做黄酒用的，做白酒不可能用糯米。黄酒也是要加酱色的，刚开始白乎乎的和牛奶差不多的，比牛奶颜色稍微淡一点，所以颜色要调过的。农村里自己做的糖分比较高，喝起来比较甜，就是容易醉。

反正不管用什么材料（酿酒），第一步都要糖化，就是淀粉转变成葡萄糖。第二步是发酵，葡萄糖转变成乙醇，这是酒的基本东西，主要这两个步骤。我进厂之后，他们做酒还是比较老套的。这个地瓜干也好，茯苓也好，当时一只水泥的一个圈儿，下面是竹帘子铺在那儿，原料掼进去蒸，先把它蒸熟。

还有一种叫扬谷机，就是说要把它冷却。"啪——"风打出去之后冷却，冷却之后就把它糖化。糖化就是要把原料一道一道堆在一起，再用尼龙纸覆在上面，让它保温，因为糖化会产生热量。糖化好之后我们叫接种，就是说要把酵母菌放下去。

卡氏罐是专门用来培养酵母菌的。把酵母菌和糖化后的原料拌在一起，那个时候就用大洋锹啪啦啪啦弄一起。刚开始时候设备也是相当土的，后来有点现代了。接种之后就是发酵。过两三天之后，我们叫泡糟，土话就是吊酒。当时都是用锡来做这个壶的，里面是一只只的我们叫泡糟塔，下面用蒸汽，把它蒸出来之后，用管子通过去，这面有个水池，把它冷却一下，再出来就是酒了。现在农村自己酿酒基本上也是这个原理。

蒸馏出来的头酒和尾酒一般是不吃的，我们是作为勾兑用的。而且当时因为泡糟塔根本不能除杂醇之类的，杂醇都保留在里面。老底子不是有些人喝酒之后鼻子变成酒糟鼻，就是由杂醇、甲醇之类引起的。后来建了酒精塔之后，因为分流得比较干净，一些杂醇、甲醇都分离掉了，就容易达到国家的卫生指标，前面（泡糟）这些做法是通不过的。但是酒的风味是前面老方法好，后面这个因为纯粹就是酒精了，它喝起来味道、风味就不行。所以现在农村里为啥还喜欢自己来做烧酒，就认为这个酒好喝，就是这个道理。那酒精塔一弄之后，剩下的几乎就是酒精了，它卫生指标肯定是好的，但是喝起来肯定是不好的，把一些芳香醇都过滤掉了。

酿造技术这方面，我没有到外面去学习，都是很简单的东西，包括这个酒精塔也是我设计出来的。我没专门学过这些东西，我就在新华书店买了两本书，看了看，出来就成功了。我自己画了图纸，叫外面的人做的，因为都是不锈钢的嘛，厂里面的机修工吃不消（做）的，做了之后才当上那个副厂长。

我会喝酒，但是没有酒瘾。我喝得最多的时候52度的酒可以喝一斤，但是我现在一点都不喝。

三墩的酒蛮有名

我（19）89年去了临平，然后一直到退休，我整户家庭都去的。到了临平还是在酒厂，但是我到临平不是为办酒厂去的，我是为办化工厂去的。

三墩的酒还蛮有名的。当时我配了一支酒叫"径山大曲"。我是最早提出做径山大曲的人。我特地爬到了径山的高头去看了看，当时上面一点花头都没有的，那个钟①已经一半在泥下面了。市里批了钱给我们锅炉房重新改造，产量就上去了。

当时我就是在做这一块，径山大曲的名字是我弄的，这个商标也是我设

---

① 钟，指径山寺的大钟。

计的。我叫美院去设计个商标，当时花了 40 块钱，我记得蛮牢的，因为那个时候 40 块钱不得了，超过一个人一个月的工资了。结果（美院设计）出来我说这个东西像什么啊，后面我自己手工绘的，你要晓得我们陈家门里的人写字绘画都不错的。

我全县考过第一名的，（19）73 年。其实有些东西可以触类旁通，举一反三，就像我现在拍照一样的，木匠、做酒，包括书法，我所有的东西，都没有老师教。现在呢，天天喜欢搞摄影，我就是个独立大队，喜欢自己来解决问题，也不去参加什么协会，有几个摄影朋友，大家约一下就出去了。

下乡的时候，我还做过木匠。当时农村里要造沼气池，整个良渚公社集中了 300 多个木匠，来做这个木头的（沼气池）模板，因为要用水泥浇（筑）起来，这个拱顶做不出来。有一天他们拿了一个西瓜，用刀切开，想根据西瓜的原理来做。我问他们在做什么，他们说，"呶，要做这个拱顶"，我说这不是很简单的，高中的立体几何里面有的，球冠嘛。后来我一下子就算出来了，做成八块，全部按照我说的做。

后来做宋酒，也是我提出来的。那时我还不是厂长，主要是搞技术这块，我最早是搞采购的。我在河南蹲了四五年时间，就是搞那个地瓜干（酒）。

这两款酒出来之后，当时销量都是不错的。北方最远销到河北衡水，我们甚至还到贵州去销。当时叫礼品酒，原来就是袋装酒，都是用酒袋装的，瓶装酒可以拎的，就是从 80 年代初开始兴起的，我们叫"花式酒"。

那个时候广告还没有这么多，全靠人工推销。做花式酒在四家酒厂中我们是最早的一家，后面这四家酒厂就都有了。当时只要在三墩镇上销就够了，过年就要排队买的，就是酒厂门口，买的人很多的。后面慢慢地向外面推销。当时蛮稀奇的，为什么呢？我们原来喝的酒都是用甏装的，要么黄酒，要么白酒。后来什么竹叶青啊、五加皮啊，都弄出来了，他们觉得很稀奇。关键就是适应了时代，兴旺了一段时间，到 20 世纪 80 年代末也就慢慢跌下去了。

水性好救过五人

我5岁开始就到河港里面游泳了，我姆妈拿了一根竹竿来戳我。为了不给他们晓得，（游完后）我在大太阳下面坐在这个桥栏杆上，这个桥不是石头的吗，我要把这条裤子给烤干来，烤干燥了以后就表示我没有下水过。所以我原来的水性是很好的，还救起过5个人。第一个是我的同学，就是我刚才说的住在西河口的地方，叫沈宏华（音）。这一日我身体不太好，我在岸上，他游到中间要沉下去了，我跳下去，第一次救人就相当危险，为啥呢？因为他把我的手给抱得很紧，我蛮难动了，好不容易才救上来，这是第一个。第二个是在凿冰漾，那时候已经高三了，有个女同学沉下去了。这时候我就有办法了，一个猛子下去之后夹住她两只脚，就是河滩是不是慢慢斜上来的，她就拉牢我慢慢走上来。

还有一个就是自己的隔壁邻居，那时候山里厢的竹排到了三墩停一停，我们在竹排上面洗碗，那时候洗碗都是在河港里洗的。旁边的小鬼[①]，就是那个隔壁邻居，现在的叫什么名字我忘记了，"啵咯咚"一下翻水里了。竹排的下面很危险，我进去把他拉起来了。拉起来之后，他的妈妈还要发魔[②]，她说气死了，再给他拎起来放水里面浸。我说你不要弄了，我好不容易把他救起来。还有一个是在杜甫村，杜甫村有个杜甫桥。那时候我已经下乡了，要到我的小伯家里面去，小伯在大观山，要路过杜甫村。我刚刚走上桥，看到有个女的"啵咯咚"掉进了水里面。冬天的时候啊，这次我水里没有去跳，跑下去就抓住她的两只脚把她拉起来。因为冬天穿的不是棉衣嘛，她一下子沉不下去。后面到大观山的时候，我的婶娘问我，你的裤子、球鞋怎么都稀稀湿的，我那时穿的是解放鞋。

那时候救人很简单的，救起了大家屁股拍拍都走掉了，一点事体都没有，觉得很平常。杜甫桥边我把人拉起来之后，旁边的村民都围上来了，我

① 小鬼，小孩。

② 发魔，滑稽、有趣。

管自己走掉，一点事都没有，我也不晓得这个人叫什么。

所以有次网上说救人之后，被救的那个人还要说救他的人不好。我说这人太没有良心了，救人是相当危险的，有可能自己都会弄进去的。我最危险的就是头一次，（怎么救）也不懂，人还在读小学。那一次自己的手被夹住一点办法也没有，好在河港不是很宽，如果宽一点的，像凿冰漾这种就麻烦了。

所以我救过五个人的命，觉得自己还可以的，当时没感觉，现在感觉还有点自豪。我从小游泳好，我哥哥就不行，要把鼻子捏牢才能下水。当时有几个年纪比我大的，兴隆桥有一位叫许耐英（音），是供销社里的，他的哥哥比我们要大。他们放暑假回来之后都到河港里面去游水的，我就跟着他们，我的母亲不同意，她就用竹竿来戳，我们叫晾竿，所以游了之后都要到桥上去晒太阳。

还有（19）63 年的划龙船，蒋村里面划龙舟不是蛮有名的吗，在深潭口。这一年，龙船的后面有一只叫避艄船。原来端午是这样的，前面一只龙船，后面有一只避艄船，家家户户河埠上面这个米、面，反正吃的东西都有的。

那只龙船划过去后，这个避艄船过来，老百姓把送给他们的东西放在避艄船上，这个风俗现在是没有的。避艄船专门收集老百姓自发送的这些东西，这些东西可以拿回去大家一起烧了吃的，相当于后勤船，有时候龙船手换人，等于说预备队员也在这只船上。为啥叫避艄，也是因为船来船往多，蛮容易碰撞，意思是避开前面危险的东西。

这一天两只龙船撞了一撞，后面这只避艄船抢上去，抢在那只船前面，结果翻掉了，掉下去四五个人，结果上来少了一个。

原来的河港上面有一种草我们叫革命草，也就是水草，他在水草下面就上不来了。第二天用滚吊机拉起来的。因为死了一个人，所以当时县政府决定，不允许端午节划龙船，也就停掉了，一直到（19）78 年还是 80 年代初才恢复。所以停了 10 多年的时间了，那是（19）63 年的事。

　　原来家家户户在河埠旁边都把东西放好的。第一只龙船过来，叫染红，就是把这个红丝绵或带子放在龙的两只角上面，然后还有一个叫点睛，就是把龙眼睛点出来。

　　节日里印象深的就是火流星，我们土话叫火链星，这个是在三墩比较有特色的，就是原来到元宵节搞的。就是一根铁链子，两头都烧红了，两只手甩起来，夜里厢甩起来蛮好看的，当时觉得特别好看，都是本地人玩的。我现在也能甩几下，用两块重物，利用离心力。还有一种是铳，就是金字旁边一个充公的充，它里面装火药的，晚上"啪"放一下，因为白天看不到的，当烟花放的。现在这些东西好像都没了，没人弄了。

　　　　　　　　采访地点：陈柏华家中
　　　　　　　　采访时间：2024 年 6 月 19 日 15：00—16：30
　　　　　　　　被访谈人：陈柏华
　　　　　　　　采 访 人：朱宇清　陈　莹
　　　　　　　　整 理 人：朱嫣红
　　　　　　　　校 对 人：朱嫣红

"小皮匠"，老街老字号

刘增德

72岁，"小皮匠"老板

他们是老早就叫我们不要干了，我们想想这里做做，有钱赚点，两个人自己管自己，可以自由点。

从农民工到修鞋匠

我开始是在黄岩 [①] 老家种地。大概是（19）72年吧，刚刚开放的时候，我们那里有工程队在外面包工程。那时候钱很紧张，我们这种家里就会看有几个劳动力，可以去打打工。

我刚好工程队有熟悉的人，那年就跟工程队出来，在半山 [②] 电厂造一个大烟囱。我们农民工出来一般就是挑土方。这里挖土，挖到那边去，挖得很深，造烟囱造得很高、很大。

我当时26岁吧，也不晓得苦，一天做到夜挣2块多。那时候工资很低的，技术工一块七角六，50多块钱一个月。吃得很省的，都是在食堂里吃大锅饭，菜几分钱，基本吃青菜什么的。年轻人扛得牢，吃不饱也要干的。

我在工程队干了两三年。有一天挖土，一挖一大片，挖着挖着，挖得太深，（土）"嘣"一下子坍下来，一个人被压到下面，死掉了，才20多岁。我看看不对了，刚好碰到有个老乡补鞋子，他叫我补鞋子，我想想对的，觉得补鞋子蛮好的。我们那边（补鞋）机器有得买，温岭产的。我买好机器，

---

① 黄岩属于浙江台州。

② 杭州半山，现属于拱墅区。

学好了，就跑出来，跟着工程队，那边做呀做，做了几个月。

我跟工程队去过好多地方。工程队会把工地附近村子的一些房子包下来，让我们住。在半山我也住在人家屋里，给那边的人修鞋子。有四五块到五六块一天好赚。实话讲我比那些技术工赚得多。在工程队打工，一般是一块两角一天，做一个月就是36块钱。我修鞋子一百四五十块钱一个月了，日子好过的。

我当时的师傅现在办企业去了，他比我大几岁。我们一道没做几天的，我学了几天就跑出来干了。（19）75年我自己在那边搞了几个月，就一个人跑到这里干，刚开始在三墩附近跑来跑去。

店门口、格子间、店铺

我做工程队的时候，曾经在康桥[①]那边一个老头子家里宿过。那个老头子讲，做（修鞋）还是三墩好。他说“我们那边讲三墩是‘小上海’，你还是蹜三墩吧”。这个老头蛮好的。他说“三墩旅馆这么便宜，就租下来喽。早上你摆到街上，还有点生意的，日里[②]要挑回去，农民都拉到田里去了，种什么都有规划，你这种属于‘资本主义尾巴’[③]，不会让你摆出来的”。

农民以种稻田为主，所以钞票挣不到，谷一毛多一斤，像我们老家一年种3万多斤稻谷，只能挣几千块钱，100多人都在这里吃。粮票都卖到两块多一斤了，洋糖糕要一毛钱一个，那时候真的很困难。当时我主要补补球鞋，就是“解放鞋”，破了一个洞两个洞，都要补，补一双两三角这样子；要么鞋底贴贴。过来的人基本穿草鞋、布鞋，没有穿皮鞋的。

我来的辰光，摊位摆在庙前街一个店门口。早上（我就）挑出来做一下，晚上宿在三墩旅馆里。3毛钱一天，费用很省的，他们还供应洗澡、电。房间很大，有三四十平方米，生活[④]做不光，带回去夜里也可以做。我

① 现属杭州市拱墅区。

② 日里，白天。

③ “割资本主义尾巴”这一概念源于中国历史上的特定时期，特别是在“文化大革命”期间，它被用来描述一系列针对个体经济活动的限制和打压措施。

④ 生活，工作。

的工具箱四五十斤，有时候就放在立柜里，不挑出去。

宿了三年，范家塘有个老头子说"宿到我家里好了"，他家就在老（公交）车站 330 路那里，离庙前街几百米。住在他家里五六块一个月，房子 20 平方米。那辰光在他的生产队里租房子，我是第一个或第二个。（19）75 年、（19）76 年大办农业①，所以其他人（农民）出不来。没有手艺的人，出来吃什么呢？手艺人也不出来。直到（19）78 年、（19）80 年左右，开放了，大家都出来干了。泥水（匠）、木匠都出来了。

早上庙前街市集（开得）蛮早的。我早上 6 点多过来，7 点多到这里。点心店有好几家，茶店（楼）也有的，蛮兴旺的。早上吃 2 只馒头就够了。要么吃碗奥面，奥面一毛一（分）一碗，拌面也很便宜的，一天几毛钱就够了。中午就去点心店里买两只麻球吃，5 分还是 8 分钱一只，最多 1 毛钱。

日里四五点钟我就收摊了。晚饭有时候在饭店里吃，四毛五（分）一只菜，青菜肉片一盘，吃得蛮好了。我不喝酒的，一喝就要脸红，发烧一样的。当时条件差，顾客你给他便宜点，他就高兴了，本来 5 分（钱），你算他 3 分、2 分他就高兴了。我们这个机器（补补鞋）很快的，给他搞一下就搞一下，多做就多赚点，薄利多销了。

大概是（19）79 年之前，我发现配钥匙比修鞋钞票好赚，赚得快，就按照机器说明书学会了怎么配钥匙。多一块业务，就赚得多点。

那时候最好要赚到十几块（一天）了，有时候可以搞个 100 来块钱。现在嘛可以赚到两三百块这样子。吃饭一块五（分）到 2 块一天，就好过日子了。到大雪天挣得最多了，农村里做 3 毛、4 毛钱一天的，我收几分（钱）。人家看看是看不起的，其实我修鞋（赚得）还可以的。在人家门口摆，如果很冷很冷，就早点收摊到旅馆里去了。（19）76 年很冷的，（气温）要零下了。不过我年纪轻，冷感觉不出来。

（19）88 年，陈家桥下面老电影院拆了，工商所造了一栋平顶房，在百

---

① 应指"农业学大寨"运动。

货大楼对面，给我们摆摊。里面一格一格隔出来的。有三四十户，一个摊位六七平方米，太热了，电风扇也没有，还经常停电。做这个生意这么小，有电风扇的话，也给人家看不起，"条件这么好啊，还开电风扇！"东西摆在那边，经常被偷掉，钥匙机、补鞋机都被偷掉过。

不过那个小隔间还是有得赚的。以前人多，做做都来不及，一天忙到晚。过年就休息半个月。三墩电影院七几年去过，但我没看过几部电影，能记得的就是《红楼梦》了。生活单调也没办法，有钱赚不赚？一双鞋子补补两块三块，总要赚的。

在这个小隔间里，我做了 10 年，那时候是最累的时光。

（19）98 年那边拆迁，叫我们房子寻好，再搬过去，我看现在这间①房子蛮好，本来是卖肉的，但属于房管所，开始（租的）价格 600 块一个月，后来是 3000 块一个月，一年 3 万多块，就给租下来了。价格稍微高点，不过我还混得下。人家私人的房子，租金还要高。本来没想到会租这么长时间，做着做着觉得还好，也不想改行。不过现在年纪大了，再做下去，眼睛花了，穿针也穿不进，就没用了，这里也做不长了。

50 多年就吵了这么一次

我做这个行业这么多年，没对什么顾客有特别深的印象。跟顾客吵架也有过，今年就有一次吵架。

一个女的拿了件羽绒衣，拉链坏了叫我修，她（羽绒衣）的拉链牙齿都破开了，修不好了，我说那要不然换一个。她说"到哪里换"，我说"我这里可以换的，价格就是有一点贵的"。她说"没关系的，好拉就可以了"。结果她给我 30 块钱。实际上修羽绒衣拉链要 50 块钱。我同她说，"我们修拉链（修过的地方）有点看得出的"，她又说"没关系的，修好好拉就可以了"。我看这个条件要求不高，就给她修了。第二天或是第三天，她来看，说"修拉

---

① 小皮匠现庙前街店铺。

链 30 块，这么贵"，然后哇叽哇叽 ①。（拉链）有的地方我老太婆 ② 踏 ③ 得马马虎虎，有的地方没踏牢。她说，"这地方踏也没踏牢"。

我说"稍微等一下"，因为我老太婆上班迟一点。老太婆上班了，这个女的哇叽哇叽，她说"你衣裳要拆破了"，我说"衣裳不可能拆破"。没踏牢的地方已经挖起来长长一条了。她出汗了，说"把我衣裳拆破了，衣裳拆破了"，我说："衣裳拆破，我赔给你好了。要赔多少？"

后来她报警，派出所派过来好几个人，看了以后，说"踏踏牢嘛好的嘞"。她说不要我踏，要别人踏。叫人家踏不是瞎弄吗，既然叫我踏，我肯定要踏好为止了。一定要再报警，三墩这边警察都晓得我这个人，不会乱做事的，警察来了说，"我们讨论过了，你赔她 300 块"。我说"弄弄灵清 ④ 哦，到底是她今天来叫我修拉链，还是我衣裳买给她，弄破了，叫我赔她 300 块"。警察问那个女的，"是你叫他修拉链，还是叫他买衣裳，弄破了，赔 300 块"。她说"我是叫他修拉链"。所以叫我修拉链，我一分钱都不赔。后来再同警察商量，这女的要叫别的人修，不叫我老太婆踏。警察同我说，"你帮她修修好"，这么好，我就叫我老太婆踏。这个拉链拆拆很讨厌 ⑤，要 2 个小时，其实也要收 30 块的。这个女的一直等在那，结果拆的、修的费用都是我承担。

50 年之内就碰到这一个吵架的。

好的顾客还是多得很，我说"收 2 块够了"，他说"5 块"，这就开心了。有六七个老头子退休了，跑到这里来一两公里路，坐也没地方坐，就坐在我这里，都熟悉的，一起谈谈天。

一家人落户在三墩

我（19）73 年结婚的。父母亲做主。我那时候好像 23 岁，我老太婆 21 岁。

---

① 哇叽哇叽，说啊说，絮烦貌。叽，无实义。

② 老太婆，即老婆。

③ 踏，用手摇修鞋机缝。

④ 灵清，清楚。

⑤ 讨厌，麻烦。

（19）75年，我带她到三墩来，还是踞在范家塘红星大队2组。踞了快20年了。

老太婆跟我学的手艺。这个比较简单的，要用心做，勤劳不怕苦，就做得可以。（19）98年我们搬出来，买房子买到附近的小区，钱是靠摊位赚出来的。

2000年老家房子拆迁，（20）01年我回去，看到好多人家不敢（在拆迁合同上）签字，我第一个签字，大家就相信了。办事情要利落，就跟讨老婆一样，看中了就要算数的。

我们结婚第二年有的小孩，小孩今年44岁，属猴子。我们没传手艺给他，他自己办企业的，员工有三四十个了。他们是老早就叫我们不要干了，我们想想这里做做，有钱赚点，两个人自己管自己，可以自由点。

想想三墩我来的时光，这里都是很小的石板路，店铺上门都是装门板，卷闸门是八几年才有的。以前开门没有锁，都用很小的挂锁。

这50年变化很大，特别是去年（2023年），各方面变化很大很快的。三墩镇大，老房子多，人多。我发现那边桥造好了，本来那边一座桥、那边一条路^①往西面去套^②的，往火车站跑两三公里路，再套过来，再往西走了，现在直通西面了。这条路是伟大的，是利国利民的。今天我发现这座桥西通大港桥，东面是文星桥，两座桥接牢，是振中路。振中路要是南北贯通，也利国利民，一边是浙江医院，一边是浙江大学（紫金港校区），这多少方便！

采访地点：三墩小皮匠修鞋店

采访时间：2024年8月27日19：00—20：00

被访谈人：刘增德（小皮匠）

采 访 人：戴　骏

整 理 人：戴　骏　朱宇清

校 对 人：朱嫣红

---

① 桥、路应均指三墩街，2023年建成。

② 套，绕。

照相馆在我手里成了"网红"

周泉虎

70 岁，三墩照相馆老板

当他精力充沛的时候，我在拍的时候，我们两个碰撞了火花，才创造出一张优秀的照片。

香烟阿毛的儿子

我是桐庐人，我爷爷是做裁缝的，给地主人家做各种狗皮衣服。附近的村庄，方圆三五里，他做衣服技术是最好。后来他认为在那里钱赚得不够，就到杭州来给财主人家做衣服。

我爷爷觉得自己做裁缝的技术这么好了，利润空间还是太小，做裁缝能够见到底的，可是做生意是见不到底的，（做裁缝）你可能做了一年没几个钱，（做生意）也许你一天就做了几万块。

他到杭州，一路过来都是山路，有狼，所以身上要带着刀。他就是来闯天地的。

我爷爷有两个儿子。我爸爸和我大伯先是被安排在杭州老板店里做徒弟，后来日本人打进来，老板收拾家当逃掉了，城里乡下店都关门了，我大伯不知道逃哪去了。

我爸爸逃到桐庐，跟着当地一批青年说是去打工的，其实是做壮丁，打仗去的。我爸爸个头很小，当时国民党军队就让他做电报员，接接电话。有天晚上接到电话说要上前线，他电话挂了就逃了。他是山里人，游泳也不会游，一条一条河扑过来，才逃到老家。老家那里也在抓人。这时候有人跟他说，你哥哥已经逃到三墩了，你堂伯伯也在三墩，他就逃过来了。那个时候他20岁多一点，不怕死，虽然不会游泳，但是看到河他就蹦过去，眼睛闭着啪啦啪啦一直逃到对岸。老一辈的人以前跟我说，你爸爸来的时候，一件破衣服、一条裤子，身上全部被树枝扎破，血淋淋的都是脓肿。他跑了好几天了，跑到老家一看不对，拿了两个馒头，嘴巴一咬，又逃了。

我大伯逃到三墩这边，因为我爷爷一个堂兄弟在这里是拿枪的，我大伯就跟着他。我们农村里有一个人很有实力，他们一起掌握了从三墩到卖鱼桥这里的饭店里的肉类供应。

我爸爸逃过来以后，开始卖香烟谋生计，前面弄只包带在身上。他要心里算的，你昨天买了一包香烟，我估计你一天吃一包，那么我第二天还要再送过去一包。这生意要竞争的，不要以为人家还会过来跟你买，都要自己送过去的。

我大概7岁，全家搬到庙前街来住过。房子下面做生意，楼上睡觉。现在那里估计拆掉了。那里有一条河，有一个平房，走上去有一个第二层，可以烧烧饭，再弯上去，就是我们睡觉的地方。

小的时候，这一带认识我爸爸的人看到我说，"嘿，这个小鬼是香烟阿毛他们儿子"，说我爸爸是"香烟阿毛"。我爸爸的鼻子，讨老婆的时候挖开了以后好不了，所以是红的，人家就说我是"红鼻头阿毛"的儿子。当时我感到很耻辱，跑掉了。

到了我20多岁的时候，还在嫌弃我爸爸不够努力。等我30多岁，政策开放了，在这个行业里竞争，我也是吃了头口水。照相馆生意突然之间变得很好，我拼命干，这时候我意识到我爸爸在创业路上的艰辛，也想到那时候他们说我是香烟阿毛的儿子，其实（那个外号）是我爸爸的品牌。整个三墩镇都知道，红鼻子阿毛卖的香烟，价格肯定很公道。

我和我爸爸之间，可能一生中没有讲过10句话。他有一句话，却使我终身受益。有一次在家里吃饭，他说他当学徒的时候，多做事少说话，吃饭最后一个，看到师傅要吃好了，马上去收拾碗筷，或者给师母抱孩子。一切委屈都在肚子里消化。后来我儿子去工作，我也这样教育他。

师傅为什么选择我

三墩照相馆以前的位置在"古龙俱乐部"那边。以前那边（东面）没有桥，只有一条河，走不过去的，往西过来才是桥，桥上是石板路。你现在还可以看见下面以前的桥墩。这座桥后来叫作"陈家桥"，现在这座桥是后来造的，又向西移过来一点。

我们照相馆的房子是木结构两层楼，楼梯跟桥对牢。二楼上面有一个很大的柱子，所以拍照用不来，我们基本上用一楼。边上是个弄堂，桥旁边以前是理发店。

三墩街上以前有好几家照相馆，都是私人的，后来公私合营，有两三家照相馆并拢，就叫了"三墩照相馆"。

1950 年供销合作社搞起来了。我爸爸以前做卖香烟这种杂货店，在卸紫桥那边，跟三墩这里的小商小贩合起来，加入了当时的三墩商业综合商店。在庙前街对面，现在有一间房子是三墩综合商店的，这是供销社买下来之后重新造过的。后来综合商店并到供销社，叫"第三代商店"①。

1960 年左右，有几家私人的照相馆，都属于综合商店，有的他（老板）不干了，这些店合并了以后，就叫"三墩照相馆"了。其实也没几步远，刚开始是在卸紫桥这里，因为房租便宜。我刚刚进照相馆的时候，（它）已经是供销社的了。

我是 18 岁知青下乡，去了余杭县良渚种子（试验）场。（19）77 年，我妈妈退休了，我就回来了，编制还在商店，但是归供销社管了，就是商店的工资要低一点。回来安排我到点心店做馒头，天天早上 4 点起，做了半

---

① 据《三墩镇志》，1956 年，三墩境内多个集镇小商小贩组织起来，先后成立合作商店，又称"综合商店"。1958 年 10 月，"大跃进"开始，合作商业遭遇撤消。1961 年 10 月起，并入供销、国营系统的合作企业重建合作商店。1971 年 9 月，又并入三墩供销社，成为其代销商店，称"第三代商店"。

年，刚好这个照相馆少一个人，我师傅叫我过去给她帮忙。我记得很清楚的，那是（19）78年，我25岁，是那年的6月份。

他们突然通知我，叫我到照相馆。师傅我以前就认识，一个女的，大我6岁，供销社的。他们已经来了2年，（师傅）前面还有个师傅的。

我第二天去问她，我们一起来的人有几十个，男同志里面我最难看，个头这么小，你选择我到这个照相馆里来，我好像有点不大想得通。拍照片（的师傅）嘛男的总要稍微帅一点的，女的嘛漂亮一点。

我是在别人的轻视、侮辱、嘲笑中长大的。我哥哥叫我"豆儿鬼"，因为（我个子）这么小的，专门给人欺负。我一年级的时候9岁，别人8岁，老师认为我长一岁，力气好一点，叫我跑步，我跑得很快。同学看我这么小的一个人跑，他们又跑不过我，就叫我"小老鼠"。我稍微优秀一点，别人就会嘲笑一下的。

我师傅说，她爸爸妈妈同我爸爸妈妈都认识，有世交的，知道你们是比较厚道的人家。她脾气比较急，想选择一个性子慢一点的人，这样容易合作，再说照相这东西呢要聪明点的（人）。

后来证明她的选择是对的，在别人的眼中，在我们的心中，我们两个人的合作是比较完美的。这时候竞争激烈，生意很少的，我们就是在这种环境中慢慢壮大起来。

严师和机灵徒弟

（照相馆）这个房子以前在桥边，很潮很潮，因为里面开过盐店。拍照的时候，电线一定要先拔掉它，把灯摆好，再插上去拍。手要去扶一扶，都是有电的。

这种天气照相难度很大，镜头模模糊糊，人拍出来也模模糊糊，顾客就认为你拍不好。开始基本是师傅拍的，我在旁边看看。她照片洗出来，我来修照片，脏兮兮的白点修掉，大照片上那种黑点不应该存在的，用刀片割掉。在那样的条件下，印照片难度很大，一张照相纸湿了、潮了，印上去都是白点子，要重新印过。

"这张照片，你看看，修得怎么这样的啦，重新搞过。"师傅总是说我的。

一张遗像照，我一般要修整整一天，都是旧底片、旧照片之类的，白点、黑点很多的，我要把它一点一点点上去。这种照片要收三块两毛钱。你别看三块两毛钱，有3斤肉好买了，一般人家里一个月能不能吃到一次肉还不知道，好人家才来做一张照片的。有一次，一个外地民工来做一张照片，他说，我们这个村子只有这么一张照片，是他爸爸的朋友到他们家里来玩，拿着一只照相机，给他们全家拍的。还有一个人拿过来一张照片，说"我们全家一辈子就只有这张合影，你把我爷爷从上面割下来做一张遗像照"。我家里穷，所以我爸爸去世也没有做照片。

我师傅性格比较要强，对我的要求也比较高。比如杭州过来的人来拍，她为了拍得更好，总是同我说，这个镜头是怎么回事，你要注意哪几个方面，因为按照天气的变化、气候的变化，这个镜头的模糊程度都不同。今天下雨了，天蒙蒙的，那么反差调得大一点；今天天气晴朗，把反差（调得）柔和一点。

那时候照相馆人员要考试。她自己看理论书，也把她认为重要的书给我看。可是我们这里的条件跟理论对不牢。最大的问题，就是一个人穿了一件白衣服，进来拍照片，我们喜欢用黑色的背景给它衬托出来，它衬出的那个白就更白了，按照理论这是错误的。实际上，应该是黑的背景，穿一件（颜色）稍微深一点的衣服更好看，白衣服应该白底更好看。假如穿着白衣服，我们继续用白的底，店里的镜头都是以前私人（照相店）传过来的，已经用了几十年，是模糊的，照出来更模糊了，白的（衣服）反光透过来，透到镜头上，就做不好的。

后来买了一只放大镜。一张（照片）放大放好，马上（将放大镜）包好，石灰缸里摆进，为啥，要潮掉咯。我们师傅很仔细的，不给我们碰的，手都摸不来的。有时候我放一张，她就说"小心一点哦"。

我师傅很节约，我继承了她的这个习惯。她调走之前没买过一只正宗的新的座机，最后一只大座机是从瓶窑买来的。瓶窑供销社开的照相馆关门了，我们把旧的买回来，一直用到我后来买数码相机。

以前条件差得一塌糊涂，后来到我这一代就改变了。我自己出钱，叫了房管所里的工人，挖地一尺，挖掉之后下面（用）油毛毡铺好，再铺石子，再水泥浇上去，地面就变得相当干燥。

我28岁已经可以自己拍照了，以前都是看师傅怎么拍。我还没学出来的时候，有一次师傅不在，来了一个顾客，叫德才。他本身是农村的，又会做木匠，又会做泥匠，有时候到街上来打小工。当时我师傅刚好不在，但我想试试看，偷偷摸摸拍了一张，按照我师傅的模样。一张6寸的暗盒里面，是这边一张软片，另一边一张软片，比如说一面是A，另一面叫B。当时看的A版，拍好，他去了。那时候照片要过几天拿的。结果，这个A版找不到了！哎呀呀，到哪去了？心里一焦急，去找德才，找到庙前街那边，叫他来，再拍了一张，拍了A版、B版两面都有的。后来我师傅来了，才告诉我，其实是正反两面的，我只看到了一面。

师傅平时脾气确实是急了一点。我们买了只相机，要出租的，有个人租去了，租一天大概是8毛钱，那么他第二天还了，应该付一块六了。他说认识的，付8毛好不好，我师傅不肯，那是公家的东西，不可以这样的，就同他吵架了。

她（篱笆）扎得很牢。冬天过来以后，有一天呢，我们附近的卸紫桥，吴家门到沈家门的地方，有个人叫"银匠阿宝"，旧社会做金银加工生意的，他家里大概有3个女儿、1个儿子。那天是他二女儿带了一个人来拍，在店里看来看去，我们有一捧塑料花，她要把那个花头拗下来，插在头上拍个照片。我说"不好的，你这样要损坏的"。"不要紧的、不要紧的"，（她）拔出来，插在头上。我呢是默认的，因为这枝塑料花9分钱，拍一张照片是4毛，按照这个利润算下来，我们是赚钱的。这枝花不拔下来她不高兴照。

我师傅在暗房里面印照片，一听到她的话，就下来了，蹦出来了，一扒拉，说"你怎么好拔花的"。这个小姑娘把花丢在地上，一开门就逃出去了，我师傅马上追出去，追上把手抓牢，这个小姑娘叭叽一抢，脱身的了。

我师傅脚下一滑，坐到地上，好在地上有很厚的雪。起来之后她就说我了，"你怎么好给她花，9分钱嘞，这种塑料花拔断嘛再插进去就松了"。

我说："她要拍嘛。"

"拍嘛也不好弄的！"

"那么我们拍4毛钱，花9分嘛。"我这样说。

"不可以的！这是集体的东西，怎么好破坏的！"

不过她朋友也不少的。有几个姑娘专门来找她，拍一张，照片最好摆在门口。你不摆出来，她就不来拍。那时候好看的大姑娘拍一张，相片最好贴到墙上，摆出来。所以说，到一个地方去寻找美丽的姑娘，请找照相馆。大多数人没这个机会。所以后来我管这个照相馆的时候，只要能贴，就给他（她）贴出来，墙上还有外面贴了许许多多照片。几年前，有三四个人先来，说有个人要来拍照片。后来他发在抖音上，我才知道他是香港演员①。当时选了一张他认为好的，就贴在那里，后来他说是香港演员，我重新给他搞了一个大的贴上去。

供销社组织旅游，师傅跟我一起去，她把我当儿子一样看，管得我很牢。"阿虎，那边不要去了，来来来，你拿牢东西。"大家要照一张集体照，她先给别人拍，拍得吃力的时候叫我去拍。有时候她给他们拍的时候，我说几句，你们站拢一点，再移到这边来一点。有时候我拍的时候她也说的，"阿虎你后面你看牢，那只腿要拍进去的"，她就是喜欢我站在她旁边的。

感恩的孩子跑得更远

2018年有个银行搞公益活动，来照相馆帮我装潢，我说我师傅照片要摆上去。师傅62岁病故了，照片没有了，我叫她老公给我找一张出来，我后来做上去贴在那儿。我师傅的师傅，2019年1月8日路过照相馆，我也

---

① 可能指香港演员林俊贤，照片上标注年份为"辛丑"，为2021年。

把他请进来，给他拍了一张照片，现在放在我师傅（照片）的旁边。

我以前专门去研究他们的灯光，一看就知道哪张是谁拍的，我（拍照）风格取他们中间。所以我把她的照片，还有我师傅的师傅的照片都要放上去。

我在照相馆工作了46年，从它艰难地生存，到逐渐迎来红红火火的时期，再回到今天的平淡。这里面的苦和甜，我都尝过。我很感谢师傅当初选择了我。照相馆能够一直发展，就像门外小河里的水一样，永远流着，就是我对师傅的报答。

有一张照片，印着"农村女学生和退休老师的纪念照"，哪一年拍的我记不清楚了。以前从来没有人来拍过这么一张大照片，大概是4寸，收3块多钱，当时算大钱了。

我问照片上这个老师，你怎么叫她们来拍的。她说她退休后在杭州，这些学生写信给她，表达感谢。她说"我专程过来的，叫了6个学生"，同她最好的6个学生，一起拍了这张照片。

后来照片上一个女孩来过，介绍了那次拍照的事情，我才知道其中一个女的现在还在良渚医院里工作，站在后面一个以前在药店里工作，都是三墩的女孩子。我认为这批学生都很有前途。感恩的孩子能够跑得更远，跑得更高。

我师傅走了以后，我基本每年去上坟的。我自己喜欢安静，最好不打扰别人，所以很少带徒弟。后来，我做知青时候一起在农场的一个人，他回来后到油厂里做工人，厂里效益不好，关门了，就和几个人去看守厂门，一个礼拜要去两天。他业余时间在我照相馆帮忙，慢慢地学习照相，学会了就正式干了，一直做到退休为止。

另外一个徒弟，住在我们隔壁邻居后面，这小伙子刚刚毕业，到我这来帮忙的。这种也是徒弟，叫我"阿虎师傅"的，有时候叫我"师傅"的。我喜欢玩蟋蟀，他专门去搭蟋蟀给我，我拍身份证的时候专门叫他来帮忙。我到乡下去，他就跟着我去，回来冲胶卷，有时候他来帮我洗照片，我就教他应该怎么洗、怎么做。这个男孩子性格比较内向，做工作比较认真。他在我这里帮忙的时候，找了一个对象是上海人，是拍广告的。这个女孩子开始跟着她爸爸一起干，他们爸爸干不动了，回桐乡去了。她和他是同学，有时候叫他去帮忙的，帮忙嘛同他找对象嘞，结婚嘞。

现在我生病了，肺癌晚期了，已经化疗第三次了，痛得厉害的时候生不如死。我遗像照片都做好了。我问他愿不愿意来接这个照相馆。可是这里生意不好，他自己的活还来不及干，所以现在还接不来。这两天我身体感觉好点了，就又来店里干活了。有时候半夜醒过来，我想，自己的生命长度就剩下这一点了，那可不可以再努力一下，让生命再增加一点点厚度，让照相馆的薪火能够继续传下去。

赚点辛苦钱大脑用光

（19）86年左右，我承包了照相馆。我师傅去当领导，上面又分配过来一个人员，我和他干了一年多。那段时间，我们干得还不错。

这里乡下的照相馆（工作人员），全部拥到杭州去，学习拍身份证，大概两天时间。一个老师傅同大家说，照相应该怎么拍，吊小角（度），吊大角（度），要拍出立体感，又要柔和。还有一个搞底片的，教大家底片应该冲在什么位置上，照片出来要柔和，不要反差太大。

大部分人被淘汰回来了。我通过了他们的考核，回来之后，就在三墩镇拍，三墩拍完，我同事去办厂去了，这里就剩下我一个人。

我再到双桥去拍，到蒋村去拍。别人去拍，杭州那边要求你先实习，先拍3天，拍好的照片洗出来让他们看，好，继续；不好，退出。

我去拍，考核的人说："周师傅技术好的！不需要的。"

杭州拍了一次身份证，到三墩镇拍一次身份证，再到双桥去拍一次身份证。我只有一个人，拿了一个座机，每天早上7点钟去，那边几百个人等着我，拍好，晚上回家来冲软片。

双桥那边的企业，一个是做老鼠夹的，一个也是办什么厂的。他们两个企业家，一定要叫我到他们家里吃饭，说家里有好菜。我不会喝酒的，他们一定要叫我喝酒。黄酒我喝了小碗的半碗，吃得脸孔很红。他们说，"算了，阿虎吃不来（酒）的，要他回去嘛好了"。

我回来的路是小的机耕路，就是小的石子路。旁边有树，黑不溜秋的，看不清楚。旁边有一块田，养着河蚌，蚌头用一根线穿起来，摆在半路上，挂在那儿。田里的水平平的，月亮照下来发着光。

我从桥上骑下来，朝白的地方、亮光光的地方骑，一下骑到田里去，自行车歪倒了，里面的底片全打湿了。

闯祸了！

我到店里，等到底片冲好是1点多，都报废了。关键我出来的时候，是半夜1点多，回家去的路上，听到哗啦啦的声音，好像我穿了件雨衣。其实我的膝盖下面，在田里打湿了，裤子到球鞋都上了冰，回到屋里，冰牢了。

这时候快要过年了，心里很焦急，明天同他们去说，大家要骂人的，200多个人我全部拍好了，明天重新再拍过，这工谁算？我想只好道歉了。

我回到家里2点钟多一点，洗了个脚让它热起来。第二天7点钟又出发了，他们在等着的。两个企业家差点笑死了，没有骂我。后来其中一个跟我住在同一幢楼里，他三楼，我五楼。他骑摩托车的，有一天我回去，看见摩托车停在那里，挂着一只包。我拿上去敲他的门。

"哎哟阿虎，什么事？"

"这是不是你的包？"

"哦，是的是的。谢谢、谢谢。"

我说"你查查看包里有没有少钱"，"不用的，查什么东西，你这种人还不放心啊"。

你看这个（陈家）桥，以前在那边的，为什么到这边来了？那时候政策开放了，蒋村半夜里来贩鱼的人，晚上看不灵清，水泥船专门撞牢这座桥的，嘣——嘣！那个桥所以被撞掉了。

有个鱼贩白天去卖鱼，卖好之后要回来路过这里，渔业部门要他交营业执照。所以他要拍一张照片，最好马上拿。这时候我三十一二岁，刚结婚，有了小孩，生意不好，有时候一天一个生意也没有。我坐在那儿。他从桥上下来了，砰砰砰砰跑进来，房间地板直响。那时候拍一张照片4毛钱，黑白的。我说你坐在那里，半个小时给你拿到，但加急要多付点，而且一张大底片，就归你用了。后来他付了4块钱。

我为了赚点辛苦钱，老实说，大脑用光的。那时候专门停电的，比如今天停电，他来照一张照片，灯也打不开了，里面和外面都没光线。照一张黑白照片，底片还要给它洗出来，你怎么办？我要给它做出来，先用自然光，叫他们坐在外面，我只有座机的，把这只座机移出来，在他后面摆块（背景）布。我不需要测光，皮腔一捏就知道曝光怎么样。底片肯定浪费的，因为我要多给他拍几张，确保不出问题。拍好到暗室里，药水配好，把它（底片）摆好，我在全黑中，估计药水的水温，要过多少时间。我不用滤色灯，就能把它完成。

我曝光的时候也是这样的，一张曝光得多一点，一张曝光得少一点。等一会儿出来，三四张底片，我选出一张，这时候要一支电筒了，用红布包起来，给它显影，就这么完成。

那个时候，老太婆出来买一毛钱一碗馄饨，里头的裤子拉出来，包翻开来，一角一分，算吃大餐了。所以那个时候老太婆很少吃馄饨的，几个月到街上来，像这一角钱，她不会来拍照的，肉痛死了。有些老太婆一辈子没拍过照片。但卖鱼的他赚了几十块了还是上百块了，对他来说多付几块钱马上拿到执照照片，还是划算的。

开放以后我每天生意忙不过来，一天要做1000多块钱。一个清早从七八点钟开始，照到晚上。

我这里有这么几个挂的（背景）布，上面几十个轮子，都是电动的，有的人要拍好几张的，放到下面，"咔"拍一张，换一个风景（背景）。

照婚纱照，680（元）起步。有一次照到我大脑空白。照到（下午）5点钟，晚上6点钟还要拍婚纱照。白天都是照各种普通的照片，5块钱一个人。拍婚纱，让他们晚饭吃好，6点钟再来。我要先同他们聊天，聊好之后才猜出他们的性格。

拍 10 个组，拍 10 张不同的照片，5 点多一点，那时候我一边吃饭一边在想，这一对夫妻最好用什么方法把它完成。有的人他一辈子没照过相，不会摆姿势，我要给他一个个造型想出来。有时候给他想了三四个，后面五六个我想不出来，大脑一片空白。

因为这里婚纱照拍好，我还要到三墩电影院里，给一群跳舞的小姑娘拍合影。我 11 点多过去，那时候没测光表，就靠一只单反相机，自己揿在 B 门上，她们跳的时候叫"停一下"，咔嚓一记拍掉。

我核算起来，这一天做了大概 1600（元），白天一般拍三百五百（元），晚上婚纱（照）嘛 680（元）。到（电影院）那边去，他后来给了我 1000 多块钱。

照相馆成了"网红"以后，生意好的时候，有人给我算了下，大概要一个小时 100 块钱。

守店真的不容易

改革开放之后，蒋村那边开始造房子，三墩派出所叫我去拍暂住证。一两个工地，100 人左右。又过了一两年，浙江大学新校区 ① 工程开始启动，派出所又叫我去给工人拍照，他们从早上做到晚上，只有中午吃饭时候有空，可拍的时间只有半个小时左右。我就又叫了两个帮手。用胶片拍，多的时候拍了三四百个人。干了一年左右，照了有 18000 个人。

当时拍身份证，是拿座机拍的，辛苦得一塌糊涂。大概是 1999 年，这里双桥公社要拍驾驶证，负责人同我是认识的，我那时候"学农"，正好碰到他。他从部队里回来，喜欢唱越剧、拉提琴，后来做了农机站站长，这项工作是归他管的。他说驾驶证都要白底。但是用胶片拍，不可能白底，会有一点黄咕咕、蓝莹莹的。于是他叫我电脑去买起来，用数码（相机）来拍，

_____

① 浙江大学紫金港校区。

200多个人，价格好商量的。

我马上到杭州去进货，电脑、打印机、复印机都买了。卖货的人同我说，"最好你儿子来学 Photoshop，你这种年纪大的休息好了，要来个三四次，你儿子来个两次就够了"。

我儿子是学了两个下午，（每次）一个小时，回来教了我大概半个小时。我开始操作，操作不了就拿起电话给那边，"师傅，我这里做不下去了，这张照片应该怎么样修?"他们告诉我，"你看牢，Photoshop 上右边一排往下数第六个，它一个什么影子，你点一下再回过来做"。

有了压力，学习很快的。吃饭的时候想着它，睡觉之后也想着它。

第一台数码相机是佳能的，5700块，被人抢走了。那天，我的相机放在拍摄区。来了三个人。"拍照片，拍照片!"一个人进里面去了，这里（一个人）同我谈生意，等到那个人溜出来，相机已经藏在身上了。我发现了，"你干什么，到哪里去过?"他马上逃出去了。外面，一个（人）坐在摩托车上，已经发动好了，他们跳上摩托车逃了。我追出去，又叫派出所的人再追，可是他们逃过祥符桥了，追不到了。

我们要守一个店，其实真的是很不容易。

我50多岁的时候，有一天，（晚上）8：20左右，外面下着很大的雨，路面有点微光。我在看电视，有一个小伙子来拍照片。我让他坐好之后，准备开始拍，他说"等一下"，我说"什么事啊"，我去把灯关了，他忽然跑到我身后，一只手搂住我的脖子，一只手拿了一把刀，搁在我脖子上。我两只手拉住他的手，使劲扳牢。他说"把你钱全部拿出来"。我拉开抽屉，里面都是零钱，他说"袋子里呢"，我上衣口袋里都是5块很新的钱。我把钱拿出来后用手指弹了一下，弹到了地上，他用一只脚咕咕咕往前想拉拢来。这时候他扑在我后面，有点蹲下来的，我就马上用力，砰一记把他的一只手拗转。他用的是以前的裁纸刀，掉在地上断掉了，他感觉不妙，就跳出柜台，从旁边弄堂逃走了。

我不敢追，没力气了，打了110。因为这个人穿着红色汗衫，翻领的，派出所就去找附近穿红衣服的，然后叫我去认，弄到 11 点半。他们问我怕不怕，我说我也不知道怕不怕，他要抢我钱，我只好同他打了。

后来我回到家，我老婆说你今晚可能睡不着觉了哦，可是躺下去，躺了 5～10 分钟，就睡着了。

成功是意外也是必然

我照相馆里，灯光都是自己搞的，本来也可以去买的，但买来的我都觉得不准。我这样一层（柔光布）做出来，过了，我再加一层，一层一层，加到我眼睛能够对得牢，觉得合适为止。这样我拍出来的照片比较柔和。他们说我速度这么快的，（因为）我灯光都（提前）布好了。

有的地方只有一只灯，我要造出完美（效果）出来。灯其实不一定要多，用着要很简便，要很容易应手。灯光布置得很复杂，对我来说浪费时间。

我拍得很仔细，一定要让对方兴奋。他要（精神）很集中，我也要很集中。一个人没拍完，其他人都被我赶出去。拍照片最好一对一，心静下来，成功率就高一点。

有的人拍照片，他自己肚子里有杆秤的，笑到什么位置上他不笑出去，一定要控制牢自己。我是这么说的，当你自以为不美的一面表现出来的时候，你美的一面也同时会跟上来。往往最美的时候，是扑哧一笑的时候，这时候笑的人是摇晃的，眼睛是在眨的，这时候最美。

你既然进了我照相馆来拍照片，你一定要冲破自己的约束，照出来你自己无法拍到的照片，否则你家里手机自己照照嘛好了。这是给你自己的一种实验。失败是常态，成功是意外，可是也是必然。因为我们在不停地努力，不停地尝试，成功是必然的。

顾客付了钱，我（拍摄）总给他拖延时间，也许换一个角度，换一个灯光，换一个模式，会做得更好。

因为以前我们考试的时候就是这样的，一个顾客进来，我和你聊几句天，我要猜测大概：你的性格、你的职业。我总按照你的性格、职业来布你的光。一张照片出来，人家一看，这个人可能是工人，这个人可能是老师。

把人照得皮肤白白嫩嫩的，以前这种照片，我们师傅的师傅说起来，都跟白骨精一样的，灯光把脖子照得雪雪白，你印出这张照片来，你好叫他回家去了，饭都没得吃的。

现在是商业模式，顾客想怎么样，我们就按照他要的怎么样做，已经没有这种职业原则了。以前有个大师这么说，我们要带领顾客向艺术方面发展，提高他们的素质。现在是他们引领了我们的市场，只要这个人钱付得多，我们就按照他的要求拍，不管你这条路是错的，你的艺术越豁越远，越豁越远。

这里天天在装修的

照相馆布置，是按照社会环境的变化调整的。

我以前电脑桌没放在这里挡住通道。因为我在专心拍的时候，有的顾客会一直跑到里面去了。他们问好不好参观，我说这是个老的木结构房子，低的地方只有一米七，假如你自顾自到里面去看了一会儿，碰到了，受到了伤，这怎么办。所以我把电脑移过来，他就不能走进去，挡住了那个门，也挡住了发生意外的可能性。

我这里其实天天在装修的了，我一空了就给它改变，今年是干到我生病为止。

这边有个回廊（主拍摄区），这个（上面）字还没写好，我想可以写一个"山庄""近水远山"，或者"四合院"。因为我是仿照我们中国的四合院，做了个缩影的四合院。

这里是一个天台（仿露台的拍摄区），这里是学习的地方——书房（仿书房的拍摄区），这里是睡觉的，这里是大床，这里是闺房（仿闺房的拍摄区）。

过来看这里。我带顾客到这里，要讲故事的。这个（空间）仿照清朝中

三墩照相馆摄影区

三墩照相馆摄影区——闺房

期，当然这个窗户原本还要高一点，我为了拍照片，截掉了一段。窗户外应该是条河，或者一个塘。拍的时候我要告诉他：那个时候一个女人，在平时是不可以出来的，她没出嫁之前就在这个闺房里度过。只有过年可以出来到街上去玩一圈。平时就在这里看书、弹琴。对面也是一条河，河对面也有窗户的，也有小姐姐、小哥哥。一天最快乐的时候，就是在这里偷偷地看着对面的小姐姐或者小哥哥，和他们聊天。刚好有一本书在这里。现在在这里读，拿到下面去要背出来的。有时候对面的小姐姐叫了一声，你在干什么？她扑过来说，哎，我在怎么样……

拍这种照片，就是要制造兴奋，制造故事，让顾客进入沉醉的状态里面去。当他精力充沛的时候，我在拍的时候，我们两个碰撞了火花，才创造出一张优秀的照片。

所以说一家照相馆能够生存到现在，经过大浪激荡，还屹立不倒，证明有它的价值在，有它老板的智慧在。

这个照相馆开了这么多年，几代人的记忆和梦想，都装在里面。有的人，他爷爷在这里拍，爸爸在这里拍，儿子、孙子也在这里拍。有的人，一出生爸爸妈妈就带他来拍，一直拍到他参加工作。有的人结婚后生了小孩，他还要仿照他自己小时候在这里拍的照片，给自己的小孩拍一张。还有一些人，要到国外去了，爸爸妈妈领着来，在这里拍张照片，把它贴在墙上。还要跟我一起合影，说"我们在你这里拍了一辈子了，这张合影算是一个纪念，让儿子带到国外去"。我觉得这是一种爱的传承，是一种思念的延续，也是一种生命的延续。

这些瞬间，这些故事，是这个照相馆和我这辈子的全部财富。

采访地点：三墩照相馆

采访时间：2024 年 8 月 9 日 14：57—16：00

2024 年 8 月 11 日 14：27—16：00

被访谈人：周泉虎

采 访 人：戴　骏

整 理 人：戴　骏　殷　锐

校 对 人：朱嫣红

庙前街上摆地摊

王国瑛

70 岁，原工作于三墩玻璃厂

如果把五里塘河比作三墩的母亲河，那么庙前街就是三墩的"任督二脉"，这条老街可以说见证了三墩老百姓的繁衍生息。

我是（19）84 年到三墩的，至今已在这片土地上工作、生活了 40 年了，我虽不是土生土长的"老三墩"，但是三墩是我的第二故乡，现在就觉得比第一故乡还要亲，因为我以后就是在这里了，我最终的终点也是在这里了。

俗话说，一方山水养一方人。在我看起来，如果把五里塘河比作三墩的母亲河，那么庙前街就是三墩的"任督二脉"，这条老街可以说见证了三墩老百姓的繁衍生息，在很长一段时间里，还担负着镇子经济脉络的重任。

这里的黄昏静悄悄

因为我老公在浙江省测绘队工作，地点在杭州，按当时解决夫妻分居问题的政策，我在（19）84 年 7 月 16 号，正式从湖州新市调入了三墩玻璃厂工作。那时候三墩还属于余杭县，三墩玻璃厂也算是个比较大的县级二轻企业，好像里面有一两百号人的。那年我 29 岁，因为早过了学技术的年龄，当不了炉前工，所以就被安排在厂办的幼儿班（5 岁前的学前班）工作。

我办好粮食、户口迁移手续，就先去熟悉一下这边新的环境。第一个就是到庙前街这里。庙前街是南北向的，街的一边都是属于供销社的，有小百货、蔬菜、布店，另一边是肉摊、鸡蛋摊等，生活必需品倒是都能供应上。

我最高兴的就是，我的单位玻璃厂距离这里很近，就在和陈家桥并行的兴隆桥塂那里。

我们住在老公单位的家属宿舍，这里到三墩老街刚好一站路，这点距离是不算远的，但走走也要一会儿。我每天上班都提早出门，先去老街上买好菜带到厂里，忙里偷闲的时候就可以把菜择好洗了，等到下班带回家下锅就可以烧了。刚开始我还自以为这样安排可以上班、家务两不误，但是一周后我知道什么叫初来乍到，摸不着门道了！

那天烧饭才发现家里的盐罐空了。原来是打算上班前和今天要买的菜一起买好带到厂子，下班一起带回家就好了，谁知道忙中出错忘了买盐。还好家里还有一瓶酱油，所以那一天晚餐不分荤菜、素菜都烧成红烧的了。

晚餐对付过去了，但第二天的用盐怎么办呢？老公出差去了，婆婆近80岁了还缠着小脚，总不能明天让老太太走一站路去街上买盐。

我决定晚上去把盐买回来。记得当时食盐一角四分钱一斤，我拿了五角钱准备再顺便买点酱瓜，再给5岁的女儿削根甘蔗吃。收拾完厨房，我告诉女儿乖乖在家和奶奶看电视（12英寸的黑白金星电视机），我就出门了，这时天已经黑下来了。

走路不到20分钟，我就走到了庙前街上。但没想到早上热热闹闹的街头，鸦雀无声，一片寂静，没几个人的。看看手表，当时我戴的是一只南京牌的表，时间是7：35，我还记得很牢。这个街上不管是吃的、喝的、用的没一家店开门营业，有几只路灯，好像也是有气无力的样子。当时我在庙前街上傻站了一会儿，感觉就是茫然无措地愣了好一会儿，只好回家去了。

陈家桥塂抢鱼鲜

那个时候是20世纪80年代，物资是很匮乏的，购买生活用品都是凭票。我记得有布票、粮票、糖票、肉票、油票、煤饼票，全是按家里人口发放。我家按照户口（三墩属于余杭县）连大带小有4个人，每月定量发的票不到月末早就没多少了。我是家庭主妇，不得不精打细算，所以对一些免票子能买的物品可以说特别地关注，那时人其实也都是这样的。

我们玻璃厂炉台早上 5 点多就上班了。我们后勤这边既有 8 小时工作制，又要配合一线工人走，所以作息时间就分成了两班。那天我上早班，下午 2 点不到就下班了。我走出厂门跨上兴隆桥，就看到三三两两的人群都是急匆匆往西走。我不知道什么原因，好奇下也跟着走上去。就看到陈公白诊所前的青石板路上停着辆三轮车，板车车厢里盛满水，里面竟然有数十尾鲜活的鲢鱼、鲫鱼，当时这样的水产鲜货可以说是可遇而不可求啊！

围着的人聊天说，这是三墩水产站的货。那个身材很魁梧的男子，就是水产站负责人，姓金，是个从军队下来的转业干部，这是他和同事千方百计采购来的货源。我对水产站金站长与边上穿着长筒雨鞋的员工顿时心生了敬意。

然后又得知，这车鲜鱼只用钞票不要票子，这真当是让我喜出望外。我本来就喜欢吃鱼，鱼头可以烧汤吃，鱼身子用盐抹下就可以清蒸，这样一来连菜油也省下了。要知道在那个年代，按人口发放的菜油票，每个人每月的定量可是只有四两。

后来从四面八方赶过来的人越来越多，我赶紧挤进队伍里，抢到一条一斤左右的白鲢，也被溅了满头一脸的水。这时候水产车已经被围得水泄不通了。不过到底是僧多粥少，还有很多没买到的人临走还不忘拽住水产站的员工，问什么时候还有鱼卖。

有个同样没买到鱼的大伯，旁边还有木盆装着半盆螺蛳，他弯腰抓了几把青壳螺蛳，然后称了重付钱，转身看到我在看他，他嘿嘿一笑说："唉，农民伯伯鸡腿掰掰，工人叔叔螺蛳唧唧。"大伯当时脸上神态很满足的样子，我印象很深刻。

麻雀虽小五脏俱全

庙前街虽然不大，但是这两边有供销社、水产站、食品站，还有钟表店、理发店、邮政所。与百货店对着的是一个补鞋摊，补鞋师傅是一对年轻夫妻，听口音是台州人，他们带着个六七岁的儿子。那时候大多数人家都是

"新三年旧三年，缝缝补补又三年"。这个补鞋师傅手艺不错，收费也很实惠，他这里人来人往很是热闹，大家都来缝个鞋帮、钉个后跟。我前几天路过，看见补鞋摊仍在老地方。

从三墩街转入庙前街的那个口子上，有家粮站的门市部。每天下午1点半左右，都会卖软糯、热乎的年糕。我家里5岁多的女儿从小在外婆家带大，跟着我来三墩后还时不时地想去外婆家。那时候没有双休，我就周六下午走，周一和同事换成晚班，这样就可以在老家待两个晚上，周一上午返回三墩直接去厂里接班。

说实话，当时各地方的物资供应都不充足，但老家湖州新市和这里相比好多了。我每次回家总发愁带些什么给爹妈，偶然一次买了几斤粮站的年糕带回去，没想到软糯的线板年糕很得老父母的喜欢。后来我回老家探望父母，总是习惯地买上几斤粮站的年糕。

从庙前街拐入庙西街的口子上，还有家农业银行。在20世纪80年代中期，银行存款利率比较高，当然有余钱存银行的也不多。为提高存款业务，银行采取了许多措施。我也没有闲钱可存，但有张存在湖州新市工商银行的定期存款，连本带利一共1200多元，探亲回老家时刚好到期，就取出来带回来了。那年头攒点钱不容易，现金在手不舍得花，就又打算存到庙前街上这家农业银行。

也算是应了那句话，"来得早不如来得巧"，在这里存定期，可以参加银行的现场抽奖活动。我闭着眼睛从银行工作人员手里抽了一张兑奖卡。原来也不抱什么希望的，没想到刮开一看，竟然是个二等奖，可以换现金66元。要知道那时一个月工资才40多元啊！我开心极了！

现在这家银行早就搬走了，但我每次走进庙前街经过农业银行原来的这个地方，总会想起发的那笔"横财"。

猝不及防下了岗

20世纪80年代后期，全国都是下岗潮，我也懵懵懂懂地跨进了下岗大军的行列。上班时候常常感觉觉没睡够，总盼着礼拜天可以睡到自然醒，可是每天都成了礼拜天，反倒睡不着了。

我在的玻璃厂半死不活地拖了半年多，连医药费也报销不了，可是好歹每月的基本工资还是发的。1988 年 6 月底等到工厂宣告停工、停产，就意味着连基本工资都没地方发了。

过了几天，就听到厂里的工友发动了七姑八姨的关系，有的解决了再就业，大多数调到了配偶单位，或者干脆当了全职太太这样的。我老公是一家省级单位的工薪族，虽在这里也生活了好多年，但历来不属于地方上管辖，和当地的企业没什么交集。也就是说，我们在这里毫无关系可用。

我的运气更差，从湖州新市调进玻璃厂还不满 5 年，而三墩玻璃厂属于二轻企业的编制，更不可能调进我老公的省属单位，要是像有的人那样安安耽耽在家当全职太太，更是想都不敢想。

我愁眉苦脸地在家憋了半个月，看着家里已经有一位全职老太太（我的婆婆），还有刚读小学三年级的女儿，我就再也坐不住了。摸摸兜里买米找回来的 5 元钱，决定就用它做本钱"下海"经商，酝酿很久，决定从实施最简便、本钱最低的货物开始。

(19) 88 年下半年，那时三墩刚刚有了第一家农贸市场。刚来三墩时庙前街上的早菜市场，已经逐步转移到了庙西街的农贸市场。我下岗后跨出的第一步，就是去农贸市场买了 5 块钱的豆腐干，回家用茴香、桂皮、酱油煮成了卤豆腐干。煮好后我拎着装满豆腐干的小铁桶就去了庙前街，说起来第一次做小生意还有点兴奋的。

但不晓得是还不到吃饭的时间，还是我不好意思吆喝，在庙前街兜了几个来回一块豆腐干也没卖出去。想想已经没了领工资的地方，烧的卤豆腐干又卖不出去，又急又愁，就下意识挤上了去武林门的公交车。

这样一去到了傍晚我才回来，幸好上车前，托熟人给家里捎口信，告诉了我去武林门的消息。回到家老公揭开小铁桶的盖，看了一眼，"哎，你这锅卤豆腐干都卖了？……"他可以说是满脸的诧异。

说真的，当家里知道要自产自销卖卤豆腐干，老公一口否决，看起来我不像能够做生意的料。我前脚刚出门，他后脚就把冰箱腾空了，准备给我拎回家的"回汤豆腐干"找个地方放。懂事的女儿虽然还不完全明白"下岗"是什么意思，但也说了，要是妈妈的豆腐干卖不出去，就和奶奶、爸爸一起吃，明天、后天都不用买菜了……

晚饭后一家子围着桌子清点我的第一次的销售业绩。其实，五分一毛地加起来，连本带利也只有9元8角钱，除了成本赚了不到5元钱，再扒除了来回公交车车费，累得腰酸背痛腿抽筋，除了我中餐啃掉的几块卤豆腐干算是赚来的外，几乎没什么利润了。这个晚上我是彻夜难眠了，思前想后有了新的主意。

我在庙前街上摆地摊

第二天，我顶着一双"熊猫眼"和全家宣布了我新的摆摊计划。想了一个晚上，我决定就在庙前街上摆地摊。毕竟在庙前街生活了四五年，总比在陌生的地方，遭白眼被赶来赶去的好。当然，赚点钱之外，更重要的是怕无所事事的状态，会消磨掉我对生活的所有热爱……

一周后，翻箱倒柜拼凑起来的本钱，让我改变了原来的经营方式。我准备了一张行军床、一只小板凳做摊位。

地摊最早摆在三墩街弯进庙前街的口子上，紧挨着粮站那个卖年糕的门市部。最开始的流动资金是40元，本钱小，货物都是很不起眼的小东西。因为正是夏天，摆的都是应季的东西。有一些什么小水杯、塑料凉鞋、麦草蒲扇、折叠凉帽这些东西。

离我不远的地方，在农业银行的门前也摆起了个小百货摊。摊主同样也是玻璃厂的下岗女工，叫姚子美。两个摊位隔着从庙前街拐进庙西街的路口，一左一右两个地摊，货物也都差不多。

姚子美以前是玻璃厂的炉前工，她三四岁的女儿叫霞霞，玻璃厂倒闭前我管过一段时间。小女孩体质不太好，经常感冒，咳嗽起来蛮厉害的。对体弱的小孩子，我难免要多照顾一些，她作为家长对我自然就更亲近、热情一些。有了这段关系的存在，两个同样卖小百货的地摊之间，没有一点同行是冤家的排斥心理。

也算是歪打正着，我进的货不管是小凉鞋还是小背心，都比姚子美摊位上的尺码小一号。于是，抱着孩子来她摊位看的，姚子美都会指点顾客来我摊上看一看。同样，陪着大一点孩子来我摊上而我缺货的，我立马就推荐到她的地摊上。

记得最初地摊上卖得最快的是 13～15 公分的塑料小凉鞋。我批来的时候是 9 角一双，我卖出去的是 1 元 3 角一双。生意好的时候一天能卖出近 10 双，加上其他小东西，一天能赚 5～6 元。

庙前街上当时来来往往人不少，虽然都是脸熟的陌生人，但大多知道三墩第一家停工下岗的是玻璃厂。见到我这个瘦小的摊主，常会多光顾几次，我想这也是三墩人一种发自内心的善意和情义吧。

两个月后，市容整顿，庙前街不准设摊了。地摊统一移到了庙西街，我的地摊就摆在了去菜场必经之路的农机厂门口。

当时是秋天了，天气也凉快起来，摆地摊的突然多了起来，这里面外地来的人比较多。摆摊的人多了，能摆摊的地方就紧缺了。我常常天不亮出门，就为了能占个摊位。最让人哭笑不得的是，好几次在寒风里终于守到了早市开张，眼看去菜场买菜的人络绎不绝，有相识的人还表示先去买菜，回去再来我摊上看看，想给家里人买双保暖鞋。但还没等我一早"开张"，忽然雨点就从天而降。地摊毫无遮挡，我地摊上的袜子、毛巾、鞋子就要被雨水淋透，只有手忙脚乱收拾起来逃回家去。

有了多次这样凌晨出门，做不成生意还被淋成落汤鸡狼狈逃回家的经历，和家人商量后决定领张营业执照，有个固定摊位就不用为"抢地盘"劳心费神地起早落夜了。这样大概到了 1988 年 10 月，我成了领证的正式个体经营户。虽然仍然是户外摆摊，但有了自己的摊位没人乱占，又略微能遮风挡雨，终于安定了下来。

我满三天去杭州东站小商品批发市场进一次货，再在自己的地摊上销售。说白了赚的就是批发与零售的一点差价。有了固定摊位后，除了原本有的小商品，货物种类也慢慢增加了一些。像小女孩穿的针织连衣裙、儿童套装、成人衬衫、长裤，女士的睡裙、睡衣，陆续挂上了摊位。虽然仍是地摊货的档次，但价格实惠，销量倒也还可以的。

也算是与庙前街缘分匪浅。在（19）89年春夏交接的时候，因为庙西街修路的需要，小商品市场暂时搬迁过渡。我的摊位又从庙西街搬回了庙前街，开始在老百货店门前的空地上安营扎寨。南边临着陈家桥，北边靠近补鞋铺，靠得最近的是个书报摊。

书报摊的老板娘叫陆金花，也是玻璃厂的职工。书报摊的位置极好，在庙前街陈家桥南，除了陈公白诊所、三墩照相馆，往西走数十步，有条狭窄的巷子叫中学弄。穿过中学弄就是三墩中学，而书报摊往北就是在庙前街上的三墩中心小学。也就是说书报摊南北两头都有"文化人"，买货的人又多又稳定。

那时没有手机、没有网络，娱乐活动很少，书报摊成了庙前街的热闹所在。老板娘陆金花为人热情、性格开朗，遇到顾客要买的杂志暂时缺货，还会让顾客把杂志的名称、哪一期等信息登记下来，进货时给顾客捎上。

书报摊在下午放学时间段更是热闹，买书的挤着挑选，背着书包的学生三三两两席地而坐，捧着喜欢的读物看得津津有味。

我一直喜欢读书看报，在玻璃厂正常上班时，还隔三岔五动笔写点东西。虽然被停工下岗逼得"下海经商"，但对文学的喜爱仍然一直都在。在书报摊旁边摆摊，给了我很大的便利，我就时常在午间空闲的时候，一边看书读报一边守摊位。

转眼间，我女儿上高中了。孩子的学业到了父母应该重视、关注的时候。而我摆着个摊早出夜归，实在没时间顾及。家里婆婆毕竟年纪大了，一日三餐全交给她操劳，也心里不安。另外对停工待业的厂子，最终对我们是什么样的安排，也就是对自己的最终结局充满了焦虑。

王国瑛的退休证

（19）89 年 7 月底，三墩玻璃厂正式宣告倒闭了。有关部门对上下没着落的人员也作了妥善的安排。有 18.9 年工龄的我，也在（19）89 年 8 月 1 日领取了退休证。记得第一个月领到手的退休金是 71.70 元，虽然不多，总算是有了"饭碗"。就这样，我在庙前街的摆地摊生涯正式结束了。

庙前街给予我创作的源泉

领退休证后，我重新回归家庭成了买、洗、烧主妇。每天里就在厨房待待，洗衣拖地卫生搞搞，闲下来看看书报。当时老公给我订了好几份读物，《微型小说选刊》《小说月报》《家庭生活报》《采风》等。安定的生活、比上不足比下有余的心态，让我对生存现状很是满意。也正是这种气定神闲的状态，触动了我重新开始文学创作的念头。于是，散文、随笔、诗歌等"豆腐干"文字，渐渐在多家省级、市级的报纸副刊上发表了。

20 世纪 90 年代初，我算是正式步入文学圈了。在《山海经》《民间文学》《上海采风》《中国故事》《三月三》《故事林》《今古传奇》《古今故事报》等 18 家全国公开发行的省级、国家级杂志刊物上，发表原创作品 230 余篇，共计 70 余万字。并有多篇作品入选年度故事精选，或在市级、省级、国家级征文活动中多次获奖。

我还出了两本书，说实话，现今出书并不是什么难题。而让我自豪的是出了两本书都没花钱。21 万字的《滴血的容颜》是余杭区文联的政策扶持项目，当时三墩还未划入西湖区，我赶上了末班车。

我的好多作品从初审到过终审，杂志刊物的编辑老师的评价，都是接地气、有社会意义，有作家的担当。可我心里明白艺术来源于生活，正是在三墩生活的日复一日，和在庙前街摆地摊（中间有过停顿，实际摆摊 10 个月）的经历，给了我深厚的生活积累和创作激情。

记得我摆地摊时，一位农村大妈在我摊上，花了 3.8 元钱给小孙子买了顶针织线帽。一周后，一个年轻女子找到我的摊位，问我这帽子怎么卖。我如实告诉她现在挑剩的，便宜卖 2.6 元一顶。奇怪的是这女子没有想买的样子，反而连连问我最贵时是什么价。知道今天便宜不买，反要询问最贵时的价格，这样反常的举动把我弄蒙了，我随口告诉她 4 元左右。

半个月后，那个大妈抱着小孙子从我摊位前走过，小男孩的头上戴的正是在我摊上买的帽子，而在孩子身边的妈妈，就是那个询问帽子最高价位的女子。我恍然大悟，原来是儿媳不信婆婆来找我盘查核实的。

退休后，我重新开始了文学创作的时候，一家杂志找我约稿，讲明最好是亲情、友情类题材的。那个摆地摊时曾一笑而过的买帽子风波，从我的生活积累里跳了出来。于是，我以这个为灵感，一篇 3500 字的原创作品《墓碑前的生日蛋糕》一气呵成，于武汉的《古今故事报》第 601 期刊发。作品见报一周后，编辑老师联系上我，转告了几封读者来信，对我作品给予了肯定与互动。

随着作品不断发表、获奖，有多家刊物陆续找来约稿。2016 年 9 月，福建省刊《故事林》找我签了原创文学作品合作协议，我成了这个刊物的签约作家。但我自己最欣慰、最偏爱的，还是创作发表的一系列以三墩、庙前街为背景，以老底子① 民风民俗为题材的民间故事。

我第一篇写三墩的民间故事叫《卸紫桥的传说》，发表在省级刊物《山海经》杂志 2009 年第 6 期，讲了明朝兵部尚书柴车勤政为民、清廉为官的

---

① 老底子，以前。

故事。他的母亲深明大义，将儿子历年寄给她的生活费，除救难惜贫外，尽数捐出修建了这座石拱桥。忙于政务的柴车，6 年后归乡探亲之际，适逢石桥竣工。柴车遇见故交乡邻，忙打探老母日常，却闻知母亲三个月前已病故。柴车悲痛欲绝，脱下紫袍玉带，只穿着素色里衣，跪在石桥上叩拜痛哭，责怪自己不孝，没有侍奉母亲……众人相聚在此，正为石拱桥起名七嘴八舌，没有定论。见柴车跪地大哭无不动容，忙劝慰柴车忠孝不能两全。地保阿虎转身抬头，见柴车脱下来搭在桥栏上的紫袍，计上心来，提议石拱桥的桥名就叫卸紫桥……

从卸紫桥桥名探根寻源，创作发表的这篇作品反响不错。我也为自己用笔让明朝兵部尚书柴车，走过卸紫桥、走出三墩、走出庙前街，走进读者眼里，走入更多人的视野而高兴。

从此，以本乡本土为题材的民间故事，在省级、国家级杂志上多篇发表。因为搬过两次家，许多样刊找不到了。保存完好的几篇作品里，影响最大，庙前街传统文化、民风民俗味道最浓厚的是《吃品茶的由来》。

《吃品茶的由来》首发是在国家一级刊物《中国民间文学》2015 年第 10期。不到 3000 字的作品，先后被浙江的《山海经》、北京的《社区·读书》等杂志转载。

《吃品茶的由来》取材自庙前街上的"茶馆文化"。在江浙一带的口语中，有不少"吃"字开头的特殊短语，如"吃生活""吃轧头""吃官司"等。虽然这类诙谐、有趣的口语，大多在杭、嘉、湖地区普遍使用，这里面的含义也大同小异，但"吃品茶"在三墩的庙前街，却有独特的内涵。

庙前街上的茶馆由来已久。不仅是老百姓谈天说地的休闲场地，也是商业脉络、经济信息的汇集中心。凡遇家长里短，乡邻纠纷难以平息的时候，三墩百姓就会请当地有威望、无私心、办事能一碗水端平的长者，来做调解、处理纠纷的中间人，调解场地便是在茶馆"吃品茶"。

我另外还写了《六十六块红烧肉》《哭嫁》等六七篇文章，都是我根据三墩这边老的民俗，还有听老人们讲到的一些故事，做了一些创作发表的。

我为三墩文化的推广也还是出了力的，要是有文化志愿者的话，我肯定算是一个了。

庙前街还有周边的地方，多少代人传承过来的，积累了属于自己的文化底蕴，有它的根在那里。本地人对三墩的这种情感，平常比如跟外地人聊天，讲起三墩来他们都是很自豪的。而这里的庙前街就是三墩的灵魂所在。

我前天刚去过庙前街，这里还留存着老三墩人的记忆、经历。像理发店都好多年了，现在还保留着我来时的样貌；照相馆是小小的一个；还有三墩中心幼儿园、中心小学，我女儿5岁从湖州过来时就是在这里读书的。以前三墩水路发达，船只往来频繁，比如造纸厂的原料就是用船运过来的，在玻璃厂门口兴隆桥上就能看到。现在三墩不太有船了，真的很难想象以前这地方船那么多。

所以说老人家就是一部历史，有时候你要抢救历史文化，真的要趁早，老年人走了就带走了他们的记忆，他们的经历，他们眼见的、听到的，这样年轻人就不知道以前三墩的样子了。

采访地点：三墩民俗陈列馆

采访时间：2024年8月21日 14：04—15：30

被访谈人：王国瑛

采 访 人：殷　锐

整 理 人：王国瑛　殷　锐

校 对 人：朱嫣红

"三毛"理发记

王荣德

70 岁，"三毛理发店"店主

我（19）90 年的时候，一个月做做四五千（块）。我自己造了房子，一楼盖到三楼。拆迁政府给分了三套，我还买了一套商品房，138 平方米，到现在有 15 年多了。

男阿太、女阿太的传说

我们老家，听说 100 多年之前是山西的，就是山西王家，祖宗那时候做国家的大官，现在说起来是中央级别的。后来满门抄斩了，有一部分人逃出来，逃到南阳坝西行桥这里，就住下来，一直蹲到现在。

这个地方，我们叫"王家塘"。我们小时候就住在那里，有一条河的。

最早西行桥是片荒地，一家人家也没有的。那时候我们家族有两个阿太，一个男阿太，一个女阿太。算起来要在七八代以前，至少离现在有 100 年了。30 年算一代好了，100 多年不是要五代了。估计是七八代人之前。

我们小时候，听我们爷爷、奶奶这样说：男阿太到北方去做米生意了，女阿太一个人搭了个草棚，在家做灯笼，那种布罩罩的灯笼，用来照路的。过了七八年，男阿太回来了，从运河那边过来，装了大批的米。

船停在祥符桥，他自己走到三墩，来探探这个老太太有没有变心。男阿太回来一看，女阿太在家里糊灯笼，就说："老奶奶，我好几天没吃的，你能不能给我一点吃吃。"女阿太说："我也没得吃。我就是个糊灯笼的，我男的出去了七八年没回来，真没得吃，你要吃就吃这个豆腐渣好了。"于是

（男阿太）吃了一点。

第二天（男阿太）就把米装回来，运到我们西行桥。以前西行桥下的河很小的，他回来后就挖大了，石塘砌好，土层砌出来，整一条街从会馆①那里，一直到西面河边上为止。这一条房子造过去，全部开米店，生意做得很大。

还有一个传说，刘伯温到我们那里来破风水。说本来粮仓那边的（西行）中学，河墩上面出现了一颗龙珠，他就造了两个油车，实木的，装个龙头，在龙头上打油，这样龙就给打死了。以前三墩小学边上有一条石板路，后来给他们挖得一块一块的，把它翻过来，铺了一条路，相当于一条龙脉，翻转来，给踩死了，龙头上再打油，一条龙就彻底死掉了。

祖辈父辈的命运

我们祖宗传了几代人。开头都没什么人的，我们这一辈发展很快，像我们有六七百人，有的人家没有人了，最后断掉了。有几个女儿嫁出去的。

算起来，我们西行桥当地的还有6户人家，是上一辈6户，我们这一辈就不好算了。另外一家是8户，还有一家4户，还有一家2户，还有一家也是4户。分了好多人家。我们王家（西行桥这一支）要是全部来吃饭，要7桌人，圆桌7桌，就是70多个人。有几户人家已经不在我们这里了，（住）在三墩镇上。有几家在上海。以前"文化大革命"的时候都还来往，我们到上海他们家里也去过。

三墩以前叫"小上海"，生意相当好了，河里面船都停满的，我们这辈人都看到过。那时候没什么吃的，过年卖甘蔗的、卖萝卜的、卖大白菜的，就是卖这种东西，一个是桐乡，还有一个是德清那里，从北边上来卖货的顶多了。

我爷爷是五十几岁就死掉了，还没解放呢，那时候苦，没得吃。我奶奶是活到（19）76年，80多岁。我爸爸死了4年了，94岁时没有了。

我爸爸以前在三墩酒厂做篾匠，就是打这种篮、筐、棚盖。后来做到

---

① 会馆，指集研堂，三墩商会议事场所。

60 岁退休。

酒厂就在金穗公寓那个地方，那片地过来，一直到区委、河边上，土话叫"穗仁里"①，是做酱园、老酒的，以前这个老板是戴穗仁。区委里面的房子是朱泰和的，我 18 岁体检到里面去，睡地铺，实木地板很红的，油漆漆得很好，这个房子后来区政府拆掉了。

以前三墩酒厂出的酒有竹叶青、五加皮酒等，有五六种酒。我们要买酒就到厂里去买。50 斤一甏的酒，买一甏，都是 50 多度。我们那时候去买的话便宜，只要 5 毛多钱一斤。那里学徒工工资一个月 18 块，我爸爸做是 54 块。那时候我学理发一毛五一个头。

我爸爸从 13 岁就在酒厂里学的，本来是在穗仁里那里做学徒。刚好日本佬打进来了。老一辈说，日本人来了以后，西行桥住了好多日本人，王家在那就不蹲了，那个时候都搬到三墩街上来了。

我爸爸在上海大世界②那个地方，陪他的一个妹妹，就是我小恩娘③，飞机扔炸弹，在大世界门口炸了很大一个坑。我爸爸看到飞机来了，背着我恩娘逃，跑了 100 米开外，一个炸弹扔下来爆炸了，我恩娘背在他背上，一块大弹片切在她屁股上，当时受伤了。我爸爸的哥哥在上海，在警察局的，就把她弄到医院里去抢救了。

我爸爸是招赘女婿，实际上是宁波人。在宁波什么地方我不知道，后来他跟着我爷爷他们，到杭州卖鱼桥河道里面，蹲在那里做生意。

他有好几个弟兄，后来全部到上海了。现在一个在重庆，我爸爸在三墩这里，还有一个恩娘、一个大伯伯都在上海，他们都死掉了。

我大伯伯——我爸爸的大哥，是画被面上面龙啊凤啊（图案）的，技术相当好，后来在画画的时候脑出血死的，50 岁，那时候还是解放前。他生

---

① 穗仁里，三墩方言读如"惠诚里"。

② 大世界位于西藏南路、延安东路交叉口，是上海著名的游乐中心，曾被誉为中国文化的"东方之门"。

③ 小恩娘，三墩方言，意为小姑妈。

了个女儿，在上海，现在也要 80 多岁了。

警察局里那个二伯生的也是女儿，他女儿也在上海。她比我大一转①，属马的，我 71（岁），她 83 岁。

我爸爸最小，活到 94 岁。我大恩娘活到 96（岁），我还有一个三伯伯活了 97（岁），都很大②的。

烫个头比师傅还好

我真实名字叫王荣德，为什么叫"三毛"呢？因为我大哥小时候专门爬高落低，爬到树上去掉下来，要么手摔断了，要么脚摔断了，养不好了。老二，我奶奶就叫他"二毛"，叫我"三毛"。这样叫猫了狗了，贱名，不会出事。

我读书读到小学五年级，就是半读半农，读完回来割羊吃的草。13 岁开始做生活的，做三分工③：6 分钱一分，（一共）1 毛 8 分钱一天，地里种田，赚工分，做得是苦的。

刚刚读到三年级，就"文化大革命"了。那时候我长得高嘛不高的，人笨也不笨的，读书差也不差的。老师叫我带着学生，同他去虾笼圩那斗地主，这样一天到晚，读书没怎么读。后来张老师叫我去，他说你再去读读初中看。我说我已经 18 岁了，不读了。我学理发已经学了一年多了，村里不同意的。

我是（19）71 年 1 月 9 号开始学理发的。那时候我们王家的一个长辈，我们叫阿太，他那时候当村长，叫我一定要学理发。我不想学，我阿太气死了，说这么好的工你不要学，田里不要来做了。

我第一个师傅是我们村里人，他 6 组的，我 3 组的，他比我大 10 岁，前年死掉了，79 岁死的，我当时 69（岁），去挑了羹饭④。

① 一转，即一轮，12 岁。

② 大，长寿。

③ 过去农民赚工分主要是在实行农业集体化时期，也就是人民公社化时期。农民参加生产队的集体劳动，按照劳动量和劳动表现来获得工分。工分是农民劳动报酬的计量单位。

④ 挑羹饭，三墩当地祭祀习俗。

　　这个师傅当我儿子一样的，手艺全部讲光为止。练剃刀，刮破面皮，难免得了，一个不小心就刮破了。现在不小心也会刮破，但是很少很少了。那时候手剪，"咯嘚咯嘚"，我们手势很好的，我剃一个平头，手剪剪剪，只要十几分钟就剪好了。我现在家里还有两个（手剪），有一个手剪跟了我53年多了。

　　我跟第一个师傅做了两年。村里以前都是两个人（理发师）做，后来村里养不起了，说一个人做就够了。我叫我师傅做，我师傅不高兴做了。我阿太说，他不做，你一定要做。我说不做了，叫他做。阿太一定要叫我做。我这个教剃头的师傅后来就不做了。

　　我一个人做，在会馆边上理发，一直做到（19）80年以后。到了（19）81年，我叔叔他们跟我说，你剃头剃不出山①的，你还是学个烫头，好挣一点钱。

　　我就又去杭州请了烫头师傅，跟他学女的卷头发、烫头的技术。（19）81年工资很低的，我师傅退休的时候就80多块，我请他来，给150块钱一个月。他跟我做了6个多月。我烫个头4块钱。杭州烫一个头要8块，我师傅成本去掉，基本上没有什么利润。说实话还是剃头赚得多一点，我剃头一毛五，后来我师傅来了以后，剃头加了两毛钱。

　　余杭县有个记者，采访我以后，写好稿子送到临平电台。那时候家家户户门口都有只有线广播，整个余杭县都广播我三毛理发店怎么样怎么样，请了个杭州师傅。宣传以后，仓前（镇）的、鸬鸟（镇）的、黄湖（镇）的、瓶窑（镇）的，这批人出去玩总要拐到我这里来烫头的。

　　那时候我店里很忙，一天要烫十七八个头。我师傅做得很辛苦，早上5点多开始做，要做到夜里1点多。顾客早上起早乘车出来，烫头烫好，回不去了，就住在旅馆里，歇个晚上回去。车子没有了，在三墩旅馆里花两毛钱住一个晚上。

　　八几年烫头，讲实话，我师傅离开以后，我有100多（块）、毛②200块

---

① 不出山，即不出息。

② 毛，大约。

钱一个月好挣，有时候还有 200 多（块）、300 多（块），到过年的时候，我一天最多的做到 100 多（块）。

有一种头叫"奔头"，发型飞起来，最好看。烫一个头 4 块钱，做得要死。后来做大波浪，用粗的一只筒，叫"大吹风"，里面有温度的，一开会叫，扇出来风，塑料的一个筒一个筒。把头发筒进去，（用）夹子夹牢，头发在里面烘干以后，吹出来，梳出来，就吹这个长波浪，要一浪一浪像麻花做出来的，蛮小的一个个就不好看了，弄好了一个头看起来很舒服、很漂亮，就是上海滩那种长波浪头一样的了。这个头最难吹，像我做么总要 3 个小时，那时候 3 个小时便宜，吹个长波浪只要 12 块钱，我不想太辛苦，后来这个业务不高兴做了。

我师傅退休以后，来教了我，刚好有两个小孩子，房子租在我们村里的，都要学理发。他们马塍路杭州 4509 厂有个公家的理发店，他们来跟我说，想要叫个人做，我说我师傅跟你们做，这两个小孩子就跟他到那里学理发。

我师傅过去以后，有一次我到那里去找他，我师傅说，"你今天来啦，帮我去做个头"。我问"哪里"，他说"那个老太太，91 岁一个京剧演员"。我说"要什么做法"，他说"做个波浪头"。她已经大吹风做好了，就是要把它吹出来。我做得很仔细的，吹了一个小时，吹好弄好。老太婆开心死，说"你个头比你师傅吹得好嘞"。我师傅说"我这个徒弟最好"。我师傅他带了七八个徒弟，我是他退休以后第一个带的大徒弟。他徒弟里面，还有两个人在杭州做，另外都改行了。

（2024 年）6 月，有一个女孩子打电话给我儿子，她是浙江传媒学院的学生，以前跑到我这里来烫过头，觉得我价钱便宜，又做得好。她说她同学分配到上海，头发到腰这么长，从上海乘高铁过来了，打电话给她，她打给我儿子，我儿子打给我。我说你把地址给她，叫上海那个女孩子过来好了。后来她过来做了很长的头发，我算了 200 块钱。弄好以后，她一看，说我这个头在上海做，要 1500 块。我说你这么多路来了，我肯定少收一点。这么长的头发，照片拍出来，真好嘞。做了 3 个多小时，她们过来叫我做，我给她做，一般人家不大高兴做，年纪大了，太辛苦了。

我带了十几个徒弟，现在也还有两个在做，反正都不错。一个在方山那个地方做，他比我小 9 岁，有 62 岁了。还有一个在勾庄。我徒弟是女的多，只有三个男的。在我这里学了回去什么都会做了，烫头、剃头、剪发、刮胡子都会弄。

一年做几十个满月头

满月头是这样的：

你要叫我剃个满月头，要到家里去剃的。有种地方是这样说的，要看时辰的，中午一般 11 点 38 分，或者 48 分，或者 58 分，开始剃。剃好弄好，就开始放炮仗。礼炮放好以后，抱了个小孩，把他衣服换好。换好以后，桌子上拿来大的满月圆子①，就是糯米圆子，供起来。

好比做舅舅的、外公外婆，拿来各种金项链、小衣服把它供在桌子上，供好，理发理好，把它（头发）包牢，摆一下，然后就抱孩子跑出去，从西边出去，往东边回来。出去要过一个桥，或者过两个桥。他出去，就开始放炮仗了。抱着孩子回来，抱的人，比方说舅舅抱，需要一个堂弟兄什么的张②雨伞，因为太阳照了，有光，不好的，张个雨伞可以遮光。

抱回来以后，供在那里的东西已经拿掉了，弄几个蜡烛，放在灶间菩萨③边上，供在那里。用以前的畚箕，毛竹做的，放在灶窟④里面。他爸爸把孩子用衣服包裹好，抱着在畚箕里放一下，然后大家抱起来，你啊抱，我啊抱，什么人都可以抱一抱。抱好了，就是说这个人跟猫狗一样很"贱"的好养活。有种地方不讲究的，剃好就抱一下，就好了。

2000 年左右，有一个绍兴人，带着小孩，住在附近小区。他叫我去理

① 满月圆子有大有小，内有甜的馅，大的直径可达 18～20 厘米。

② 张，撑。

③ 灶间菩萨，即灶王爷。

④ 灶窟，烧柴火的人坐的地方。

发，到了以后，弄了个漆盘，东西供得很多。我把小孩子剃好，胎毛用个红红的小袋子装起来，再放一点茶叶。剃好头，他从外面跑回来以后，把小孩指甲剪下来，葱中间不是空的吗，指甲就灌进长的葱里面，葱代表很聪明的意思。头发放在那里，我们这里土话叫"辟邪气"。他弄好以后，送给我们东西，有糖，有鸡蛋，有香烟，有毛巾，有糕点，就是酥糖什么的。还有一根两米长的带子，一根手指宽，用绍兴那种织出来的布做的，当裤带一样用的。我数了一下，有8样东西。

那时候剃这种满月头的次数蛮多的，我一年做几十个总有的。蒋村啊、祥符桥啊，附近一带都是我理发的，祥符桥当时算是有点远的，他们车子来接我的，在那里吃饭，吃好再送我回来。

以前都是我理的，现在我理得很少，一般是我儿子去的。我儿子跑得远，良渚那边都去的。我理过最大的一户人家，五代人，第一代是老的阿太，我是从这个阿太开始理，然后爸爸、儿子、孙子、玄孙，我都理过满月头。阿太在玄孙生好的时候，身体还不错，就是走路走不来了，开心时呵呵笑笑。五世同堂的我碰到过的就是这一家。

变迁中的三毛理发店

我第一个理发店在会馆那个地方，从（19）79年开始做。做了18年不到，搬出来，在三墩小学边上马路南边，做了18年也不到。后来学校征用土地，要拆掉，我搬到西行路老区政府那个地方，边上有一个供销社的房子我租下来，又做了18年不到。后来又叫我搬迁，我搬到菜市场里面，做了7个月，菜市场的老房子被收回，又弄掉了。我再搬到老区政府边上那里，做到（2024年）10月27号，两年的样子。就是往庙前街这个方向，从里面移到口子上。

以前我那里叫"三毛理发店"，也叫"三毛剃头店"。现在我是叫"理发店"，我儿子那里叫"理发室"。

我儿子以前在抚宁巷一个职业学校读书，就是为一个轮胎厂专门培训的，19 岁毕业，分配到那个厂。后来我叫他回来，他厂长不肯，说我从西德（联邦德国）进来一批机器，如果你要走掉的话，没人做了，你要给我带徒弟。他后来带了 4 个徒弟。

他回来以后跟我学理发，学了一年不到，我叫他到杭州高档的理发店那里去学，学了两个月。后来我又叫他到杭州文三路那一家理发店学习，学了半年不到。他回来在温州村（三墩城北商贸园）开了个店，开支太大了，后来我叫他不要做了，我说到我店里做，你赚多少我给你多少。我店里做不光，来不及，一天做到晚。他跟我做了 19 年。

拆迁以后我叫我儿子去港新弄开了一个店，我在这里做。我叫他不用招人，你自己做，少做一点，洗头、染发、拉头发都是他老婆在做，他自己剃头。他们那里比我贵一点，我便宜，他剃个头 35 块，刮胡子 40 块，我（剃头）连刮胡子 20 块，要差一半了，因为他房租贵。

我们跟人家比，比不好的。我理发就是跑量，我儿子那里不是跑量，要质量做得好一点，价格高一点。我剃个头 15 分钟，他剃个头半个小时是不够的，要做得仔细一点。

我（19）90 年的时候，一个月做四五千（块）。我自己造了房子，一楼盖到三楼。拆迁政府给分了三套，我还买了一套商品房，138 平方米，到现在有 15 年多了。

我们那里，跟我同年的这批人，他们叫我（把理发店）弄大来，开大了我不高兴开，不然早就开得很大了，用用够就好了。

采访地点：三墩民俗陈列馆
采访时间：2024 年 8 月 21 日 14：04—15：30
被访谈人：王荣德（三毛）
采 访 人：戴　骏　朱宇清
整 理 人：戴　骏　朱宇清
校 对 人：朱嫣红

陈荣顺染坊的命运浮沉

陈韵良

70岁，三墩陈荣顺染坊后代

最后一道工艺，我们叫"压布"，就是用很光滑的"元宝"太湖石压布匹，这个一般的师傅弄不来。

陈荣顺染坊盛衰

我们陈荣顺染坊创建于1845年，清道光二十五年，这是有历史记载的。听老一辈说，我们陈家是明代从河南迁过来的。道光之前染坊应该已经开了，陈荣顺大概就是最早领商号的那个祖辈。

清政府对染坊行业控制得比较严，因为颜料会污染饮用水质。所以他们批商号，就是类似现在的执照，要派官员来视察场地，看有没有资格领执照，三墩地区领出染坊执照的就我们一家，另外没有的。

我们当时是三墩有名的大户人家。据说建陈家桥，一部分费用来自捐款，捐款捐好，最后缺多少钱，都是我们家拿的。所以陈家桥指的就是我们陈家的桥。陈家桥可能也是道光年间建的。听长辈说，当时造的桥很好，位置是在直通范家湾这个地方。

染坊就在陈家桥桥北，桥下来朝西走30米就到了。听我妈妈说，最早5个店铺连牢的，后面有两个大墙门。房子进去可能要100米进深。因为染布需要很大场地，布要清洗，要染色，要挂起来晾干。伙计雇了20多个。

前面店铺一排，有一条走廊，所以下雨了，在下面走不用撑雨伞。

两个大墙门四面是走马楼，都走得通的。到我爸爸手里就不到100米了。房子当时贴牢三墩小学。现在一个墙门因为种种原因拆掉了，造高房子了。另外还有一个墙门在那里。我爸爸去世了，我妈妈只好把房子都卖掉了养我们。

靠河边还有一排"靠马骝"①，木头做的，就是人家走过来，可以坐坐的靠椅。下面是河埠头，当时河埠头很多，我们家有两个河埠头。客户来了，交通都用小船，运过来加工布匹。

当时生意非常好，周围像拱宸桥一带、湖州的都有人过来，在我们这里加工。我们主要业务是印染棉布、棉纱和丝绸。

我们家族到我这里，估计是第六代。我们人丁比较兴旺的，在这里一共开了两个分号，一个在下确桥，一个在卸紫桥。分号主要是把客户要加工的布匹拿进来，加工操作都到我们这个总店里来。另外在勾庄还开了个皮草行。

我的太太②讲，长一辈的男人都很勤劳，男太太一般是早上很早出去，晚上很晚才回来。一两年她都没有看清丈夫的脸，因为他从早上出去天还没亮，晚上很黑了才回来。连过年都这样的。

那时候，穷苦的人很多，长一辈就说："你们来加工布，现在不收你们钱，你们有钱的时候，再来还好了。"店里发给这些人金折卡，他们有钱的时候，再凭金折卡来付这个钱，所以我们店名誉很好的。从陈荣顺那一辈开始，染坊一直都有金折的，到我爸爸手里也是这样，有几张我还看见过，不过"文化大革命"时期我们给弄掉了。就是像银行存折大小的一本，上面写着某年某月什么人，在这里加工多少钱，到年底了，我爸爸他们再去收钱，没有利息的，原来加工丝绸是一块银圆的，去收也是一块。

后来染坊规模逐渐缩小了。一个是（19）21 年左右，当时洋布进来了，对传统染坊造成了一定冲击。另外一个很重要的原因，是家族内部出了问题。

我爷爷是六兄弟。再上去几辈，也是基本要么 5 个要么 6 个兄弟的。兄

---

① 靠马骝，即靠背椅。

② 太太，指曾祖母。

弟们很团结，一个大院子，比方说我们一房、两房、三房、四房，不分家的。后来我爷爷上面的一辈，就是我曾祖父那一辈，媳妇们把来加工的布匹、丝绸给偷了，大房拿一块，二房拿一块，拿去藏起来了。但是这个货要交给客户的，我们就要赔给客户，就这样店的生意慢慢衰退下来。当时有一个叫洪胜的长辈，是有权威的人，他看到这种情况，提出来把家分掉。

我爷爷是长子，我爸爸也是长子，我爸爸分到两份。我们的店铺有4间，比他另外的兄弟要多。

我知道一件事情，就是长一辈分家以后，被媳妇偷去的布匹，要一笔钱去赔偿客户。我们一个阿太跟朱泰和家族的朱阿永关系很好，就问他们借，拿房子抵押给他们。后来就是说这个房子我们可以永远住在那里，房契抵给他们了，所以我们一直没有房契。大概（19）71年，房管所来测量了，当时谁住在那儿就是谁的，我们才领了房产证。

朱阿永的房子同我们的房子是连牢的。我们房子的北面是朱阿永家的。陈家桥北原来三墩小学的房子都是他的，我们家在小学的南边。

爸爸、妈妈、阿囡师傅和小姨

老陈家现在还存在4家，是从我爷爷这一支分下来的，染坊就是我爸爸继承的，另外几家做其他生意去了。染坊规模虽然小了，生意还是很好的，师傅都还在。4间店铺装潢也很好的，很讲究的。当时店铺上面有一块清朝政府颁发的"陈荣顺染坊"的匾，不过这块匾在我手里弄掉了。因为我们结婚的时候，木材很紧张，我把匾的上面层去掉，做了家具。一共是三块匾，在我手里弄掉的。

我爸爸字写得很好，区政府就让他写写大字报、标语什么的。但他解放以前在地方上比较有势力，是国民党党员，（19）55年肃反的时候，有一天接到通知说，要在三墩大操场开针对他的批斗会，当时那个台很高的，他从台上掉下来了，身体半边都骨折了。这个店就失去了主心骨。

我爸爸那时候是34岁。摔下来以后，他在床上躺了一年多，（19）56

年就去世了。我那年是虚岁 3 岁。

我爸爸文采相当好，写字、打算盘不停的，三墩地方上老一辈都知道的。人也很潇洒，他出去都要打扮过，穿长衫、梳二分头。他出去时，长衫上、鞋子上没有一点灰尘。我母亲说，他睡觉都要戴头套的。我留了他一张 30 多岁的遗像，人很漂亮的。

当时苦的人很多，有的人就睡在我们河埠头边，我爸爸会给他们点钱，给他们点衣服。他继承了老一辈传下来的善良的心。

他在染坊里做掌柜的时候，印布的花版都是自己弄，你要什么花染上去，他就用厚的牛皮纸在上面雕刻出来。这种工艺上的配方，也都是他自己弄。有一个事情，我一直也想不通。客户一块布一块布拿来加工的，布都在缸里，颜色变了，他怎么识别这块布是这个客户的。如果弄块记号上去，这块布染完了颜色是一样的。这个都是听我妈妈说的，我爸爸死的时候我们都太小了。

我爸爸去世后，店里还有两个伙计在做，自己养自己，那时候加工的人很少了，就用一只缸染染，加工一下。一个师傅是绍兴人，大概（19）57 年、（19）58 年的时候走掉的。

到了（19）61 年，还有个师傅突然死掉了。他是萧山人，人很高大，有家庭的，我听我妈妈说，家里人几次来叫他回去，他不回去，说要守住这个店。我们叫他"阿囡"。他去世的时候，我已经七八岁了。那时候是冬天了，大概是 1 月份，快过年了，他盖的是很薄的东西，不是现在的被子，因为当时我爸爸去世以后，我们家经济上逐渐不好了。第二天早上，我妈妈看他还没有起来，一般他很早起来的，给我们房子都打扫好。我妈妈去看他，他已经没有气了。不知道是心肌梗死，还是脑梗，还是冻死的。当时我们家里比较困难，丧事费用是由三墩镇政府支出的，买了棺材，葬在凿冰漾旁边，我们家在那里有块墓地，就是现在浙大紫金港校区那里。所以（19）61 年，染坊正式停了。

我母亲在染坊的时候，是一个家庭妇女。我爸爸去世后，她要承担我们

3 个小孩，还有上面一个太太，生活相当艰苦。特别是我爸爸去世一直到她找到工作前这段时间，是特别苦的。我妈妈当时 35 岁，她比我爸爸大一岁的。她后来在供销社点心店里做点心，早上三四点钟起来，一直做到下午，比方说包粽子，弄好了以后，第二天的准备工作都要做好，很辛苦的。我妈妈是 56 岁退休的，退休后我姐姐知识青年顶职顶上来。我们家一个大姐，一个二姐，我是最小的。慢慢把我们抚养长大以后，我妈妈在 85 岁去世了。

我爸爸是两兄弟、一个妹子。妹子叫陈文英，生得很漂亮的。解放以前，长一辈的人对这个妹子照顾得很好，送到杭州去读书的。快要解放的时候，她给方山的土匪头子做姨太太去了。我妈妈问我爸爸，她为什么跟了这个土匪头子。我爸爸说不知道。我爸爸当时是反对的，劝她不要跟着那个土匪头子。她说"这是我的信仰，我一定要去的"。我爸爸就登报声明跟她断绝关系。后来她被那个土匪头子杀害了，这个土匪头子叫什么名字，我一下记不起来了，我妈妈是知道的。她是被砍杀的，在方山那里，尸体被我们拿回来了。

石元宝压布是绝活

我们染坊以前用的是矿物质颜料，要把块状的颜料捣成粉末再放在染缸里。当时 5 间店面房，我爸爸拿了 3 间，每一间四五十平方米。里面走下去就是工厂，一排 10 只大缸。我爸爸去世后有几只缸不开了。每一个大缸里分别是红、黄、蓝、白等颜色。今天要染红的，就用红的缸；要染黑的，就用黑的缸。大缸里的水不清理。看看缸里的颜色，淡了呢就加点颜料。晾干基本在房子里，有时候天气好，就在外面，晾在用很高的木头做的架子上。

一般染好以后，把颜料洗掉，把这个布洗干净，我们现在叫"出水"。但不能在当地的河水里清洗，要拿到没有人的地方，不然水质会受污染的。弄好了要么拷花要么印花，一道一道工序过去，最后一道工艺，我们叫"压布"，就是用很光滑的"元宝"太湖石压布匹，这个一般的师傅弄不来，我知道阿囡师傅是会做的。

元宝在一间大概 20 平方米的房子里，我们叫"元宝间"。

他是一个人站在元宝上，赤脚控制这个元宝，太湖石放在很大一个木头架子上面，布也放在架子上，离地 50 公分左右，人两只手扶牢，用脚踩，布匹像机器一样嗒嗒嗒自动会过去的。

加工以后，整块布就变得很光滑。这道工艺一般小的作坊是没有的，只有大的作坊才有。

客户拿着布匹来加工，都先用尺量过。经过染色，布匹会缩水。经过"压布"就不会缩水了。他们拿过来，比方说 10 张布、10 张丝绸，我们加工好了，也给他们 10 张布、10 张丝绸，不会少的。弄好了就打包，打包好就让客户来取。

刻花，一般人是刻不来的。花版大概有半米长，是牛皮纸做的，要印什么花，就镂空雕刻，然后颜料从镂空的地方染到布上。染好了以后，有一层矿物质原料会稍微高出布表面，再用 80 公分长、10 公分左右宽的刀，把这个原料刮掉。我不知道这是什么原料，我妈妈说是石灰。把石灰刮掉，里面的花纹就会露出来。要刮好长时间的。然后送到元宝间，用石元宝压布匹定型。当时的面料一般就是土布、丝绸。再好一点是洋布。我妈妈说，我曾祖父专门① 去采购外国颜料的，到我爸爸做掌柜的时候，都用进口原料了。因为矿物质颜料太麻烦了。当然外国的原料也要清洗的，要把颜料的水清洗掉，清洗过的颜料，染出来的布不会褪色。这个工艺技术含量很高，要掌握水温，还有颜料的配方，我这缸水要多少颜料，放下去，还要看看多少时间能够染好这一缸的布。这个配方我们基本上是知道的，我儿子经常到我堂姨妈那里去问，她老人家现在已经 96 岁了。我退休前在杭立粘扣带有限公司负责生产，掌握了粘扣带染色颜料配方，因为粘扣带要染各种颜色，这对我理解我们染坊的配方是有很大帮助的。

我们染坊的手艺，估计明代就有了。我家里现在还留着一个铜物件，应

---

① 专门，在三墩方言中，意指特意、专程。

该是把矿物质材料一块一块捣碎的工具，很大很重。我看不像清代的东西，因为没生锈，清代的铜是要生锈的。还有秤，我也留了一把。小小的，柄是象牙的，他们以前染的颜色都要称过的。

还有好多有价值的东西弄掉了。因为我爸爸成分不好，"文化大革命"他们要来抄家的。石元宝幸好埋在地下，没被损坏，后来文化站的几个人到现场去挖出来，放到三墩民俗文化馆陈列了。

我儿子，我一直想让他继承这个行业的。他现在43岁，中国美院版画系研究生毕业后，到杭州图书馆工作。但是，要把染坊再建立起来，手续比我想象中要复杂。前几年，我创办了"陈荣顺文化艺术馆"，在文星路7号，主要想做印染的培训，还有推出一些文创产品。我儿子也非常喜欢印染，怎么把以前的手艺恢复起来，还是要靠他这一代的努力了。

采访地点：三墩民俗陈列馆
采访时间：2024 年 9 月 4 日 9：50—11：00
被访谈人：陈韵良
采 访 人：戴　骏
整 理 人：戴　骏
校 对 人：陈韵良

布店和我的 40 年

王小英

61 岁，三墩布店老板

我们布店的顾客基本是这里人，现在外地打工的人也很多的。有的人开始的时候觉得我这里贵，但我卖的东西好，差点的面料不卖的。

以前布店生意红火

我是三墩双桥人，今年 61 岁。我是（19）81 年参加工作的，那时候我 18 岁。当时我妈妈在长桥供销社布店（工作），长桥供销社是三墩供销社的分社，我妈妈退休了，我就顶她的职到那里工作。

老街① 上这个布店，以前属于三墩供销社。后来体制改革，三墩供销社改成了城北供销社。我在布店做了 40 多年。

以前我从双桥到长桥上班，骑自行车要骑一个小时。这条路很窄，坑坑洼洼的，都是石头。有几个小伙子，看见我们女人骑不好，就故意往我们旁边偏一下，我们怕跟他撞牢，就摔下来了。他们笑死了，走了。特别是下雨天，有的时候我都不敢骑。有的地方有一个水汪荡②，我明明骑得好好的，他就是靠过来，我就只好让过去，然后我就摔跤了。摔了 N 次了。

下雨下雪，我们要提前半个小时起床。一般我 6 点起床，雨雪天我 5 点半就要起床了。早上自己烧好泡饭，装进一个小搪瓷杯子里。布店里的零头布不要布票，（用）钱可以打半寸布，用来做成一个袋子，包住瓶子，抽紧

---

① 老街，庙前街。

② 水汪荡，积水的浅坑。

绑住，然后到这里来。我们到了不是马上吃早饭的，要搞卫生，烧开水，这时候要是没客户来，我们就榨菜、腌菜弄一点，吃泡饭。

中饭供销社有食堂，菜嘛有青菜、萝卜，到时候炒点肉。点心店我们几乎不去的，上班了就不离开了，说得难听一点，除非是大小便走开一下。厕所很远，在以前的电影院那边。那个时候厕所不是像现在这样的，蹲坑是一长条，很深的，一间一间隔开。

布店以前生意真的是红红火火，比如说我们早上7点开店，要到下午4点打烊，一开店就忙得没停。我们有4个人，吃饭要轮流吃。

布票年代的做法

空下来我们就剪布票、贴布票。布票就是一根长长的1寸、2寸或1尺、2尺的票证。因为那个时候布是国家控制的，剪布要用布票，买糖要糖票的。

另外做鞋子，鞋条也要我们开出来。鞋条就是鞋底和鞋面之间缝合的一根布条。顾客自己用针缝，我们帮他们把鞋条开好，然后一块一块剪好做鞋子的布给他们，每个人尺寸都不一样。比如我是穿37码的，布料要7寸，就按照尺寸剪好开好。他们还要选择布料颜色，有蓝色的，有咖啡色的，基本上就是这两种。

我们还要给裤子开片。那时候裤子都要剪下料子来开，比如现在的90公分，以前是两尺七。把这块布剪下来，开成前片后片，一片片卖。特别是夏天，男人、女人的短裤都是我们把它开出来之后，老百姓把半成品买回家。聪明的人很多的，有的人用缝纫机缝，有的人是自己手缝的。那个时候经济还很困难，手缝的人很多。

以前被套都是用手工翻的。丝绵放在中间，被面在上面铺好，下面这一块是被里，要长一点的，折过来，盖到被面上，用线缝起来，就连在一起了。我们负责给顾客把被面、被里开好。顾客拿回去找人翻好丝绵，被面、被里上下一缝，丝绵被就做好了。改革开放后做被套的布出来了，我到绍兴进货，看到这种成品的被套，觉得好，就引进了。翻丝绵，把丝绵拉成2.2米×2.3

米的成品，套上这种套子就好了，很方便，所以当时我被套生意挺好的。

收银和剪布工具

以前我们这个店一共有 4 个部门：卖毛线，卖鞋子和包，我是布店，然后是收银的。里面 3 个柜台连在一起，大概 1 米高。柜台是用木头做的，用很普通的清漆漆一下，木纹都看得出的。

收银台在进门的中间。那个时候是讲多少一尺的布，比如说剪一尺布要一寸布票，我们把布剪下来，把布票用一张黄色的纸包好，和钱一起，用夹子夹在一根铁丝绳子上，用手滑过去。绳子是吊在半空的，4 个部门就有 4 根绳子。收银台接到后，他们还要核算一下。有的时候我们用算盘算要算错的，比如我们剪布的人算了四毛一分五，一寸半都会剪出来的。我们用算盘算好，然后把钱和布票滑上去，收银的再核算一下到底有没有算错。比如要一块钱，顾客给我是两块钱，他们复核以后，把多的钱找给顾客，就把钱用这个夹子夹住滑下来。

布店平时我们用的工具就是 1 米的尺子、一把剪刀、一个算盘。还有画粉，就是把尺子放在布料上，用画粉贴着尺子一画一画，画出剪裁的线。那个时候的毛料虽然很重很硬，但过年的时候，条件好的人家，都要用来做衣服、做裤子。比如你个子不高，裤子是 1 米，我们就拿 1 米的尺，平放，画一下，这里 1 米，那里 1 米，不可以剪斜的，剪斜的话，他们裤子就做不成了，所以画一下，我们就剪过去 1 米。有时候剪歪了，顾客就不要了，要我们自己赔的。

我们考核一般是按一年出勤率，还有和客户有没有争吵。我们经常下班了开会，反复强调客户最大，他们骂什么我们都不可以回嘴的。我到三墩（布店）来以后，几乎没有跟客户吵过架。客户心情不好的时候，他们说"你们做得这么差的"，我们就不响。他们问"你怎么不响的了"，其实他问了好几遍，我们都耐心跟他说过了。

那时候工人每个月工资只有三十几块、六十几块。三十几块我拿了 20

多年了。(19) 81 年的时候,我算是学徒工,只有 18 块。学徒 3 年,到 22 块。然后服务态度好啊什么的加上去,加到 32 块,开心死了,因为跟老员工一样了。

布店必会的几样手艺

我在长桥供销社的时候,有个师傅,姓张的,他 90 多岁了,现在已经没有了。

他教我卷布。布来的时候,是一大匹。门幅是 90(厘米),长 30 米,是国家控制的,很好的,不像现在很大很大的。拿到店里来,我们自己还要检验一下。厂里来的布不一定是准确的。我们每个月要盘店,少了要员工自己掏腰包的,名气也很难听,这个店里的少钱的,那个店里很好的,人家会说的。所以我们都要检验,这些都是师傅教我们的。

像一米布,上面有个折过的痕迹。布是双层,一米一米数过去,数到 15 米没有了,一看两头都齐的,就是 30 米。还有一块布板,90 公分长,10 公分左右宽,很薄的,要卷起来卷齐。很难卷的,卷得不好一头很大,一头又很小,只能重新来过。诀窍是用手轻重一样就可以了。慢慢地卷起来,自己去体会。一只手重、一只手轻肯定卷不好,两只手(用力)要平衡。所以说这是技术活。

刚上班的时候,我珠算不会算,就算盘拿到家里,晚上学一学,一个星期基本 OK 了。这个卷布我真的是学了一个月,卷起来才很顺手的。

卷布每一个人都要学。比如我这一匹布卖完了,客户要来买新的,我从仓库里拿出来,就卷起来。你不能偷懒,偷懒这个工作就做不好。我们后来到良渚那边比赛,我还得了第二名,30 米卷卷大概 5 分钟。奖品是一斤粉色的开司米。那个时候毛线里开司米是最好的,粉色的、大红的、绿色的都有,一斤可以打一件衣服。

剪布说破了是很简单的,这边布平掉,那边布平掉,剪下去肯定是直的。但是刚开始不敢弄,就是一块布翻过来就这样子剪。以前夏天防蚊子的布窗帘，很硬很硬，折都折不过来，很好剪的。我们就剪这个布，一直练。看我师傅，好像剪起来很简单，他说你手要平衡用力剪下去，我就照样子剪。第一块是不行，心里有点压力，想想算了，反正用心剪第二块就行了。剪的时间长了，自然而然就来了。

还有撕布，这个不用练，就是一刀在布上开个口，两手用力也是要平衡，开始的时候慢一点，慢慢地撕过去。你要是一只手用很大的劲，一只手很轻，那肯定会斜的。只有棉布可以撕。现在的仿丝绸也可以撕。

寿衣和"骨子胎"

那个时候只有棉布跟毛料，还有比如纱卡、卡其、哔叽、的确良，还有花布。哔叽比卡其好。卡其很硬的，走路裤子碰到腿，咔咔咔会响。哔叽挺好的，又软又不会响。条件很好的人才穿得起。价格是 8 毛 8 一尺，一般人要穿，需要 6 尺、6 尺半。卡其要便宜点的，只要 8 毛好嘞。纱卡只要 5 毛。因为纱卡比卡其要差一点。

这些面料跟以前的土布完全不一样。土布是农民自己织出来的，很粗糙的，穿在身上好像很不舒服。他们穿自己织的衣服来店里剪过布，我捏捏他们身上（土布）说很潮的，他们说是的，但是很透气，他们夏天就愿意穿这个布的。穿的时间长了，越洗越软，越洗越好。这个布真的是好，因为是正式的棉布做起来的，真的也是个宝。

有的时候我看见比较熟的顾客，穿这种土布衣服快要破了，我说"你穿这件衣服这么旧了，可以换件"，他说"你真不知道，很舒服、很凉快的，就是不舍得扔掉"，所以穿到这样子程度。这不是一个人说的，穿老布衣服的人都是这么说的。

他们盖的被子也是自己织出来的，像秋天，盖棉被又太厚，就是盖这种老布。有的年老的人现在还说，老底子这个东西真好。一层老布很薄的，我们土话叫"带皮"，盖在身上最舒服的。特别是冬天，老年人是两只肩很冷，用土布盖一下真好。

当然，现在的面料肯定是好的，但我们这边是不上不下。实事求是地说，要很高档的，不太有人到我们店里来买；要很差的话，也卖不出去。我们一般都在卖（品质、价格）中间点的东西，就是做被套的毛绒，布料磨毛的。老百姓就喜欢这一种料子，盖在身上，他们说舒服，又软又暖。

现在买衣服的没有了。我们还在做老年人要上天堂的衣服。有一个大妈在我店里做裁缝。以前在供销社也有人来要剪寿衣，但是那时候经济条件差，做的人不多，现在经济条件好了，像我这样 60 多岁的人好多来剪的。既然有人来做，我就想我们应该把他们服务好，这是我们当地人的需求。你跟他们说网上有得卖的，他们说"我不喜欢网上买，喜欢自己在这里做的，看得见摸得着"。

做寿衣，要老底子襻扣，你要是纽扣襻不来的话，他们都不愿意做。领子就是立领。料子都是以前的真丝缎、织锦缎。男人寿衣是蓝色、咖啡色，没有其他（颜色）了。女人（寿衣颜色）多了，红色、绿色、粉色，还有紫色。寿裤男人基本上是蓝色的。女的现在红色的也在穿。鞋子红色的也蛮多的，男的基本上是一色，女的就花样多，穿得漂漂亮亮的。

我们有这样一个习俗，上天堂的衣服，成单不成双，比如说剪七件，包括内衣、内裤，然后是棉袄、棉裤、罩衣、罩裤，罩衣外面是一件长的外套。他们要多一点，说"老板娘，我再多剪一点"，我说"行的，要多剪的话，不是一样，要两样。要成九样"。里面一般再加件衬衣，再加一件小的类似马甲的罩的衣服。

我店里这个裁缝 70 多岁了，她从小就做结婚用的衣服，现在寿衣也是穿这一种中式的衣服。有的客户跟我说，"老板娘你要培养人了，这位大妈年纪这么大了"，我说"有年轻人的"。聪明灵巧的人他们愿意做的，做做也蛮开心的。我们这个裁缝，顾客一打开衣服都说"你做得很好，很像样，跟以前一模一样"，都是这样子说的。

这个大妈以前在百货大楼对面的小商品市场做。她是西行桥人，姓沈，个子小小的，碰到你是看不出这个人有这么厉害。她从小就学这个手艺。农民结婚的时候，她要到人家家里去做的，今天到我们家，明天到别人家，缝纫机挑着出去，这样子一家家去做。一般老百姓都没有缝纫机，买起来要100多块钱，过个年都不用100多块钱的。

老人去世盖的被子没什么讲究，就是上面盖着一个红色丝绵被子，下面一个黄色棉花胎垫被。

20世纪80年代结婚，就是剪个花布，买个哔叽。我自己是5月1号穿着裙子结婚的。但我们这里的农民夏天不结婚，要过了10月份，一般都是10月1日后才结婚的，所以都要做棉袄棉裤。为什么要穿棉袄棉裤？他们讲起来，说是有"骨子"，就是这个人成家立业会很厉害、顶天立地的这个意思。反正我也给他们弄蒙了。

我在长桥（布店）的时候，有的男方家里很苦的，剪不起怎么办呢？翻翻棉袄棉裤要丝绵的，用棉花是不行的。新娘子说是"骨子胎"，不做就翻脸。我现在进货，有的家里小孩结婚，还要我们帮他们准备，反正现在都已经是做好的成品了。给他们，他们说"棉袄壳有没有？""有的。"我自己虽然在卖，但还是跟他们说，"省一点，马马虎虎嘛"。"不行的！小孩结婚总是要给他们翻的了，穿不穿是他们的事情，这是'骨子胎'。"他们还是这句话。

个人承包薄利多销

九几年，国家体制改革了，实行股份制，承包到个人，当时我三十几岁，觉得自己年轻，布店所有的东西就自己揽下来。房子是我们供销社的，缴一年房租，其他就自负盈亏。

我们这个柜台反正就是这样子。压力来了，要求也比以前严了一点。比如做被套，以前就是顾客买块布拿回家去，跟我们不搭界，现在客户挑好花色，我们就帮他们把成品做好。

我们布店的顾客基本是这里人，现在外地打工的人也很多的。有的人开始的时候觉得我这里贵，但我卖的东西好，差点的面料不卖的。供销社一直以来只卖好的，不能卖假品的，卖假的要罚的。我养成了这个习惯。开始剪的时候，他说"老板娘，你这里是有点贵的"，拿回家以后，他说很好的。

过年了，几个打工的要来买个四件套，我不认识他们，但他们认识我，他们说"我搬到勾庄了，还到你这里来做了"。现在我事情很多的，我说"来不及的，你过几天来拿。马上拿是不可能的"，他说"我是勾庄"，然后我就说，"好好，我赶出来"。做做、等等要一两个小时，不是这么快的。我四件套做起来，枕头、被套、床单都要裁好。整个做起来2个小时。我们加工又不挣他们一分钱的。而且必须我亲自做，不然叫人工就要花钱，现在生意本来就是薄利多销。

做了这么多年，我感觉夏天生意总要淡一些。最早用布票的时候夏天没人来的，但后来因为农民自己养蚕，蚕宝宝卖掉了，村里分红分给他们了。他们手里有钱了，出来剪点布，就开始好起来。现在夏天（生意）也还是要淡一些，不过淡季不是很长，一两个月够了。

刚承包的时候，生意好得每天晚上都加夜班。有一天做到12点。过年了他们要来拿货的，又不是一个人家做一套，要两三套了。那个时候店里三个人，一个裁缝，一个帮我做做的，还有我自己。现在我跟我老公，还有个做寿衣的裁缝。

我老公以前是味精厂的，味精厂后来倒闭，他要到外面打工，我刚好也要叫人，想想还是叫自己的老公进来吧。他接受能力很强的，卷布一学就会。

现在我们老街这一带好多是像我们这种夫妻店，要么是母子店。人家买不到的东西，我们这里都有。所以老街保持下来，也是蛮好的。

采访地点：三墩民俗陈列馆

采访时间：2024年9月4日 11：00—12：00

被访谈人：王小英

采 访 人：戴 骏

整 理 人：戴 骏 朱宇清

校 对 人：朱宇清

修钟表，庙前唯一店

祝卧龙

60 岁，三墩钟表店店主

学这个东西要看这方面的书，心静下来看了，经常看就看出味道来，到后来有一种执着在里面。

爷爷奶奶的合与分

我的太爷是从诸暨迁到杭州定居的。他做的是木行，就是卖木头的，把诸暨山区的圆木运到杭州来卖。涨大水的时候，把圆木扎成排，放进水里，顺流而下，从山区运出来，一直漂到杭州海鸥桥①那边。

卖木头很辛苦，风险很大，万一有几个船工淹死在河里，老板要赔钱的。所以后来我太爷爷就转行做饭店了。

我听老一辈的亲戚说，我爷爷读书蛮好的，那时候读书门槛高，请好的先生去家里教，收费很贵，要收白银的。我太爷爷因为开饭店，有点经济条件。后来爷爷读了南京大学，民国时称为中央大学，他留了校，因为写得一手好毛笔字，就做了文秘工作。

我爸他们三兄弟都在南京出生。20 世纪 80 年代末 90 年代初，我小叔到南京去看爷爷曾经住过的老宅。这个老宅还在，是三层小楼，一个小院子。爷爷当时薪水一个月 160 大洋或 170 大洋，一个月一个人生活费只需要 2 块大洋，所以一个人工作，全家人就够吃了。

---

① 此为口述者闻之长辈的读音，据查，杭州市区无此桥。

我奶奶是杭州人。那么她为什么嫁到南京去的呢？因为我的太爷爷在杭州做生意，儿子很争气，在最好的学府里面工作。我奶奶家里也是开店的，条件也比较好的。门当户对。那时候长辈说了算，就嫁给我爷爷了，生活在南京。那时候生活真是一帆风顺。

可是好景不长，过了10多年，日本人进来了，抗战爆发了。所以中央政府下了行政命令，一个是政府机构，一个是学校，一个是主要的银行机构，还有一个工厂，全部往西部搬。因为沿海地区给日本人打进来了，我们是防不住了。

文职人员可以连家属带过去的，发给通行证，可以免费坐船、坐飞机，往长江走上去。逆江而上，一直到重庆。在这个西迁当中，听老一辈讲，你不一定能活着到那边，因为日本沿江地方有驻军，天上有飞机，你这个船说不定被炸掉了，不一定能够到达目的地。还有一个，就是到了那边，你守不守得住？所以也不一定安全的。那时候持久抗战，也不知道会打多少年。

这个时候我爸爸才读小学，大概10岁。还有一个我爸爸的弟弟，是刚上幼儿园的年纪。我奶奶想，走这么多路，生命得不到保障，不如回娘家，娘家待我不错的。她就回杭州了，重庆不去了。我爷爷有工作需要，没办法，一定要去的。我奶奶就带着孩子回杭州，南京到杭州也近，通过各种渠道，回到杭州，靠娘家了。

到了杭州之后，日本人也打进杭州了。老底子的话，我奶奶一个妇女，没有工作的，嫁老公靠老公的。当时整个市面比较萧条，粮食紧张，又买不到的。你拖了3个孩子，4口人投靠人家里，4张嘴了，那吃饭问题怎么办？你穿金戴银回娘家是风光的，这个时候你的丈夫死活也不知道，你拖了这么3个孩子来吃住，就不是这么回事了。

听我爸说，他们在亲戚家住了一年多。这个时候，三墩据说是一个"小上海"。为什么称为"小上海"？这个地方"三不管"，就是你们自己管自己，不要闯祸就行，谁也不来管你。现在厚仁路西侧，原建筑队预制板工厂那里，我们小时候去玩的时候，还能看到土墩，以前是日本人的碉堡。当时很乱，三墩里面有鸦片交易，他都不管的。

三墩茶馆比较多，老底子做生意都在茶馆里聊的。新的信息，到茶馆里才能够打听得到。交易成功了，上二楼去交钞票。那时候湿地这一块运输全部用小船。比如严州府，现在叫建德。船从运河、苕溪那边下来，到三墩这边交易。杭州、绍兴，周边几个小县城，都到这里来交易。外面的物资进不去，杭州城里日本人查到就充掉的，里面的物资也运不出来。紧俏物资，一个是药材，一个是贵金属，还有一个军火。那时候有军火你就是大王。所以这个地方比较繁荣。

我奶奶想，其他没地方去了，就在三墩做点小生意，这样带着 3 个孩子就有饭吃了。但她除了琴棋书画，什么都不会的。琴棋书画在这个乱世当中，当不了房子的。那么靠什么？给人家做针线活，补衣服。当时好几个从杭州城里逃难一样到三墩来的老太太，抱团取暖，就是哪户人家做什么事情，拿点酬劳。这里人多，再弄点水果卖卖，这样度日。

过了几年，抗战结束了，我爷爷活着回来了。他在重庆又娶了第二房。我奶奶脾气比较刚硬的，接受不了。我爷爷叫我奶奶回去。我奶奶说我们在吃苦，带了 3 个孩子，你们在享福，不会去的。我爷爷说，你既然不愿意回去，我给你生活费，3 个孩子我带走。因为要受到教育的，孩子在这里这么多年，学业废掉的。毕竟学业这一块资源我有的，我带到南京，3 个小孩给他重新上学。我奶奶说孩子是我生的，你不能带了去。那小孩子总听娘的了。我爷爷没办法，只好走了。那时候没有户籍，杭州亲戚那边他们也可以去的，但我奶奶也看透了，心凉透了，当时我困难的时候，你不帮我，所以娘家，我不去了，就在三墩踞下了。

父辈开始学修钟表

解放初期的时候，因为还没有户籍制度，到三墩这里搞交易的人比较多。有一个修钟表师，是老余杭的。看到我奶奶带着孩子，两个孩子已经十七八岁了，就建议跟他学点手艺。那时候钟表师是镶牙兼修表，面前放了两张桌子，一张是操作镶牙的，治疗蛀牙、拔牙、镶牙套，都会做的；另一张桌子用来修表。我大伯和我爸爸就跟牢这个师傅学，我大伯镶牙也会的，我爸爸就专注于修表。

解放之后，市场要整治，人员就散掉了，这里不能搞交易了。这批外来经商的人都是戴表的，本地农村的农民哪有这个条件用表，所以修表就没生意了。

这个时候麻纺厂建造了，在东蒋桥。两个小孩子就去打工了，没工资，做一个星期，给一袋面粉，算是报酬。白天外面打工，晚上修两个破表破钟。弄两个煤油灯，上面再放两个凹形聚焦镜，聚光聚到修的表那里，才亮一点。两个人一起修，蛮辛苦的，磨刀石也自己做的。

第二个工就是笕桥机场扩建，机场是民国时期就有的。我爸个子不大，到那边去管伙食。那个时候这里附近，跟我爸爸一起去那边的人蛮多的，他们挑土方，造机场。没有工资的，就是给你一袋面粉。

一直做到（19）58年，就是"大跃进"之前，搞合作社，包括理发的、做鞋的、箍桶的，还有竹编，老底子做竹凳子、竹椅子、竹床，反正这些手工艺都要走集体化道路，不能私人单干了。这个时候公私合营，开店搞经营的，叫"商业合作社"，搞手艺的叫"手工业合作社"，统一管理。到五几年实行"按劳分配，多劳多得"，做得多得得多。做了没两年，"大跃进"过了之后，就改成按照级别定工资。比如你是学徒工，8块；你是一级工，18块；二级工拿到二十几块，这样来的，就是"大锅饭"了。

听父母的话没错的

我是"文化大革命"之前出生的。那个时候这里属于余杭县，县政府从老余杭搬到临平，临平是一个很小的镇，跟三墩一样的。县政府把资源全部花在那边了，那个镇就越建越大了。后来合作社变成了手工业局。手工业局后来又变成了二轻总公司。

那个时候包分配的，问我要不要读书，不读书，就去登个记，参加工作。当时我还有其他选择的，我爸爸说，你还是要学点手艺。

我当时思想没现在的青年这么活跃，很纯的，也就是迷迷糊糊的，到底以后这个路怎么走，就听父母的。读书又偏科，我有几门课很差的。高中读了一年，我爸爸说："你这样要不要读了？"我说"我不要读了"。"不要读的话，你只有学手艺，以后才不会饿死"，他说的这句话。

我就待在家了。每天白天、晚上，就是跟老爸学。光知道理论知识没用的。手艺手艺，就是手上有东西了。

反正修钟表是我喜欢的，觉得好玩的，因为每个零件开始是静止状态，通过设计组装之后，它就动起来了，就是通过我的手赋予它生命了，而且这个生命有稳定性，就是走时的准确性。它的动力是怎么产生的？动力从最早的模仿钟，就是计时器，一直演变到现在用的弹簧钢发条。包括传动结构的演变、擒纵结构的演变、振荡调节器的演变，以前看这种资料蛮多的，对钟表的发展演变史也蛮喜欢的。那时候没其他东西玩的，你既然不读书了，外面不会去跑的，学这个东西要看这方面的书，心静下来看了，经常看就看出味道来，到后来有一种执着在里面。

我是（19）81年到镇政府登记的，填了表格，要求工作。二轻系统在招人，我就去那边工作了。就是说听父母的，他们不会骗我的。

二轻局招的范围比较广，刚好下面组建了钟表厂，这一块利润还可以的，他们不知道后面的行情，其实这时候钟表消费刚刚起来。于是我就到了钟表厂，在临平上班，办公地点在北大街钟表门市部的二楼。

那时候我刚19岁，先是组装手表。做了两三个月之后，因为我粉笔字写得蛮漂亮的，厂里把我调到宣传科，把上面下发的文件、报纸文字摘下来出黑板报。

搞了七八个月，一个人冷冷清清的，一天到晚看报纸，看得眼睛也花掉了。报纸是一定要看的，不然科长过来问，小祝，报纸上哪一条比较适合上黑板报，我怎么说呢？但我小青年，又实在不感兴趣，所以我就不要做了。

　　他们让我去门市部工作。组建钟表厂的时候,三墩、瓶窑、塘栖、余杭各有一个店,后来变门市部了。我老爸当时在三墩门市部,其实合作社那时候他就已经在了,合作社变为手工业局、二轻局,他这个店没动。那么他们说,你到你老爸店里吧,我说好的。

　　我记忆里,这个店最早的时候不在现在这里。解放初期,在河边的茶楼旁边。是朝北的这条街上,我出生地就在这里。老房子还在,它的对面是个茶楼。我听老一辈讲的,他说你老爸最早修钟表在这里。我印象中后来就搬到这个楼南面第一间。木头房子,里面有修钟表的,有修钢笔的、修无线电的,还有做花圈的、卖蚊香的,还有染布的,手工业局嘛,里面行业很杂的。

　　后来这里办纸箱厂,面积不够了,所以要我们搬到最早的理发店那里,我们面积小,好搬。这时候我上小学了。搬过去之后,我爸就在那边去修钟表,还住过一两年。七几年再搬到这里,然后再也没动了。那个时候是一间到底的,纵深比这里深多了。后来面前弄堂通道宽度不够,我们这里就收缩了。

　　我到这里开始做钟表这个行业的时候,这里还是木头平房。现在这间房子是(19)83年开始建造的,到(19)84年交付使用,造了一年,是按照厂房标准去造的,质量可以的。

　　(19)96年三墩划到西湖区了,我的主管单位在临平,那麻烦了,营业执照年检、税务的缴法,这些都很复杂,弄得我经常跑税务,跑工商。杭州市工商总局在金衙庄①,他说你是余杭县的外资机构,要求跟其他外资公司一样的。只好经常跑,把公司年检表一式两份,一份送到税务局,一份送到工商局。

　　到了(20)08年,他们说你这么小的企业,这样弄起来不是头痛死了,干脆你转制好了。二轻局下面的小企业全部要转制,卖给个人了。当时买套

① 杭州市上城区解放路东端与环城东路交叉处一带地域的区片名。

房十几万（块），买下这个店我也花了十四五万（块）。当时就拿点工资，所以要付出这么多还是蛮有压力的。

这间房子原先是国有土地，划转到我个人的话，虽然没有多少平方米，但是手续一样要到杭州市国土局去办的，各种历史原因解释给他们听，各种资料找给他们，跑了一年多，总算办好了。

我修钟表做到九几年的时候，BP机、大哥大出来了，我有几个朋友，他们说你这个东西不要做了，赚不到钱的，去投资BP机、大哥大，很好赚的，我想了想，给回掉了。一是这个行业也喜欢，二是不熟悉的行业，风险不好说的。所以决定守着这个行业。

进入机械工艺时代

现在这个行业慢慢好起来了。因为手表已经不仅仅作为一种计时器了，它是文化产品了，定位不一样了。作为计时器的话，你就越卖越便宜。20世纪八九十年代，很多品牌表走功能化道路，计时标准就可以了，所以越来越简化，越做越粗糙，倒闭了一大批（企业）。

2000年过了之后，钟表业走了另一条路，不光强调功能性，它属于文化产业了。很多老的品牌被重新挖掘出来，故事再讲起来：这个品牌是一八几几年开始创办的，创办的叫××什么的。原来的资料都整理出来了，走起了中高端路线。

新材料、新工艺也应用到钟表上面去，而且把应用数据收集起来，又用到别的行业上面。比如最早的机械陀螺仪，就是瑞士人造得好，他们从手表上面任何材料的运用中得到数据，航空公司向他们买这个专利的话，这个价格就贵了。钟表变成了其中一块了，从钟表上面延伸的东西，它很赚钱的。很多机械的保险门，都是按照机械表里面的结构设计出来的，很精细的，同样一把钥匙，你开跟我开，手势不一样，你就打不开了，这钥匙你拿着也没用。

现在的钟表和过去的结构相比变化很大，一块表看似很简单，其实做得很复杂，为什么这么复杂？因为要达到一种艺术的境界，我们叫"机械工艺"。

机械工艺，它牵涉到很多，一个是它的结构性，比如我从这里传到这里，明明只要三个齿轮就可以了，就达到这个效果了，它不是这么做。它从这里过去，第二个齿轮用链条连起来，再通过其他机构带动这个活动件。你造不出，我造得出，说明我牛。

然后用新材料，比如钛合金、硅材料，（硅材料）就是玻璃了，玻璃做成纤维，很软的，跟皮带一样，用到这上面，作为传动部分，你造得出吗？你造不出，我造得出，我牛。

我在使用当中得到这些数据，好，我这个硅纤维在钟表上面高速运转，走时要不停地运转，走几年它得到的数据没有坏掉，到坏掉的时候过了几年，我这个数据拿出来了。我这个硅材料用到其他的高科技产品上面，可以卖个高价了，这是我的知识产权，我卖10个亿、20个亿美元的知识产权，这个就赚钱了，因此手表里面现在有很多高科技材料用上去。

因为钟表现在用了很多高科技，所以我们（钟表师）要不断地培训。培训是到中国轻工部手表研发基地，在西安的，因此我们都有职称的。培训的时候他们会有很多新的资料，告诉你，那些表里面，上的润滑油用什么油，有的油你不能直接用，它的黏度不一样，我们南方的平均气温多少，你怎么配置；这个动力部分，拿什么型号用，其他动力部分，用什么油，传动用什么油，他都会讲究的。光是油就有十几二十种。还有配制油，自己配。什么表，什么品牌，它用什么材料的，它的油用什么润滑油，或者其他地方你不应该用，用了反而起副作用。

还有游丝的校准，你要买工具。现在要求不一样了，手工校准的话，你认为是准的，其实误差是很大的，起码相差好几"丝"① 了。现在我买的机床，小的机床一买就是七八万（元），一套夹具下来，就是好几万、10多万

---

① 钟表的校准和误差测量通常使用"丝"作为单位，这是衡量钟表精确度的一种方式。1 丝相当于 0.01 毫米。

（元）。都要买的，因为现在钟表造得太精致了。误差达到一丝之内，老底子表误差大，都是五六丝，头发这么粗嘞，现在要头发丝的 1/6，丝下面是"目"了。毫米下面是微米，那一毫米里面 10 微米，1 微米里面 10 丝，1 丝里面是 10 目。

价格方面，以前跟现在不一样。比如表面检查，你镜面破掉了，镜面多少钱，摆多少钱，什么配件多少钱。我们以前有一个维修单的，常规容易折损的、容易坏的零件，表格上面印在那里，你打钩就可以了，价格也写在上面的。这个时候做生意还是很死板的。一般国产表的零件，就是统一的价格。除非解放前的老表修理，价格就是"议定"这样一句话，配件也没有，要靠手工加工的。20 世纪 80 年代开始，进口表慢慢多起来了，这个时候就是议定价。

到了 20 世纪 90 年代，手表（修理）价目这块也无所谓了，反正走下坡路了。近十几年，这个行业又处于上升期了。它没有统一价格，因为每一个表的型号不一样，零配件的价格是有天壤之别的。反正这句话，"进口表零件比黄金贵"，你不干这一行的话，零件就是两块钱一斤；你干这一行的话，就是一克，比头发丝重得有限的，价格就是便宜的几百（元），贵的几千（元），比黄金贵几十倍。

举个例子。某个品牌（手表），擒纵是玻璃的，它是高频率旋转的，每小时 2 万次，机芯材料在外力的震动中，刚好一个交接点断掉了。当时我跟顾客讲，这个配件估计是 6000（元），保养费杭州是 2 万（元）左右，因为他们买来贵，我说我算你 1 万（元）好了，一共 16000（元），如果说（费用）不够的话，我再跟你联系。

结果我们一联系（本地供应商）之后，他说这个配件只有广东那边有，这里没有。上海公司你要把这个表拿过去的，我跟顾客说 1 万多（元），上海公司算我 2 万（元）了，服务费就 2 万（元）了。没办法了，我说到广州进货，广州 7000 多（元），我 7000 多（元）反正有利润的，结果广东的发货型号不对，相差一个小数点，他说你这个（表）储存是 72 小时的，我们储存是 36 小时的，那就用不了，它频率不一样，传动（工艺要求）都做得很仔细的。我说你这个表不是在国内买的，国内这个配件没有了，他说我是在国外买的，那么我说你只好寄到国外原厂去修了。

价格我们一般在修之前约定好。如果不能够约定，比如有的配件我自己不知道拿多少钱，那么跟你说清楚，大概匡多少，如果这个价格超过这个（匡算的金额）了，我跟你电话联系，你（决定）修还是不修，这点我们都做得蛮仔细的。一般朋友来，不谈价格的，肯定便宜给你，他也知道。如果是不熟悉的，那么我就按照正规顾客来谈，我们都有各种仪器或显微镜，给它放大，投屏给他看。

修表师傅做任何事情就是一点，蛮谨慎的，像有的顾客进来了，这个人说话感觉到不对的、乱说话的，一般我们就不接待了。现在也有些仿制的手表，我们不做。原装的表我们把编号都抄下来，叫顾客拍照拍下来，每个表都有编号的，就像身份证一样，你拍下来，那么写得很清楚的，你的表壳是全钢的，或者是玫瑰金的，或者全金的，你下面镶什么钻的，镶了几颗，内机的情况怎么样，当场给你检查清楚的。

现在传给了我儿子

我这个店就是本地生意多。

我们没有走高端的路线，没有做总代理这一块。假如我地段是在市中心的，那么我就要做品牌、做代理了。这里这个市场，如果走高端的话，投入和产出是不匹配的。我们现在做的还是维修，这是我的强项。销售这一块我慢慢给它减掉了。销售的话现在网络上去（在线交易）了，网上直接出厂价在卖，我还卖得好的？

现在消费群的话都是三十几岁这批人上来的，五六十岁的人对网购不感兴趣。高档表在网络上卖的话，第一个你的销售平台要好，成本就不低的，你要这个平台把你放在好的位置，要交很多费用的。再说高档东西的网购，有的时候在运输当中，会产生很多不必要的纠纷。这种产品动不动上几万

（元）的。我们这一行有个规定，钟表修好，检查过了以后，出门之后有了问题，给你维修，不能更换的。

按照网上的交易规则，他说一周内包退包换，那造成损失怎么办，很大的了。因此网上便宜的东西可以卖，高档的很难卖，很难做。

我儿子是毕业之后到一家汽车销售公司工作，结婚之后跟着朋友去做服装，做了没两年，新冠疫情来了，生意不好了，那我说你服装行业不要做了，我也到退休年纪了，现在没人接班，这个行业跟其他行业不一样，传给别人是很麻烦的事情，再说房子也是自己的。按照街面来说，这条是冷街。但是我这里每天来这么多人，他印象当中这里有个老店，这是无形的一个口碑。做这个口碑，是踏踏实实做事情，几十年积累起来的，我现在有这个口碑，你接下去至少不用愁没生意。

开始他不喜欢，但是外在环境是这样，他在我这里做至少不会亏。你靠自己是说不好的。

现在他已经可以独立操作了，因为第一个，他年轻，学得比较快。第二个就是说，我们现在修理跟原先不一样，要不断升级的。他培训得比我多，比如零件的加工制作，他都去培训的，一培训几万（元）。我把主要的资源就给他了，我不需要培训了。比如车螺丝，有的（螺丝）配不到，（要）用手工车，那么他就上手了，里面工具怎么用，都有讲究的，车道钢材的性能怎么样，车什么材料，铜材、钢材都不一样的，还要淬火，还有氮化处理，他培训过的，反过来他会弄，我不会。

小时候跑来跑去的庙前街

三墩老的电影院是 20 世纪 50 年代末期造的，在现在已经关掉的小商品市场的位置。

电影院当时有很多放电影的人员。有个放映员，我们叫他"张师傅"。

老张喜欢搞摄影。那时候一般人工资只有 30 多块，搞摄影是搞不起的。拍一张成功不成功都是钞票，用胶片的。正好老张有一个优先条件，因为他在广播电视站，有相机，又有胶片。

他喜欢拍三墩老街，我这个时候 20 岁左右，到他放映室，看到他一个人。他给我看各种三墩的老照片，老的陈家桥（现在这个陈家桥是新造的），还有老的东蒋湾桥、老的粮站、老的区公所。这些老照片很珍贵。他有一个女儿、一个儿子。他去世后，子女不在三墩，这些照片，有没有替他保存起来就不知道了。

庙前街这里我是很熟悉的。从我有记忆的时候开始，它是这样子的：老的农贸市场，向南过去大概 100 米拐弯，刚刚去年造了条马路。那里头有一家老房子，我印象中已经拆掉了。这个老房子是来先生家，来先生老底子开杂货店的，有几个门面。往北过来是一个小户人家，房东是谁不知道了。再过来是三墩税务所，和房管所合并在一个墙门里办公。办公条件很简陋，几张桌子、几个手写本，夏天上下班穿的都是汗背心。再过来，就是一个合作商店的一个饮食店，三间店铺。

再过来是一间镶牙齿的门店。再过来是小学弄堂。然后是老房子，那时候房子很多是私人的。

20 世纪 60 年代初期，这里造了一片平房，老房子年久失修，干脆就推倒重建。这里一直到小学大门、三墩幼儿园门口为止，是供销社的房子，一个是杂货店，一个是五金店。

继续往南过来，是小学，过来是水产部卖鱼的，卖鱼的过来就是我们这个店。我们的店属于合作社，因此房子也造在一起。再过去是纸板厂，然后就是供销社的竹器作坊，就是做竹篓子、竹匾之类，现在这个仓库还在。

往南再过去仍然是供销社的平房，有卖酒酱的，销售调味副食品。再过去就是木器具合作社，那时候除了桌椅，锅盖、脚盆、挑水的水桶也全部是用木头做的。门口是一个姓周的，他因为职业是修摇船的橹，我们都叫他"橹师傅"。

过去是合作商店，那时候是一个两层楼的木房子，原来是戴龙升的私产，是三间还是四间，20 世纪 50 年代末期走集体化道路，就收归公家了。

现在这个地方造了四层楼，供销社和合作社在这里办公。戴龙升的儿子现在就在我们店对面开电器店。

再过去是百货大楼，现在房子还在下面，已经隔成一小块一小块了。我工作的时候，百货大楼一楼有卖布的，还有书店、日用品店、药店。刚建造的时候是两层楼，楼上也是个经营场所，这是五几年造的，是三墩第一家比较有规模的百货型商店。现在三墩供销社办公也在这个楼上，挂了三块牌子，一个是"城北合作社"，一个是"供销合作社"，还有一个是"合作商店"。合作商店被并进去后，一批老员工退休后进了合作商店，工龄怎么算，在供销社又是怎么算，是不一样的。后来转制，有一块转到私人头上，等到城市发展拆迁，当时不值钱的破房子，就很值钱了。

庙前街很多老店，我自己看到的没几家，有的是听长辈说起的，说给我听的老人，要是活着，有 120 岁左右了。这里还有锡箔店，还有银匠店。我记得我自己店对面是一个两层楼的墙门，是钱家开布庄的，我 6 岁的时候拆掉了。

钱家墙门往北过来，是一个二层木头房子，再过去是一家开杂货店的。再往北的最后一间，是间杂货店，照相馆阿虎①的妈妈在这里，她人矮矮胖胖的，还有个我们叫"阿兰恩娘"的，她们两个中年妇女在这里面卖杂货。20 世纪 60 年代末，我们小时候玩的牛皮筋、玻璃球，都到阿虎妈妈那个店里去买的。

现在小皮匠店铺的隔壁，最早是三间老的木头房子，后来改造成两层楼。先造南面的楼，那时候我 4 岁，逐渐造过来，到戴龙升他儿子现在的电器店这里，我已经 8 岁了。房子造好之后，他们搬进去，我上小学了。杂货店拆掉，我 20 岁左右，已经参加工作了。

现在邮局这里，原来还有个食品中心站，还有农业机械厂一个门市部。其他都是供销社，还有一部分房管局的房子，他们造了一幢楼，前几年拆

---

① 三墩照相馆店主周泉虎。

迁掉了。

因为这条街我小时候跑来跑去，所以比较熟悉。那时候我们跑的范围很小，周边稍微远一点的地方就不敢去。双港路是很野的地方，一般小孩子到天黑都不敢往那边走了。

沿着双港路这一块地，就是现在金穗公寓那里，原先是酿造厂。做酒、酱油、腐乳，还有各种酱菜，做的东西很丰富。这个厂规模比较大，一般我们吃的东西基本是这里生产的，质量是很好的。酿造厂过去的招牌叫"穗仁"，一般老年人不叫酿造厂，就叫"穗仁"，三墩话发音像"惠诚"。

我们小时候去玩的时候，厂里有很多的发酵池。那时候酿造厂出了"竹叶青""饷惜酒""宋酒"。20世纪70年代末80年代初期，我们家家户户买他们的酒，过年时送送人。

老陈家桥下去，就是现在古龙俱乐部的房子，靠东的第一间木头房子，这一块是原先的三墩照相馆。阿虎的师傅叫阿华，住在庙前街这里，阿华的师傅姓夏，如果在的话，应该90多岁了，这里拆迁之前，他每天走过的。

照相馆对面是最早的理发店。那个时候东面没桥的，它是一个拐角，大概有三间房子。理发店再里面是一个鞋匠铺，做布鞋的。我很小的时候，我爸爸就抱着我到那边去理发。那时候电吹风是这样的：在前面是一个灯芯，煤油点上。后面是风扇，上发条的。发条上好之后，吹出来是热风了，给你吹一下，没一分钟好吹的，发条转完了，再拧一下，再吹一下。估计是最古老的吹风机，我还见到过，声音很响的。那个时候已经用凡士林了，跟黄油一样的，脏兮兮的。梳在头发上，梳匀之后，再用吹风机造型，头发油光锃亮，吹吹不散的。那时候两个年纪轻的（人），头剃好，睡觉发型不是散掉了吗？就做一个帽子样的发套套在头上，头发不会乱掉，睡到第二天可以保持形状。

理发店的老王是20世纪70年代末从西行桥那边过来的。老理发师退休了，叫他来理发。到80年代末，还有个师傅从良渚那边调过来。那个时候理发这门手艺，学的人不多。我们理发从一毛五涨到两毛，最后是5毛钱。

现在我们对面的服装店，其中三间是理发店，从陈家桥南边搬到这里来的。

现在想起来，要是我爸爸跟着我爷爷去了南京，恐怕就没我了。要是我奶奶不带着三个孩子，在三墩蹲下来，也不会有后来的事情了。

采访地点：三墩钟表店

采访时间：2024 年 8 月 16 日 15：16—17：00

被访谈人：祝卧龙

采 访 人：戴 骏

整 理 人：戴 骏 朱宇清

校 对 人：朱嫣红

父亲陈公白和我

陈新伟

62岁，陈公白诊所负责人，区级非遗项目"三墩陈氏针灸"代表性传承人

我父亲跟我说，做人一定要诚实，一定要真心待人。做医生，这点是最起码的准则。另外他说好人有好报的。年纪大了我就慢慢懂得了这个道理。

陈氏诊所草创

听老一辈说，我们祖上原本在绍兴，后来"长毛造反"，他们就逃到三墩来了。对于逃过来的细节，我爸爸没亲身经历过，其实也不太清楚。陈氏传到我这里，已经是第四代了。我想大概是我曾祖父那一代就定居到这里了。

我曾祖父叫陈善棠。我的堂伯陈柏荣曾经写过一篇文章，回忆我曾祖父的经历，说他青年时期曾在豆腐坊做学徒。当时三墩、余杭一带，有一位道士走街串巷，有一年岁末，路过我曾祖父家，寄存了一只烧香篮，到第二年春天，就来三墩取走。这样冬藏春取，年复一年，从不间断。到第三个年头，寄放了这只篮子以后，就一去不复返了。我曾祖父就打开这只篮子，看到里面是一尊吕纯阳的塑像，还有几本医书。他就一边干磨豆腐的生活，一边看书学医，用学到的方法免费给人治眼病。当时社会上医药奇缺，多了一位医生，大家求之不得，业务大增，陈氏眼科的名气就在三墩这一方创出来了。

我曾祖父把眼科医方和经验传给了我爷爷跟二爷爷。这是第二代。第三代学的人是我爸爸陈公白，还有我堂伯陈柏荣，他姐姐学了针灸，还学了西医，后来去了北京医院，还去"支边"过，业务很厉害的。

陈氏诊所一开始在兴隆桥下去这个地方，四面环水，叫灯彩墩，房子

就建在墩上面。抗战时期，三墩没受到太大破坏，做生意的环境相对不错，好多外乡人都来到这里谋生计或谋财路，所以这里一时繁华，号称"小上海"。我曾祖父没了以后，我爷爷陈世良接了班。我二爷爷陈世昌也在开诊所，1951 年 11 月，他与陈致新、金惠人、蒋子岐几位医界前辈，组织起杭县第一个联合诊所，叫三墩镇联合诊所，后来是余杭县第四人民医院，就是现在浙江医院三墩院区的前身。

说起我爸爸学医，略微有点曲折。抗战时期，学校让他加入三青团，说起来也是抗日的组织。日本人来了，老师就带着他们跑了，跑来跑去，最远跑到江西了。新中国成立后才回来，好像是三十一二岁，正式开始跟我爷爷学眼科、针灸。

（19）58 年的时候，当时灯彩墩附近要修马路，造公交车站，考虑到公交车不方便掉头，镇里要我们诊所搬到别的地方。我爷爷就看中了现在陈家桥南的这个位置。当时两边都是商铺，屋檐沿着河边挑出去，中间这条路很窄的。这条宦塘河据说有 1000 年历史了，每天船来船往，非常热闹。早先的陈家桥靠近范家湾，因为被机帆船撞过，桥墩倾斜，政府怕不安全，决定拆了，移到这里重建。病人多是坐船过来。（20 世纪）八九十年代，从德清那边来看病，一般几个人约好，坐机帆船过来。蒋村、五常那边一般划小船过来看病。倒是德清那边有的人后来不坐船，开摩托车过来了。

父亲接手诊所

搬过来没多久，我爷爷就去世了，我爸爸接手诊所的时候是（19）58 年，三十五六岁。这个店面房一开始不允许开门，我们只能往后院走，走出去就是范家湾。我爸爸就在范家湾的钱楠楠屋里厢租了一间做诊所，面积只有十五六平方米。钱楠楠的妈妈我们叫"二奶奶"，因为她是第二房太太。她是裁缝，我们小时候的衣服都是她做的。记得隔壁还有一个小儿科诊所，坐堂医生叫吴济世，他是一家三口，有个儿子。隔壁还有一个邻居，是卖肉的老奶奶，我奶奶经常带着我到她家坐坐。还有一个女的叫凤仙，在三墩老的新味馆里工作，她老公是在杭州卖南货的，他们家经常有零食拿给我们小孩吃。现在有的老邻居已经不在了。

因为三青团隶属国民党，（19）67 年或（19）68 年"文化大革命"，我爸爸被定性为"历史反革命"，是三墩第一个被拉出来游街的人。一些高中的学生来抄家，那时我才 5 岁，稍微有点记忆，我奶奶带着我跑开了。我爸爸行医六七年，到这时候诊所就不能开了。我还在幼儿园，去了半年，后来也不去了。上小学后，"地富反坏右"五类分子家庭的小孩还是会受到点影响的，别人一年级就成了"红小兵"，我到四年级才当上。

我爸爸在外人看起来好像性子很急的，其实他内在情绪是很稳定的。说话有时候语气很强硬，后来年纪大了，就慢慢好了。"文化大革命"那个时候，他跟我老妈经常吵架的，因为家庭遭遇变故了，心情不好，家属肯定受了牵连，找不到工作的。我妈妈只能打打零工，做做泥水小工，去采茶叶，就是要跑到现在大陆一个农场那边，因为当时我三爷爷他们一家在那里的。三爷爷是我曾祖父最小的儿子，他没学医。七几年的时候，我爸爸"历史反革命"的"帽子"还戴着，受到这件事影响，我老妈跟他离婚了。

但我爸爸心态蛮好的。这十几年，我老爸被安排到三墩建筑队去干活。他后来说，亏得参加了体力劳动，还有抗日战争时期跑了大半个中国，身体素质大大提高。他活到 97 岁，九十三四岁精神还蛮好的。

虽然诊所停掉了，其实看病还是悄悄看的，都是到诊所二楼偷偷摸摸地看。不过不向病人收钱。治好了，附近农民就拿一点自己种的土特产表示感谢，像番薯、毛豆、糯米这些。我爸爸干活的工地也不远的，估计一个星期回来一次。我奶奶照顾我和我妹妹多一些。我妹妹后来学的是中医药，去了余杭县第四人民医院，一直干到退休。

（19）80 年或（19）81 年，我爸爸的"帽子"摘掉了。（19）83 年，国家允许 60 岁（及以上）的人个体行医，我老爸立马去领了执照，诊所重新开业。这一年他刚刚 60 周岁，虽然不是正式退休，但其实就是不用继续干活了，三墩建筑公司开始给他发生活补贴费。那一年，我 19 岁。

父亲的医术

我记事以后，对我爸爸的医术，印象比较深刻的有几件事。

其中一个是原先三墩电信局的员工李文林，爬电线杆进行户外作业的时候掉下来，估计爬得并不高，但头着地了，当时人还清醒，就是瘫痪了，估计损伤了脊髓神经。他在医院里治了很长时间，就是不能动，只能回家卧床休养。后来他家里人听说陈公白针灸蛮好的，可以调理试一下。那个人就住庙前街，所以那段时间我老爸把诊所的工作忙好，晚上就过去给他扎针。每天都去扎，偶尔会隔一天去。估计扎了两三个月，慢慢地他手脚都会动起来了，后来就会走了。

他老婆每次碰到我爸爸都说，"陈医生，我老公全靠你（治好）的"。本来他在床上不知道要躺多久的，后来基本上能自理了，但毕竟脑袋摔过了，行动还是很慢的。

还有一个勾庄的女病人叫张仙琴，她这个病很怪，白天人都蛮好的，晚上一躺下去，腹部就会不停抽动。记得那是九几年，我当时已经在跟我爸学了。我看到这个病人一躺下，腹部痉挛就停不下来的，一开始这里还扎不了针，腹部颤动得厉害，针扎下去就要弯掉的。所以一开始是远道取穴的，在四肢、腿上取穴，扎了一下子就好像平稳很多了。平稳以后，就在腹部颤动的部位取穴了。这一个月之内，扎了七八次，就好了。她很开心的，因为吃药一直没用。中医说起来一般肌肉跳动，跟肝经有关，所以说我们取穴一般以肝经为主。

我也感到蛮神奇的。医生和她说你这个病看不好的，以后慢慢会好的，继续养。但是她睡下去就这么跳，怎么睡得着呢？到现在碰到他们女儿，她还说，"我妈妈现在还蛮好的"。

此外，有个叫盛福寿的病人，他住在三墩镇绕城村刘古庄。（19）63年那年，他一只眼睛突发青光眼，头痛、恶心呕吐、视力急剧下降。去医院检查后，医生说再发展下去不排除有摘掉一只眼球的可能，为了防止另一只好的眼睛受损害，暂时采取用药物控制降低眼压的治疗方案。后经别人介绍，来我们诊所治疗，我爸爸通过针灸，配合中药，还有自己配制的眼药水进行治疗，病眼基本康复，只是视力稍有下降而已。后来盛福寿还和我父亲交了朋友，每年春节期间还相互去家里拜年，前年他也去世了。

还有一个例子，农民用打稻机的时候，眼睛被飞出来的稻粒戳伤的情况很多的。以前稻粒戳进眼睛里没事的，你只要开一点清热解毒的中药，一般问题不大。后来情况不一样了，稻粒戳进眼睛里去以后，会引起很严重的头疼、发烧之类的全身症状。我爸爸分析，是因为这些稻粒打过农药，进了眼睛里面，农药起作用了，所以反应特别大。我爸爸就用药物给他们调理了，也是解毒的这种，效果也蛮好的。

当时我们有一种"光明草"，其实就是狗尾巴草，把它前面的穗摘掉，蒸好晒干以后就可以用了。用它在上下眼睑里面来回刮，再配点中药吃吃，就可以治好沙眼。因为这个草本身可以清热明目，来回拉动，可以把眼睛里面的毒排出来的。

对急性扭伤，如腰扭伤这种症状，针灸效果是特别好的。有的人扭伤了，进诊所的时候，背佝着的，还有的人是被搀进来的。我们是温针灸，针上面加艾草，针灸了以后再拔一个罐，把淤血放一下。放掉以后，病人马上就站挺了。特别是脚踝扭伤，他们拍片拍过，显示骨头没有损伤的，但就是走不了路，因为里面水肿了，肿得很大。针扎好以后就拔个罐，里面的淤血一放，就马上可以下地走路了。

随父行医到独立坐堂

我父亲跟我说，做人一定要诚实，一定要真心待人。做医生，这点是最起码的准则。另外他说好人有好报的。年纪大了我就慢慢懂得了这个道理。

我很小的时候，我爸爸就让我看些医书了。我爷爷和我爸爸抄了很多书，我爸爸就让我看，把针灸的穴位背下来。从我十五六岁开始，他先让我在一个很厚的纱布包上练针灸指法，要快速有力，一下子进去，病人不觉得痛，然后让我在他身上试针。

有时候他会问我，腰扭伤需要扎哪个穴位？或者这个人在打嗝，你最好能一针把它解决了，这一针扎哪里最好？打嗝有时候在内关穴扎一针就有效果的。顽固性的打嗝不一定一下子能扎好，他回去可能又开始了，要连续扎个几次的。

我老爸经常出诊，因为有的病人年纪大，不方便行走的，他要上他们家里去扎针的，就带着我一起去。我老爸觉得农民比较困难的，收费相对要少一点，有残疾的就象征性地收一点。因为以前这边基本是农村，附近种的都是稻田，三墩界其实是很小一块，正式居民估计只有 3000 人。从农村里来扎针的病人，都是看不起病的，希望价格便宜，效果又好，最好今天扎了，明天就能去地里干活。这种病人是比较多的。我们现在也是这样的，对生活条件不是太好的病人，相对给他们减免一点费用。反正我们这个医疗机构的价格，基本上自己可以制定的。

（19）84 年，我因为要考执业医师资格，去杭州前进中医学院夜校学了3 年。那个时候我还在三墩玻璃厂里上班。我是（19）78 年参加工作的，在厂里干了 10 年。当时有个以师带徒的政策出来，跟了我父亲几年，我就到余杭县参加统一的技能考试。考试是到临平第一人民医院，有个针灸科医生，他说这里有个病人，胃疼胀气，你扎一下，就这样考过了。发了个行医证，允许我在父亲的带领下行医了，这样持续了 3 年。

在前进中医学院，我系统学习了中医理论、针灸学、推拿学、中医药学、方剂学、中医儿科，还有解剖学、影像学，要是这些不学，考执业医师根本考不出，因为是全国统一考试，对理论知识储备要求很高。

在理论考之前必须参加一个实践考。实践考我爸爸教我的就派上用场了。另外需要西医的知识很多，比如给你一张片子，你要会看，判断病症现在是什么样的情况。

掌握了这些知识，我感觉扎针的时候更有信心，不会出差错。因为学过解剖学了，像背部的穴位，这个分寸可以掌握得很准，不会刺到肺部。以前中医书上是说扎几分，背部薄如饼之类，就是说背部的穴位你千万不要直接进去，针都要斜着的。刚学的人尽量不扎背部，有经验了以后再去扎，扎到肺会引起气胸。

我爸爸传了我一些独到的技法。像红眼病，耳尖上放一下血立马就轻松了。再如扁桃体充血，咽口水都痛，少商穴放下血马上就缓解了。我还在玻璃厂工作的时候，有个同事喉咙痛，吊了三天盐水，还是咽口水痛。我说我试一下看，就从家里拿来一根针，在他两个少商穴放了一下血，他咽口水立马就感觉轻松很多了，烧也退了。

我爸爸当面不表扬我的。就是有时候他在楼上，我听到他说，"这个病人估计我儿子扎起来比我好呢"。有的人面瘫，要扎眼部穴位，他年纪大了，有时候他扎容易出血，就让我来扎。不过他知名度在这里很高的，因为当时的病人多是农村里的，他们都很实在的，好的就是好的，你一下子扎好了，他们就很开心，总是会念叨你。

家里奶奶功劳大

我奶奶活到86岁，我们家功劳还是我奶奶大，做家务都是我奶奶。过年的时候，我奶奶会做一种叫"松肉圆"的菜，就是糯米粉里面放猪油，油炸的，一个碗里面一只。亲戚来做客的时候都说这个菜好吃。我们小孩喜欢炸好了拿出来直接吃。我奶奶一般放好以后就切成片，到时候蒸着吃或者泡汤。还要烧一碗八宝菜，里面放豆芽菜、红绿丝、鸡蛋皮，反正8种食物。白切鸡也肯定有的。

年三十要祭祖的。客厅里原先摆了张八仙桌，桌上要放6个菜，一般3荤3素。有时候再添1个荤菜、1个素菜，一共8个菜。再放些水果、糕点。酒要倒满16杯。然后点两根蜡烛。大家走到门口叫一下："阿太！爷爷！一起进来吃个饭！"外面烧点纸钱，请门神放行。把祖先请进来了，我们要拜三拜，请他们入座。就直接开吃了，吃到中途再给他们斟下酒，烧点纸给他们。

小孩子一般在外面玩，有时候大人忙，就叫他们拆一下纸元宝，本来元宝是 100 个一扎，拆出来，给大人拿去烧。

这个叫分岁，我们这边家家户户年纪大的都会弄的，我们家就是我奶奶张罗的。

我奶奶经常烧的菜还有毛笋晒干以后烧肉。以前肉类比较少，带鱼我们吃得比较多，就是把咸带鱼放到油锅里面炸，这边的人小时候基本上都吃过的。以前包头鱼不买的，都是买鲢鱼，因为鲢鱼便宜，头小、肉多。有的就稍微腌一下，晒成干，然后蒸着吃，这个味道肯定好的。

我烧菜也还可以的。我有个长辈叫朱守萧，他跟我爸爸是远房表兄弟。他在台湾，一直想念故乡。20 世纪 80 年代末，他从台湾回来，到我家来，我烧了个五花肉炒栗子给他吃，他觉得味道很好，说"我回去的时候，麻烦你再给我烧一碗，我带回去吃"。

父亲是多面手

我出生的时候，我爸爸 39 岁，将近 40 岁。他从工地回来，经常给我讲以前的老故事。他喜欢讲《金台传》，还有《西游记》。看戏他以前看得很多，他说最早看的《西游记》，灯光很漂亮的。我们诊所隔壁以前是茶馆，有三间门面，请杭州的说书人来表演，每天晚上都弄到八九点。我们等于是免费听的了，那个时候我十五六岁。

我爸爸是多面手。乐器精嘛不精的，但几乎都会。钢琴会弹，风琴会修的。我女儿小时候，我给她买了一个电子琴，我爸爸一上手就会弹。古龙俱乐部刚刚组织起来的时候，他们唱戏的戏帽、布景、道具，都是我爸爸亲手做起来的。五几年的时候他还扎了两个舞龙的龙头，一条用麦穗扎的，一条用蚕茧扎的，还专门有人来拍过电影。

"大跃进"的时候，外面墙上面要做宣传画，都是我老爸去画的。以前我们诊所的挂图，他就按照书上的图画下来，挂起来。现在这个门面改过，以前门上面他画了一双眼睛的。包括门上的牌匾都是他自己写好以后，让木工去做。

鼓亭乐的团队一开始组建起来的时候，什么都没有的，后来我爸爸凭印象，用细的毛竹先做了一个简陋的鼓亭，油漆漆一下，上面有一个顶，4个人抬着，里面放着锣鼓乐器，一边走一边敲。

后来刚刚好朱守萧回来了，他说："以前这个鼓亭乐好不好弄起来的？"他回来五六次了，就住在兴隆桥他弟弟家里。那时候三墩出去"踩街"都要敲鼓亭乐。队伍前面有龙灯，有鼓亭，还有火流星。我老爸就问朱守萧："乐谱你还记得的？"朱守萧说："都在我脑子里！"他记忆力蛮好的，乐谱好像都记得起来的，很工整地写出来，一边敲，一边嘴巴还在念节奏的。

当时参加这个社团的老人基本上七十几岁，好几个都是隔壁邻居，像什么蒋怡生、朱宝贤。我二爷爷也在的，就是陈世耀。最早学鼓亭乐的，是朱宝贤的爸爸。这批人都是他教的。我爷爷其实也会敲的，笙管箫笛他都会点，他还是个京剧票友，擅长唱老旦，我奶奶说，"你爷爷《钓金龟》唱得最好呢"。演奏鼓亭乐的4人中有一位老先生现在还健在，应该有93岁了，名字叫蒋寿梅，我是一直叫他阿梅伯的。

(19) 97年元宵节，三墩镇有一个万人"踩街"活动，规模很大，我爸爸做的那个竹亭子，就抬出去用了。

父亲人生的最后一天

我爸爸87岁那年在门口给一个小朋友骑自行车撞了一下，股骨头骨折了。当时检查出来说血糖高，一直吃降糖、降血压的药。后来药都停掉了。他整个的精神状态很好，说话中气很足。他就是95岁还可以拿根拐杖出去走走。96岁开始门口坐坐，要挽一下了。到96岁下半年就开始躺在床上，让他坐起来都不行了，要给他喂饭喂水了。

2019年11月8号，阴历十月十二日，立冬。我早上7点左右来诊所，进来的时候天花板上一根灯管闪个不停。我关掉，等一会儿再开，还是闪。到里面去，电视机开在那里。我们晚上有一个阿姨在照顾我爸爸，我问阿姨这个电视你有没有关掉，她说关掉了，关了好几次，自动开起来的。

我每天来了，这个阿姨就回去了，我接她的班。我给老爸先吃了一碗藕粉。每天吃好藕粉，还要给他煮一个白煮蛋的。他说等会儿再吃。我就在外面看病人，后来又看了一会儿报纸，大约9点，我进去，跟我爸爸说"给你煮蛋吃喽"。他没说话。我走过去一看，发现他脸色不对，马上打电话给附近殡葬一条龙的机构，我说"我老爸不行了，你们赶快过来"。寿衣我们早就准备好的。当时他有一点好像气喘的，他们来给他穿寿衣的时候，给他擦身的时候，气很急了。我连忙打电话给我老婆、我女儿，她们都来不及赶到，很快的，就二三十分钟吧。老丈人赶过来我爸爸还有口气的。

话都没有说一句，就走了。

采访地点：三墩镇卸紫家园8幢
采访时间：2024年10月30日 13：07—14：30
被访谈人：陈新伟
采 访 人：戴　骏
校 对 人：朱嫣红

小时候的那些人那些店

薛建良

57 岁，退休社区干部

我们三墩老街可以把它弄好，我们旅游经常去看人家的，其实自己身边就有。

亭中趣，邻里情

我们家住在庙前街卸紫桥旁边这个位置，家旁边有个凉亭，我对这个凉亭特别有感情，很有印象。

大夏天，顶着大太阳回家，走到凉亭的地方，一下子就感觉凉飕飕的。第二个是凉亭里面的氛围很好。大夏天小孩子都放暑假了，没地方去，全部都在凉亭里面玩。大家带着自家的竹凳子，聚在一起玩。凉亭中间正好有一个河埠头，我们那个时候淘米、洗衣服，从河埠头下去，河埠头这个位置是蛮热的，因为河面有风，吹上来都热，所以这两个位置我们不太去的。我们喜欢抢凉亭里的位置，位置抢完以后小孩子都在这里面玩。

我印象当中夏天吃棒冰，4 分钱是赤豆棒冰，5 分钱是奶油棒冰。那时候说实话能够给我们吃上一支赤豆棒冰，真的要开心到飞起。那个时候我们爸爸妈妈两个人加起来的工资都只有几十块钱，你说姐妹几个都能吃上（棒冰）是不得了的事情，是吧？

我们经常在这个凉亭里面玩。玩什么呢？棒冰的棒子以前不是这么宽的，是细细的一根，我们就玩"挑棒冰棒"。这棒冰棒一把"啪"撒下去以后，棒子相互压着，然后我们就比赛，要把相互压着的棒子，一根根挑开，但不能动到其他棒子，动一动就是你输了，觉得很好玩的一个事情。

还有一个，买来的西瓜很热，就要去吊井水。我记得隔壁邻居家里有一口井的，我们跟他说去打一桶井水上来，然后把西瓜放好，还有汽水、啤酒放进里面，感觉像吃冰西瓜一样。

我是觉得像这样的凉亭（凉亭中间走下去是河埠），可能也只有我们三墩会有，其他地方不一定会有。凉亭的文化我觉得还蛮有特色的，那个时候邻里之间氛围很好，相互帮助，你家小孩子有点什么事情，大家都知道的。

小时候住在卸紫桥时，家里大门不是上锁的，晚上是上排门的。那时全都是木门。早上就把两块门板卸下来，晚上把门板的木臼装上以后，门关起来，后面有个门闩，旁边有两个耳朵是铁环，闩起来以后就关起门来。现在想起来都觉得那个时候晚上开门睡觉也不要紧。

夏天的时候我印象很深，早上我们差不多 5 点半就起床了，图它一个凉快。姐妹几个搬一张小桌子放在家门口，大家一起写作业。有时我要捣乱，我妈我爸他们就让我练字，楷书一样的东西要我描红，每天这样子，描到后面慢慢字也写得好一点，然后拿着废报纸在上面练字。

等到下午 4 点多了，太阳还像现在这么大，我爸爸把河里面打的水拎起来往地下泼水降温。到了 6 点多再泼水以后，基本上这个地就有点湿漉漉的，不会像现在这么热了，我们吃晚饭时就把桌子搬出来在外面吃了。晚饭吃完以后收拾好，小孩子全部都在门口乘凉。

那时饮用水也用自来水，但需要到卸紫桥下面专门有个公用龙头的地方担水。公用龙头有一个人专门在管的，问他去拿钥匙。龙头上有一个竹罐子，把龙头套牢，下面是铁丝一样的，前面弄了锁把它锁了，平时我们是不能开的，就到他那里去拿钥匙，把这个锁销子拿开，把竹罐子拿掉，就可以放水了。接水不像现在是用塑料桶，那个时候都是木桶，我爸挑两桶用担子一挑就挑回去了，我们家的水缸基本上是两三桶水就差不多满了。

那个时候邻里之间的关系很融洽，甚至每家每户今天晚上吃什么菜都知道。有一点是很好的，这户人家里面有什么困难，邻居们都会帮忙的。比如方阿姨她婆婆跟我们是隔壁邻居，那个时候我爸爸因为经常要出差，我妈妈又要上夜班，有时候我妈要先去交接班，我们小孩子吃饭不是很慢的嘛，她那边5点要上班了，我这边还没吃完饭，我妈就先去上班了。我们姐妹在家里面吃饭，旁边方阿姨她婆婆真的很好，她就老是跟我妈说，你先去接班好了，我会管牢她们的。

有时候碰上夏天突然一下雷阵雨，我们那时候胆子很小的，所以我到现在为止还有童年的阴影，对打雷也很怕的。那时候我们怕得就钻到八仙桌下面，乌黑乌黑的天，电闪雷鸣，方阿姨她婆婆看到都会来管我们，让我们不要怕。就那一份情谊，我到现在都记得。我赚的第一份工资，买了一点东西就去看她婆婆了，我就觉得跟自己亲人一样。

所以说那时候日子过得也蛮充实的，虽然不像现在这么富足，但是这一份情感说起来还是蛮纯正的。

木器社、竹器社、铁器社

木器社、竹器社、铁器社都在老街上。

木器社很大，生产家具的，生产好就运出去卖。我经常要到木器社里面去玩的。木器社有刨花，讨一点回来在家里面发煤炉。我还经常晚上去，晚上木器社的工作人员就在食堂里面打老 K[①]，我爸爸有时候也去打几副，我就会跟着他一起去。

木器社楼上是宿舍，社里面做家具、柜子、桌子这种大家具，我看到五斗橱、大衣柜蛮多的。冲床都很大的，油漆也是在这里喷。喷油漆要戴个面罩。我读小学也就一、二年级的时候，还问大人，为什么他们要戴个面罩，爸爸妈妈就说因为喷的时候，散发出来的气味很大，有毒的，知道有毒所以我们就不敢去玩了。

为了防止有人去偷木头，木器社大门口有两只大黄狗。这只狗很大，类

---

① 打老 K，打扑克牌。

似狼狗一样。

竹器社里面就是编篮子、竹椅、竹榻、桌椅这些。以前竹榻刚刚编好的时候是很刺的，毛刺要给它打打平，再刷平。刷平以后睡上去还是很热的，一定要男人赤膊，就是汗水在这上面浸润以后变成包浆，变成红的就很凉快了。

然后还有一个废品收购站（应为物资收购站），还有一个三墩旅馆、一个铁器社。三墩旅馆是在凉亭一头，走到卸紫桥的时候还有一些腌腊店、豆腐店。

铁器社为啥我知道，因为铁器社里面那个时候烧出来的废铁，"嘣"一车废铁出来就倒在垃圾桶旁边的。那时家里面比较困难的，都会候着这车废铁，大人带着小孩子就"啪"冲进去了，围着这一堆废铁捣铁块，这些铁块捡回去（到物资收购站）就可以卖钱的。铁器社打铁锄头什么的，还有烧火用的火钳，门口都有展示。

老街、老店、老人

庙前街的当弄新村，现在应该也在中学弄那个地方，后来我们就搬到中学弄那个地方了，那一块现在是古龙俱乐部。包括陈公白的一个诊所，还有阿虎的照相馆，我儿子也有一张照片，大概是双满月时，就是在阿虎的照相馆拍的。开照相馆的阿虎跟我们以前是邻居，就在卸紫桥，他们是住在凉亭对面的，我们是住在凉亭旁边，他们家正好是对着河埠头，就河埠头对上去。他也是跟我们一起住在当弄新村那里。我们（住在）三楼的一幢，他们住在前面的四层楼。

陈公白的诊所我爸那个时候还写了一个感谢状，我当时看到后思绪马上就拉回到以前的回忆里了，有点感慨，又有点难受，因为我爸爸已经走了。当时我爸爸腰不好，腰痛，他去那边扎针灸了。

现在三墩老街的钟表店，之前是老板的爸爸开的，老板属于子承父业，继承他爸爸的手艺一直做到现在。

　　还有一个修鞋子的刘师傅。我觉得我们除了要挖掘本地的东西，也要把我们本地吸引外地人在这里扎根的东西写一下。他也是很多年了，有三四十年相当于大半辈子扎根在这里。开始的时候只有刘师傅自己一个人来的，也没有像现在有个店，以前摊位都没有的，后面慢慢规范起来了，摆了一个摊。我印象当中是在电影院那个地方，门口地方摊开来。他每天要收摊收掉，基本上走的时候一个洋车背着，手上拿了一个榗鞋子的，这样扛在肩上拿回去了。后来他生意做得好，来不及干了，就把老婆也叫来了。刘师傅开始来的时候很苦，但是他们很能吃得起这份苦。

　　我也很相信这句话，家和万事兴，和气生财。他的脾气真的很好。有时候逛了一圈回来，鞋子他还没修好，碰上脾气急的，就会埋怨他说他几句，他会把自己手上的东西扔下来，说马上弄、马上弄，这样人家气也就消了。他脾气好，手艺也好，价格很便宜的。这个修鞋摊一直到现在都还保留着，我们现在有时候鞋子坏掉也还是会找刘师傅去修。

　　物资交流会应该是属于三墩供销社办的，放在陈家桥老街当中不是很宽的两条路，全是物资交流会的摊，印象中好像都是在过年前办的，其实说到底就是展销会。我经历过几次，卖的东西一种是吃的，一种就是用的。吃的摊位基本上是在老街那边的，如陈家桥边上、钟表店这些地方。为啥在这个地方？因为这两边一边是百货店，还有一边是食品店，东西拿出来交流就方便一点。陈家桥马路这边基本上都是（卖）用的，像棉布这类的东西。物资是供销社牵头，下面分社什么的拿上来的。那时我们还小，喜欢轧热闹[①]，物资交流会一来，热热闹闹的，就知道快要过年了。

　　以前那里的摊位，都是竹编的，像竹排一样，用很粗的那种架子，一块一块搭起来的，用钢丝绑好，东西就摆在这上面。其实跟夜市差不多的，真的是蛮热闹的。以下面送上来的土特产为主，吃的东西就像糖果、糕点、饼干、糕饼也蛮多的，还有酒。

---

① 轧热闹，也叫轧闹猛，意为凑热闹。

　　三墩的老街上面有水产店，有肉店，有早餐店，有百货店。百货店里面也卖文具用品，那个时候的化妆品是孔凤春，现在也还有。以前我们用的蛤蜊油，那个东西很灵的，手上冻得裂开来了，一涂就会好的。

　　百货店买布（开单子交钱）是用轨道的。下面量布量好以后，有一个单子开多少钱，然后它有一个做起来高一点的收银台，收银的这个人就坐在这个上面，下面有几条轨道，单子开好以后用个夹子一夹，在轨道上面唰的一下就到店员那里了。单子拿出来弄好以后，有钱要找的，也是夹子夹牢以后唰的一下上去。

　　这就是我们小时候看到的百货店，它的对面这一块就是老电影院。还有食品店，最旁边一摊全部是卖酒的，卖黄酒、烧酒这种，那个时候没有瓶装酒的。两个摊位当中是一个通道，他们进出的工作的通道，还蛮大的。点心摊是在肉摊旁边，那时候买个麻球5分钱，一个洋糖糕4分钱，以前的四五分钱是算多的，黄酒是一毛三一斤。

　　粮站有很大一个机器是卖米的，比方说要称20斤米，他用这个机器称好，上面有类似现在的电脑控制板一样的，会显示20斤，然后倒在一个桶里面，通过一个管道"呜呜"下来了，管道底有一个铁的东西刹牢的。我们拿个米袋，他就问我，你有没有接牢，因为米袋在管子下面，我自己要接牢。这个时候就很担心，我力气小，如果闸门开得大一点，20斤米一下子就冲到你的米袋子里面来了。万一后面接不牢，就冲过头了。我就要跟他说，你放得慢一点。我买好米以后，在这个闸门还没放下来之前，我的手要伸到铁皮管道里面啪啪啪敲一下，因为留下来还有几粒米的，我要把这几粒米都弄下来。小孩子好奇心比较重，对这个印象很深的。

　　另外还有一个窗口是卖面粉的，感觉那个窗口粉尘比较大，乌蒙蒙的。

　　买油到食品商店这个地方，它的油桶很大，有两个油桶，一个是菜籽油，还有一个不知道什么油。有一个标签拉上来，拉上来是多少斤，标志就到这里，然后就把油放出来，底下油壶要接牢。

　　我们是要保留这些东西，平时逢年过节，我们节假日跑来跑去（旅游）

就是这种古镇，觉得去古镇跑跑好像蛮味道^①的。浙江的这几个古镇我都去过，我跑到南浔以后一看，他们不就一条河，上面两边是房子。每次一看我就说，这就是我们小时候住的房子。我们三墩老街可以把它弄好，我们去看人家的，其实自己身边就有，只是没有去挖掘出来，没有给它改造出来，把它弄好。只要我们讲的东西有利于以后的保护、以后的挖掘、以后的展示，我觉得作为从小在三墩长大的人都应该要出一份力。

采访地点：三墩镇民俗馆

采访时间：2024 年 9 月 9 日 15∶30—17∶00

被访谈人：薛建良

采 访 人：殷　锐　朱宇清

整 理 人：殷　锐　朱宇清

校 对 人：薛建良

---

① 味道，有趣味。

三墩在哪里

蔡吉人

54 岁，企业负责人

　　她说，我承认我是三墩人，但是她又在问我，三墩在哪里？这个问题很严重。三墩在哪里？我也说不出三墩在哪里。

　　我们家住在卸紫桥，卸紫桥下面就是凉亭，当时我们那边叫半路凉亭①。半路凉亭边就是五里塘河，河的对面就是中西医结合医院，现在中西医结合医院也搬走了，当时靠这边有棵大樟树，我估计有几百年的历史了。

　　凉亭朝南面的第一家就是我家，跟薛（建良）书记就隔了一户人家，她（家）在我（家）的西面，中间隔了一个邻居。以前镇政府的吴敏霞，也是住在我们对面的；还有镇政府的吴峰梅，全部在那一带，我们都是邻居。

自给自足的三墩

　　三墩那时候作为城镇来说，居民户口和农民户口有很大的区别。我们属于居民身份，五里塘、大港桥、陆板桥什么的，那里是农村，所以那里的人属于农村户口。我们是没有田地赚工资的，他们是有田地的。

　　卸紫桥往东到庙前街那边到处都是我的同学。那边分两类，实际上是这条街两面，一类是居民，大多就住在河边上，农民就是后面在田畈这一边。庙西街店铺不多的，没有庙前这边多，店铺全在半路凉亭以东，那边基本上

---

　　① 多立于路中或建在路畔的凉亭，也称"路亭""半路凉亭""过路凉亭"等。这里指沿河的长廊。

都是居民，没有店，有店也是个很小的。

以前供销社是个庞大的体系，庙前街整条街可以说 80% 的店铺都是供销社的，没有私人的店铺，没有说租赁什么的。生活所有的配套全部是供销社在配套，它供应整个三墩整个辖区，这里最热闹的地方就是陈家桥这一块。

说到庙前街的历史，实际上我们经常说的庙前街就是从卸紫桥到三墩幼儿园这一带。那里有工厂，有供销社、收购站。

现在的收购站都叫废品收购站，那时候功能不（只）是收购废品，等于说是物资收购站，是历史的产物。以前不能私人买卖的，私人买卖就是投机倒把，都是国家收、国家卖的。老百姓的猪、牛、羊、鸡都在这里卖，还有铁、铝、铜、报纸也都是收的，跟我们现在不一样了。现在一般收废品是很清晰的一条产业链了，等于说是细分的市场。

那时候像古董、狗皮、羊皮、羊毛，各种动物的毛皮、骨头这种东西什么都收，骨头是可以做药的。所以这里有一股气味，我路过都不要闻哩。现在有几个大老板，以前就在供销社里做过账，练出火眼金睛的，东西送过来好不好，他一眼就能看出来。

三墩还有一个屠宰的地方，叫食品中心站，大概在这个引桥下面的地方，收购站再过去一点，就是在三墩街这条路下来，这也是很有名的。他们宰牛宰羊，相当于屠宰场，这些牛羊是农民卖过来的。屠宰场往东面去一点，当时我们叫"地主的宅院"，也叫"墙门里"，里面住了很多人。

肉店在小学门口，还有药店，是国有的，全部是供销社的。那时候供销社生活类的（商品）什么都有的。

在那一块再往东去有个厂叫铁器社，我妈以前就在这里面工作的，当时做翻砂的。铁器社生产什么呢？他们做点农具，做轴套，其他我印象不深了，主要是做这些东西。以前肯定是生产这种铁匠打出来的刀什么东西的，到后面现代化的时候就做轴心。我懂事的时候，记得他们生产三轮车、自行车的轴心，不是轴承，轴承就高级了。轴心跟哑铃是一样的，边上打孔，跟钢丝连在一起，叫作"花骨筒"。先把铁水烧热，浇起来之后，再抛光，然后把洞打好。铁器社以前是二轻系统的，就是在我们三墩煤球厂，现在庙前街社区过去的地方。不过煤球厂后来也没有了。

那时候铁器社的坯料烧好了，"哗"一下倒出来，堆成一座山一样的，现在第一农贸市场就是这样倒出来的。倒出来的残渣用铁棒去钩出来，残渣里面是有铁的，等于说是捡铁的废品，然后到边上收购站一卖，拿这个钱，去菜场一买。以前的菜场在陈家桥下面，（废铁）卖的钱可以买一篮子菜那么多，所以大家都要过去抢的。

竹器社我印象很深的，里面都是手工编的竹椅子、躺椅、竹席，那批工匠现在基本上都没了。还有一个木器社，在陈家桥下面，把木头"哗哗"取出来，那时候就自产自销的，全是公家的。木器社也是二轻系统的，它不算供销社的。三墩以前就这么几个企业。

三墩还有物资交流会是很有趣的。每年都有一个物资交流会，当时没有物流，他们通过船运过来，比如苏州什么地方的东西、湖州什么地方糕点，我们这里没有的，物资交流会就运过来。摊位都是用钢架、毛竹搭起来的，放在现在陈家桥那一块。大概天凉快的时候，春秋放得比较多。春季交流会、秋季交流会这样，因为要天气好的时候放。这个时候包括五常、蒋村、良渚的人，他们全部赶到这边来。印象最深的是什么？泥路！物资交流会的泥路要走出什么样子？走成了跟席梦思一样的感觉！就是人走在泥路上面，脚踩上去好像越陷越深，踩下去这一脚，好像你站在席梦思上面一样陷下去了，你脚一放开它又恢复了。物资交流会开两三天之后路就成这样了，因为人太多太多了！我记得20世纪80年代末还有抽奖，一张票5块、10块，奖金最多的是5万（元），那时候感觉5万块钱用一辈子了，还有抽桑塔纳的。那是人山人海，大家抢的，要派出所公安来维持治安。以前没有福利彩票，现场就这样出去，但这个是国家行为，是国家允许的，私人不能做的。

三墩最早的理发店不在庙前街，在现在的陈家桥南面，以前老桥边上，那个理发店很有特色。在这座桥下来一个突出的地方，一栋两层的房子跟一个凉亭一样的，看起来很漂亮，那是个理发的地方，现在已经没有了，造桥拆掉了。

还有一个理发店在陈家桥的，就是桥下来主街上面有个公家的理发店，那个店太大了，一排凳子，有七八个，里面的人穿的都是白大褂，师傅们洗头也是一排。里面有八九个师傅，这个也是国营的。小时候大家理发就这两个理发店了。以前有个阿毛师傅是烧菜的，理发也有个阿毛师傅。

三墩最大一个饭店叫"新味馆"，这个是很有名的，以后要把它挖掘出来。解放之前是私人的，估计到清朝，有一点算老字号这种，20 世纪五六十年代变国有了，后来又倒闭了。烧菜是新味馆当时烧得好，新味馆最有名的师傅，我们老三墩人叫"小毛师傅"，虾爆鳝烧得很好，还有一个我记得最牢的是糖醋排骨，这两道菜都是他拿手的。那个时候饭店生意好，都是国营的。一顿餐饭要几块钱，两三块钱、三四块钱这样，一年下馆子次数不多的，三四次最多了。除非有事情，那时候没有谁请客的概念，就是自己家里去吃。改革开放之后，其他的私人饭店就出来了，后来新味馆生意就不好了。

阿虎家就住在我们斜对面的半路凉亭，他的这个照相馆原来就是陈家桥南面一个木头房子，现在的木头房子我不知道还在不在。开始拍照时就像电影里面演的那种，那时候这样一块布在相机上罩着，一按，"咔嚓咔嚓"老式地照相。

三墩还有个酒厂，很大一个厂，我们土话就叫酿造厂。酒厂做烧酒，做黄酒，也做汽水，那时候喝的汽水要回收瓶子的，就用木头框子把它框起来。酒厂那个位置现在已经建成商品房了，没有了。

三墩公交车最早以前是 3 路，后来变成 33 路，再变成 333 路，最早以前 3 路从三墩到祥符桥，良渚那边过来的是 13 路，我们是 33 路，有段时间修路，我们要坐到祥符桥下车的，车只泊到祥符桥，不能直达武林门。良渚过来的，也是祥符桥会合，在这里换个车，从莫干山路一直通到武林门。后来有直通了，那么后来我们变成 333 路，良渚那边变成 313 路，现在不知道 333 路有没有了。

小时候坐船很多次，我们到双桥、到长桥，往北边往西边去全部坐船的。我们懂事的时候，进城其实已经可以坐公交了，但是去长桥那种地方还是要坐船过去，你骑自行车也可以过去的。但是那时候那边是没有公交船的。每天有运物资的船，坐机帆船都能开进去，没有专门的客船。

还有新华书店，那边就百货大楼的建筑现在还在，供销社也还在，只不过现在自己不直接经营了，场地租给私人了。

实际上整个三墩把它框起来，它是可以自给自足的，你发现它什么功能都有，自成体系。这里是一个中心镇，下面的那些农村往上面供应各种各样的物资，所以说这个地方是一个商贸的地方，很热闹的。

我生长在三墩

我爸爸是绍兴诸暨的，18 岁出来当兵，他是退伍军人，复员以后在三墩供销社工作的。当时分配工作税务所也可以去，工商所也可以去的，他选择了供销社。那如果去税务所现在就是公务员了，所以时代的东西就是这样，现在看到好的未必以后会好，没有长久的东西。

我妈妈是三墩本地人，原来是在铁器社，后来到煤球厂的，就是现在粮站在改造的文创园区这个位置。煤球厂也没有了之后，在二轻系统内换了其他单位，换到现在的陈家桥北面做粘搭扣，给刺绣服装做配套的，叫兰美公司，这个房子还在。她做到 50 岁退休，现在已经快 80 岁了。

我们家有两个小孩，我还有一个弟弟。我母亲家里全部是三墩这里人，我就在三墩镇医院出生的。

我以前户口也是在庙前街，现在迁到外面去了。家是搬掉了，但是我工作在这里，我没离开过三墩，我一直在三墩。以前我开广告公司的，华东陶瓷品市场什么广告招牌都是我做的。2003 年我在三墩开了红缨宾馆，2009 年开浦京酒店，现在三墩的"303 生活广场"也是我开的。我是专做产业园、地产运营的，主要的业务在三墩、五常、良渚这一块，但是我的公司落地在三墩。相当于我从小生活在这里，现在公司生意也一直都在这里，只不过后来房子是买到别的地方去住的。

我父亲复员回来到三墩供销社，供销社是国有的，以前性质叫全民所有制，我妈的单位叫集体所有制。全民所有制相当于国企，等于说是供销社负责几乎所有物品的统一收购、统一买卖，以前市场不是自由的，你要买东西都要通过供销社。比如你要买肉，肉店也是国家的；买粮，粮店也是国家的；早餐店、包子店、油条馄饨店、茶店这些全都属于供销社下面管的，都是国家的。

我父亲在供销社的"棉证部"，就是管丝绵、棉花、棉被这些东西，当时这就是最好的单位。因为以前的物资是非常匮乏的，你如果是供销社员工的话，待遇肯定不一样的，供销社内部有个供应机制的。比如以前买肉，每家每人是定量的，一个月一个人就几两肉。有钱也不一定买到，要先弄票。以前没有燃气，都烧煤饼的，那么买煤饼也要凭票买，一人几斤。如果说票没了，就要花更多的钱。那时候私人不能做生意，20 世纪 80 年代开始慢慢私营企业上来，开始有个体户什么的。

我们那时候，农民跟居民比，还是居民条件好一点，农村确实很苦。农民就是"双抢"，真的苦得很。三墩镇边上都是稻田，那时候很多坟，有的棺材都露出地面了。养蚕的种很多桑树，桑树中间也有很多坟。我们不怕的，跑过去摘桑果子吃。我们小时候除了在河里玩，就是到田边上抓蛐蛐，一天到晚抓蛐蛐。

父母工资我记事的时候他们加起来三四十块、四五十块，就这么点工资。但是物价也便宜，比如买一包瓜子，那时候是用报纸包着，3 角钱。几分钱就能吃个棒冰，我记得好像是，白糖棒冰 5 分，赤豆棒冰 1 毛。卖棒冰是这样的，一辆"二八"的自行车，后面驮着一个方的箱子，用被子盖好，里面装棒冰，防止化掉，沿路叫卖。

小时候我就在庙前街、庙西街、五里塘这些地方打转，那时候觉得这里好大好大，现在感觉越来越小了。

我外公外婆家就在三墩这里，我们住在一起，两个舅舅也全部在这里。三墩还有一个玻璃厂，也是很有名的，在陈家桥的边上，蛮大的。我舅舅、小舅、外婆是那个厂的，我小时候在玻璃厂里长大的，天冷了放假就待在那里了，一天到晚在他们炉子里烤番薯。我们那时候没有安全意识的，就是这么长大的。现在的小孩子被保护得不得了。

玻璃厂车间里是很有趣的，做玻璃制品。烟灰缸、茶杯什么的都是生活用品，还有各色的花瓶，有绿色、蓝色、红色的，很漂亮，这样的瓶子我现在都还有。你看得到的玻璃的东西他们都做，还都是手工做的，一个一个吹出来的，然后拿去卖。烧玻璃的那个炉子像一个蒙古包，一圈好像有4个孔。玻璃就这样用铁夹子夹在那里，在炉子里烧软了拿出来吹，边上摆放着好多工具，下面两个师傅搞造型。一道工序一道工序这么弄，很有趣的。

那个时候外公外婆家的条件还可以，我外公是供销社的，我外婆是玻璃厂的，当时这两个单位就是很好的单位了，是在国家单位吃皇粮的了。在这里面有工作有工资的，不是这么容易的，相当于现在考一个公务员。两个老人家贴（补）给我们，所以我们条件还好，至少我吃什么东西，好像还没有很苦的这种感觉。我那时候也有肉有鱼，当然跟现在小孩比是不能比的。

我们上一代还要上山下乡做知青，那时候是哭着去的，我外婆家里有两个舅舅、一个小姨、我妈妈，4个孩子。我妈之前到安溪做知青，安溪那边不远，但是做农民了，身份改了，给你田种，但是田是集体的，大家一起挣工分。

一公里内外就变的三墩话

还有一个东西，真的要呼吁一下，就是三墩的方言保护。三墩的方言实际上是千变万化的，一公里一个话，你是听不出来，我们三墩人互相都能听得懂，但是方言隔了一公里就变化了。现在像我们的孩子就讲不了土话的，这个东西要断层了。我女儿已经 24 岁了，她是听都听得懂，你讲得再快再难她都听得懂，但就是讲不来。这一代人我不知道怎么样，我估计三墩话离他们会越来越远。

城镇化的保护实际上要留点东西的，不光是建筑形态上的，包括语言，语言这个东西真的（很特别）。其实三墩话跟杭州话一点都不搭界的，跟良渚那边会有点像，但是也不一样。和五常那边讲的，真的也不一样。三墩这边的话跟三墩农村的话都不一样。我的感觉是一公里内变化小，一公里外变化就大了，在用词、语调上面都有变化。

实际上我讲的话是最正宗的三墩话，因为肯定是以三墩最热闹的地方为中心的，不是谁都正宗的，我是代表陈家桥五里塘这一带的。这一带再延伸出去又是另外一种味道，到良渚那就变化很大了，到安溪又是一种话，东面过去到临平又是一种话。南面又不一样了，再那边五常话，有细微的差别。我们三墩话跟双桥也是不一样的，那边的话我们肯定能听懂，但讲不出它这个味道。好比讲普通话，北京人一听你不是北京人，这个区别你是讲不出来的。

像我到城里就讲杭州话了，杭州话跟杭州话也不一样的。其实真正的杭州话，是宋朝以前的杭州话，我们三墩话应该是接近的。你比如说萧山、富阳、余杭，其实它基础的调调是差不多的，只不过稍微有点变化。现在所谓的杭州话是南宋时期北方人搬到这里，把开封那边的话带过来，与杭州话的结合，实际上是北方话。"介个套、那个套"实际上是北方话。

杭州话"nì"是"你"的意思。我们这里的话"你"叫"zhèn——"，"nà"的意思就是"你们"，"wá nín"就是"谁"，这个区别蛮大的，跟杭州话完全是两种体系。我感觉一直到北大桥那一块还是接近我们这里的话，这个其实是杭州北宋以前的话，我是这么理解的。南宋迁到这里之后，北方人都是当官的，北方的官话就成了杭州话。

实际上真正的杭州话，就是核心这一点地方，包括武林门、建国门、南宋御街那个地方的，城外到"小河"。我外公外婆就是讲正宗的杭州话，我外公的杭州话，比如说"谢谢你"，现在杭州话就是"jiǎ jiā nì"，实际上正宗杭州话叫"jí jí nì"。我外公已经过世几年了，他要在的话有100多岁了。

从杭州城里的核心地方到边缘又有变化了，所以方言这个东西我觉得搞文化、搞教育真的有责任把它留下来，没了，要断层的。

可以找各式各样的人过来，说大家常说的话，或者用三墩话对个话，是蛮有意思的。三墩方言要把它留下来，真正地流传下去。像电视台里面有一个节目叫《阿六头》，那个主持人讲杭州话是正宗的，就是老皇城根下面的这种感觉。

现在的"三墩"在哪里

以前三墩是河道交错、正宗的一个江南水乡，就像现在的一些古镇比如乌镇、同里，实际上是一模一样的，我估计比他们还要好。因为以前三墩被称为"小上海"，是商贸非常发达的这么一个地方。

三墩镇如果按照现在的地理区位说，就是一个大区的经济中心、政治中心，有七八百年历史。当时基本上在卸紫桥、陈家桥、五里塘穆桥这个范围，那个时候几千个人的样子。

三墩镇从我有记忆的时候，主要就是一条庙前街，实际上三墩（中心）就是这么条街带一个拐角，现在这条街是有点破破烂烂的了。在幼儿园那个地方一拐，以前三墩小学也在那里的。小学这里的路我们叫小学弄堂，小学弄堂的南面就是三墩幼儿园和小学。三墩中学要再过去一点，那一带叫陈家桥。陈家桥再往河东面去就是五里塘河，现在是五里塘社区，这一片现在叫历史风貌区。

过了三墩中学再往南去就是湿地了。现在看到的西溪湿地，三墩以前也是这样的，像浙大紫金港校区这一块以前就是湿地。其实应该就是同一块，后来分开了，叫望月社区、浦家桥了，原来浦家桥下来三坝、虾龙圩这里全是湿地。过了留祥路，以前那边湿地是以养鱼为主的。

小时候家里木头房子跟乌镇一样的，乌镇是什么样子，我们这里就是什么样子。江南水乡，小桥流水，三墩以前的房子基本上都是沿河而居，房子建在河的两边。薛建良她家里从厨房这样走下去，就是河了。大家淘米洗菜全都在河里面，当时是这样的，自来水那时已经有了，但是自来水是公用的，就在某一块地方大家去拎水的，洗碗肯定在河里。

河上有桥，两边有地方是给人歇脚的。这条河是很清澈的，我小时候天天在这里游泳。我们那时候都是把书包一扔，往河里跳进来的，全部是这样的，从陈家桥上面跳下去。

下面机帆船开过，就是船上有个小的柴油发动机的那种水泥船，运物资的，那时候全靠船在运物资。那时我们看这条船开过去了，"砰"就跳下去了，女孩子也是这样的。

三墩的民俗比较有特色，最有特色的我觉得就是划龙船，我年轻时也要划的，就在卸紫桥这一带，那时候水很清澈。

我们那时候邻里关系都非常好的，天气热的时候，一到吃晚饭了，有时候一条街家家户户都搬在外面吃，因为过道上凉快。我们家在这里吃，他们家在那里吃，都看得到，大家都把桌子搬出来。那时我们娱乐活动，就是拿一个躺椅、竹榻，全部坐在外面的，大家聊天乘凉，就这样了。

三墩就是一个沿着河的古镇，实际上这里是一个贸易集散区。有了贸易之后，居民都聚集在这里。解放以前非常热闹，就你看到的河里面，一天到晚就是在这里交易的，从湖州运过来的，吃的用的东西全部在这里消化。这里弄好之后，运到杭州进城，算是贸易中转站。

这条路（庙前街社区所在的马路）现在是叫三墩街，三墩区旧的镇政府这样一直连过去。以前这里是宗祠，学校什么都在这里的。后来叫区委，所以联系我的时候，说"老区委、老区委"，我就知道是在这里。这里以前都是木头房子，里面还有池塘，开会什么都在这里，边上都是古建筑。我记得毛主席去世的时候，(19)76年我6岁，还在读幼儿园，每天出来，就拉着手过来。那个时候还是祠堂，还是老房子，后来全部拆掉了。这个也很正常，像乌镇能保留下来，说明它地理位置偏，它偏才能保留下来。

我的幼儿园、小学、初中、高中全部在三墩读的。当时三墩镇上有几千人，我们读书的时候，三墩中学有初中和高中，五常、蒋村、良渚好的学生都要到这里上高中，所以我们的同学也是要考上来的。考以前的高中相当于考现在的本科，或者说比现在的本科还要难考。整个高一年级只收 200 个人，也就是整个三墩区加起来只有 200 个人能上高中的。

陈家桥边上有一条中学弄，很长的一条路，我们家有段时间就住在范家湾和中学弄的三岔路口，这个房子现在还在。我真的希望把它保留下来，现在还是老房子。

我在三墩住到 2004 年之后搬到城里去住的，现在我和我女儿说，你是三墩人。她说我承认我是三墩人，但是她又在问我，三墩在哪里？这个问题很严重。三墩在哪里？我也说不出三墩在哪里。

希望做真正的老街

现在庙前街老房子还有比较小的一段，就是老区委、庙前街、庙西街这么一块。陈家桥老桥是拆掉了，但也是可以恢复的，可以再做的。现在（改造工程）做下去了，100 年以后也是古董。我们做得晚，但是希望能够把它做得比人家好。

我们希望三墩能好好保留过去的记忆，不要搞新出的东西，也不要搞得商业氛围太重，最好在这个地方，有居民住在那里，可以用电用水用燃气，可以舒服生活的。人工的痕迹少一点，应该修旧如旧。逛这条街，边走边看，既有老店铺，也能看到居民生活，听到当地话。

很可惜我们把电影院拆掉了。电影院就在陈家桥南面那个地方，现在是兰里小商品市场。这个电影院是老式的，上面有像苏联时代的一颗五角星。

水月墩东面这个河道是可以恢复的。以前菜场那个地方实际上是河，它是怎么被搞平的？铁器社它不是翻砂的嘛，长年累月往河里倒煤渣，所以填掉了。现在上面没有房子的话，再挖开它。河道水系都是连通的，把水引进来。

三墩以前的船舶文化、码头文化要把它体现出来。码头文化实际上是追溯到（19）49 年以前，把它挖掘出来，让我们的下一代知道三墩在哪里。

我希望能做个真的老街，留住乡愁，让大家知道，这里就叫"三墩"。

采访地点：庙前街社区会议室

采访时间：2024 年 8 月 15 日 9：30—11：00

被访谈人：蔡吉人

采 访 人：殷　锐

整 理 人：殷　锐

校 对 人：朱嫣红

热闹了，衰败了，翻红了

陈 莹

35 岁，庙前社区工作人员

我来庙前街社区这些年，刚好就是社区变化比较大的时候，小时候见到它很热闹，后来又很衰败，这几年又成了网红街。

"街上去了"

我老家是三坝的，离庙前街距离还好，不远不近。我妈说她结婚的时候是没有大路的，因为那个时候的三坝，现在是在文鼎苑学军小学那一块，到我外公外婆家，现在是环龙桥桥头这里，只有水路，只能划船的，所以她是从水上嫁①过去的。

我妈是大港桥人，也属于庙前街社区这个地块，家在卸紫桥往里走，接壤的地方。小时候我们每周五都会来外公外婆家吃饭。

我爸说三坝是等我出生后就有条路了，沿着河造了一条路。路在我的印象里面是不咋地，以前都是土路、泥路，坑坑洼洼的，下雨天或晚上你一个人在路上还比较慌，路边有一片小树林，树林里面还有坟头，然后还有田，到了有人家的地方还要被狗追，就这样子的一条路。

到外公外婆家大港桥这里，那时候那条路就相当于现在的紫荆花北路，到留石高架这个地方。留石高架往南全是泥路，留石高架以北相当于进了镇上的范围了，那路就好了，我记得是个水泥路还是个柏油路来着。

---

① 江南水乡特有的婚俗，新娘坐船去夫家。

我们说去镇上就是指庙前（街）这一块，镇中心是庙前这一块。我是跟着我妈户口，所以幼儿园我是在这边读的。我记得我那个时候读幼儿园，三墩中学和三墩小学都不在现在的位置上，现在小学的位置是中学，小学是在中学的南面，现在中学的位置是高中。

我记得三墩中学这个地方是一个高中，有一个很大的操场，操场由高的围墙围起来，还有个大铁门，跑道是铺了煤渣泥渣的那种。操场西面是西行中学，中学边上有二层小楼，有个临时的幼儿园，我记得至少小班是在二楼上的。大操场西边贴着马路，还有一溜房子，二层的还是一层的，我忘了，但那一溜房子下面全是餐饮店、小饭店这种。我爸就喜欢去那里吃碗面，吃了之后就送我去上学，我就跟着他吃，两个人吃一碗，面要加一①的。

这边幼儿园是到小班还是中班就没有了，后来到镇上来，就是我们庙前街这个地方。现在你们看到这个幼儿园其实是以前的小学，学校后面有个小巷子的，我们叫作"小学弄"。

小巷子北面是幼儿园，和小学一巷之隔，小学有个后门，跟幼儿园的大门是对着的。以前我记得每次去外婆家，从三墩街这边过来，往菜场这个方向一路顺过去，就能看见路边房子上面有一个顶。那个顶不一样，是个棚，我就在想，这个房子的顶怎么是不一样的，有点像雨棚那样子的，四周用铁栏杆围起来，我就想这上面是什么，怎么就这么不一样。后来到那上了幼儿园才知道，上面是个海洋球馆。星期五的时候，忘了是隔一个星期的星期五还是每个月只有一个星期五，可以去上面玩海洋球，那时候就是盼着去玩海洋球，其他没有地方玩。

村里面玩只有钓龙虾、摸鱼、捉虾这种，像当时那些玩的东西都是在镇上这边，外面没有小孩子专门玩的设施，幼儿园里面有这种设施、这种玩具。说明那个时候庙前还是属于中心地带，说"到街上去"，就是到这里来，基本转一圈就都能把事给办了的，要买什么要办什么都在这边。

---

① 面条的量多要一点叫"加一"。

在我的印象中，那时候对于三坝人来说，来一趟庙前还是蛮不错的。你今天跑街上去了，街上去干吗？回去人家还问你，感觉像我们现在去杭州（市区）旅游了一趟。

我记得以前三墩街到头是个三岔路，这里还有间"香格里饭店"，饭店早中晚都开门，早上包子我记得特别大，大肉包可有名了，好像一块钱一个。后来慢慢地有超市了，是"联华超市"，是三墩第一个联华超市，就是粮站办的。

那个时候其实大家都没有超市的概念，怎么能进去先拿东西不付钱的？我有一个同学，她的奶奶跟我妈是一个单位的，有天她奶奶说我同学今天去逛超市了，说超市怎么这么多好东西，随便拿都不需要付钱之类的，她不知道在门口要买单。从那个时候开始，好像感觉我们可以有更多的选择了，就不会到那些小店里面去买东西。

从前三墩菜场也是标志性的一个建筑所在。叫"第一农贸市场"①，建在原先的中西医结合医院边上，现在是停车场，还造了路了。平时不好说，但是过年过节，但凡要买点东西，全都是往这里来。过年的时候菜场热闹得人都挤不过去。

菜场是在庙西街进去到卸紫桥那个方向，是在西河口这个地方，相对于菜场，超市建起来以后，庙前街以前的这些店可能就竞争不过了，因为超市东西更全。其实那时候像我爸妈这类年纪大的人还是喜欢跑那边（庙前街）的，东西可能会便宜一点，他们嫌超市的东西贵一点，而且他们对那边也熟。后来慢慢地，庙前街的东西跟超市里面比，确实是质量或有些方面会差一点，大家买东西都开始向超市转移。后来菜场也慢慢地搬了，菜场搬了之后医院也搬了，之后就开始变成现在这个样子了，没有人气了。因为其他地方超市也开起来了，买东西的地方并没有那么集中了，这边的东西也没有更好的，还是老套路，没有新的引进来。

① 原先叫"三墩农贸市场"，后来有了"第二农贸市场"，才有了"第一农贸市场"之称。

你看我们现在庙前街上那些店，卖碗的还是在卖碗，卖农具的还是卖农具，杂货店最多，感觉什么都卖。超市里找得着或找不着的日用品，你基本都可以在那里找到。但是说实话，那边主要是卖一个便宜，质量不一定好，而且卖生活用品居多，所以大家更加喜欢去超市，不太往那边跑，超市的品类更全，除非你这些东西超市找不着，才去那边。

买碗就不一样了，以前买好碗还要刻名字的。因为那个时候大家摆酒席没有像现在的会所这样的地方，都是东家借碗，西家借凳子的，那个碗借走了你怎么认回来？靠着里面刻了名字，在碗底这个地方。现在没有刻字了。

被遗忘的角落

我是 2019 年 3 月 8 号到庙前街社区工作的。以前的庙前是最繁华的所在，因为以前区①中心、镇中心都在这儿，但是现在却变成了三墩最差的地方了。全是开放式的小区，房屋破旧，环境脏乱，也没有物业管理的。一有大点的刮风下雨就要 24 小时防洪抗台，下雪天还要去扫雪，连树枝都要我们社工去帮着修，很多事情都是只能我们社区工作人员自己上的，就是很多的体力活。不像其他的社区有物业，环境至少有人给你保障，有事居民肯定先找物业反映，其他真的要找政府办的那些事情，才去找社区的。我们又当爹又当娘，啥都是自己干。

我一开始真不懂怎么上班这么苦的，现在懂了，在庙前街这个环境干得开心，居民人好，同事们关系都很好的，干起活来苦归苦，但是心情是很愉悦的，所以我也愿意留下来，5 年来也习惯了。

庙前街社区户籍人口有 5000 多人，但是常住人口可能有八九千人，以前听他们说都是三墩的本地人，现在是以外地人为主了，因为这边确实硬件都摆在这里。以前你说是镇中心，至少 20 世纪八九十年代确实是发达，是好的地方，但是现在社会已经发展了，这个房子都是几十年的老房子了，不

---

① 指三墩区。

是漏雨就是开裂的，环境条件都很差。但凡有点能力的都出去了，留在这里的都是老人，或者房子就出租了，所以这边的外地人比较多。因为环境摆在这里，房租就便宜，那吸引的外地人可能就是农民工比较多，环境要好就更加不容易。所以我有点感觉三墩是被遗忘的角落了，周围都发展起来了。

我想起了棉花店老板娘给我讲的故事，那个时候菜场还在，还是十来年前了。他说菜场门口有个馒头店，老板一听五里塘改造要拆迁了，他就把店铺一关一转，跑到杭州去开店。过了几年回来发现菜场还在，他就又把原先自己店铺的人给挤走了，又在这儿开馒头店。过了几年又说要拆迁了，他又搬走了。结果到现在都还没有拆迁，他现在是没回来了，他也是外地人。

所以这个愿景是有的，五里塘改造起来，我们可以把它弄好了，经过十来年的时间沉淀下来，我们看着好像希望越来越大。以前是很渺茫的，我们也希望给它改造起来，但是我希望它改造得至少能和我们记忆中的样子不要差太多。我们也是有情怀的，如果突然改造得跟我们记忆中的面目全非，肯定很难接受。

逝去的电影院

在庙前工作久了，就像一个以前就在这里生活的人了。我爸是三坝人，但是其实我从上学开始，回三坝也就是住，因为我的户口是跟我妈一起的，是在庙前街 11 组，我们是集体户口，现在我的户口就是居民户口。

所以我从上幼儿园开始，至少到上初中为止，每天都是往这边跑的，所以我对这边的情怀还是比较多的。我觉得我就是庙前人，虽然我也是三坝人，但是我对三坝那边的人什么的都不是很熟悉，反倒对这边会熟一点。

以前我也没有这种感觉，没有这种想法，包括三墩街沿线新小区对面那一块也在慢慢地拆迁，慢慢地变化，我也没有这种感觉。

我（20）10 年 10 月份进了（三墩）文化站。三墩街上的电影院真是标志性的，那电影院（20）10 年时是我们图书室了，朱嫣红站长说图书室归文化站管理，以后要我多去查看。因为我是在镇上读书的，不管是小学还是初中，电影院对我来说还是比较有记忆的。我妈说他们那时候在电影院里面看电影，真的是电影一开场，每人就拿包瓜子，嗑得咔咔响，那时候瓜子还是纸卷的。

我记得小时候也经常路过电影院，跟我哥去电影院玩。一楼是游戏机房，我哥带着我去打的，两个人对打的那种。一楼全是这种游戏机，二楼是打台球的，打台球咱也不会，小孩二楼是不上去的，就在一楼打游戏机。

我们上学了之后，好像学校每个学期都要（组织学生）去电影院看电影的。看的电影，记忆比较深的有《冲出亚马逊》，还有《我的兄弟姐妹》什么的，这两部我记得还蛮牢的，因为太感人了，看《我的兄弟姐妹》时哭得稀里哗啦的。

（20）10年的时候我到了文化站工作，我又去电影院，电影院还是一点都没变，但东西已经不是那时候的东西了，玻璃门一锁，游戏机全没了。以前真的很热闹，小孩全在那儿，然后我管的时候，就只剩乒乓球桌了，两张还是三张来着，老年人在那打球。二楼是个图书室，地方也不大，有两个管理员，杭州市图书馆开始能通借通还了。但是那个时候电影院已经没有以前的样子了，不那么繁华热闹了。

我印象中2010年左右，好像大家还不是很喜欢看书，借书的人真的很少。那时候电影已经不放了，我进文化站的时候，算上我一共三个人，朱老师，还有一个章华，他就是原先电影院的放映员，所以他对电影院是非常了解的，他说我们上学时看的电影都是他放的。借书的人确实不多，只有打乒乓（球）的人比较多，年纪大的人（喜欢）打乒乓（球）的。

这个电影院特别大，空荡荡的，舞台又大，座位又多，800个的样子。后台很高，有很多房间，那个时候是把房间利用起来，给每一个文艺团队，有戏曲组、舞蹈组，他们会在那里排练的。这些团队也是我们文化站负责管理的。

电影院现在没有了，拆掉了，变成一个大花坛了。

衰退又翻红

我刚去庙前街社区，给我分配的是文体工作、宣传工作再加教育工作，宣传工作就需要我们写稿子去报社投稿。

那时候我没想到无意间报的一个点会火。我们这里有个民俗，是过生日的时候，大生日、小生日、做寿，要吃三墩话叫"圆子"的点心。圆圆的，一青一白两个组成一对，放在粽叶上面，青色的是用苎麻染的颜色，表示"一青一白，年纪一百"。因为它是过生日用的，所以寓意长命百岁。圆子是用我们这边的非遗印糕版印出来的，里面是豆沙馅儿，上面长寿的这种图案都有的。

我们这边上梁、生日，包括人去世都要用到它的，我小时候，包括我女儿小时候，都用过。

他这个店原先是在我们庙前街社区再往西走过去一点，现在已经拆迁掉了。因为拆迁，要不做了，我觉得比较可惜。因为我身边都是这样子的，家里哪天突然收到两排圆子了，肯定是身边的人过生日了，现在大多是小孩周岁或过 10 岁生日要订几排圆子发发，就这样子，所以我就觉得比较可惜。正好那个时候宣传线开了一个培训，邀请了记者过来给我们上课的，我就把这个作为新闻点报给了记者。记者觉得不错，就来采访了，记得《钱江晚报》很认真地采访了之后，给了一整个版面。

那个时候力度很大，从纸媒到新媒体，就是他们的公众号上都发了。报道了之后，就引来了其他很多的媒体，像《都市快报》，还有《阿六头说新闻》，还有浙江卫视，轮番宣传了一下。

从此之后我尝到甜头了，老店好像还蛮有新闻价值的。记者因为合作过了之后，也一直问我有没有其他的点可以采访，我就慢慢地带着他一家家老店地去（访问）。

第二家是"三毛理发店"。因为对三毛我还是比较熟悉的，我外公、我爸都在他那理发的，包括我自己小时候。三毛爷爷说我满月头都是他来理的。

以前我记得我外公就算是不住在这边了，因为他腿脚不便了，还要我哥专门开车送他到这里来理发，他一定要到这家店来。因为辈分的缘故我叫他"三毛爷爷"，他们都是叫"三毛、三毛"。第二个采访也是很大的版面。

那个时候，他们还在西行路，还没有拆迁，现在已经换地方了。他还跟他儿子一起在店里。他在那里有20年了，店里面的装修整个都比较老了。所以座椅都是老式的那种理发椅，可以躺下来还能刮胡子那种，现在已经基本见不着了，也没有这种刮胡子的服务了。他向记者介绍了几点开门、客源，包括理发时碰到的一些事情。

夏天的时候天气热，因为理发的一般都是老年人，年纪大的老年人睡不着，就出门了，所以早上5点多（理发店）就开门了，冬天6点多、7点多（开门）。找他理满月头的比较多，他有个挂历专门圈着几月几号在哪里。但是理满月头这种，一般都是他儿子上门去理发，三毛爷爷年纪大了不出去了。

他们平时人比较多，都是年纪大的。房子是他们租的，在西行路，现在在东蒋湾社区的西边。他全家都在那。婆婆和媳妇负责洗头，营业额也还可以。他那边人比较热闹，特别是早上的时候，比较有烟火气息，有人情味，别人就算不理发，也愿意去他店里面坐坐聊聊天、叙叙旧。

然后"小皮匠"也做了很大一版。小皮匠六几年的时候就来三墩了，他是台州路桥人，出来打工，在工地上干活的。来到三墩了之后，觉得干体力活就一辈子只能干体力活，干不出头，也赚不了多少钱。那时候三墩陈家桥北边有个小商品市场的，比较热闹，他就说我要学门手艺，就开始学修鞋补鞋的手艺。学了手艺之后，他就开始在桥头摆摊，在小商品市场边上摆摊，早出晚归要收摊的那种，开始做修鞋补鞋的生意。

他为人也老实，他们夫妻两个后来在这里租了个店铺固定下来。两个人除了补鞋，还配钥匙，还有修拉链等其他杂七杂八一些服务项目。他也是后来看配钥匙比较赚钱，所以自学了这门手艺。我妈跟我说，你如果要去配钥匙就去找小皮匠，因为他那边配的钥匙基本都能开，比边上两家配钥匙的要好。

后来去他那边采访的比较多，他那个店跟三毛理发店一样，人气特别旺，大家都喜欢在他那聊天。有些人早上买了菜，就要路过他那坐坐的，春天卖笋的比较多，一边聊天一边剥笋，聊完了天，笋也剥完了，就回家了。

他铺前面摆了几把椅子，大家路过就在那坐。到现在都 50 多年了，靠修鞋铺在老家盖了房，在三墩也买了房，还让儿子上完学。起先肯定是为了赚钱的，这边那个时候还热闹的，生意也比较固定，名堂至少也做出来了。现在就像接受采访的时候说的，那就是一个情怀，年纪大了又没事情做，闲着也是闲着。他说我在这做，天天还有这么多老伙计过来聊聊天什么的，也不为赚钱了。我想想也是，每天为了开心一下，顺便赚点钱。街上很多店现在都处于这样子的一个状态。

小皮匠之后我带（记者）去的就是棉花店，她（棉花店老板娘）跟我说，20 年前街上是最繁华的。她在庙前街租了铺面以后就一直在这里了。

老板说每天要做好多被子，热闹的时候从早上 6 点开始，做到晚上 10 点。那时候因为本来这边就热闹，菜场也在这里，所以他的生意都不需要吆喝，人就来了。但是从菜场搬走之后，他生意就差很多了，因为人流量没有了。虽然生意差，他也没搬走，他也把儿子养大了，现在也不为了赚钱。夫妻俩都 70 多岁了，我今年还找他做了两床棉被，他还是有生意的，特别是冬天的时候。

"三墩咖啡馆"我也去采访过。我记得（20）20 年的时候，去问过"三墩理发店"，那个时候三墩理发店还在咖啡馆的位置，虽然还是理发店，但就只有一个门面了。

至少我们家里人没有去三墩理发店理发的，所以我对三墩理发店是比较陌生的。但是我知道它是个老店，里面的陈设、物件都跟三毛的很像，记者那时候为了挖掘老店铺，所以也去探了探。

理发店里女的理发师阿姨跟我说，原先的理发店有两个铺面，两边都是理发师，一边 6 个，一共 12 个理发师。中间是长的椅子，是给客人坐着等待用的。那个时候是集体所有制的，不是说你想开个理发店就能开的，所以从良渚周边、蒋村或者其他地方过来学习理发，然后回到自己的地方去理的那种就比较多。这边店面已经算大了，有 12 个理发师，到后来慢慢人少了，变成 6 个理发师，到我去的时候就只剩 3 个理发师了，但是那边我看着也是很热闹的。

咖啡馆也接触过，这属于外来的了，刚开始是俩小姑娘，自己创业的，甜品还可以，味道蛮好。现在老板都自己上班去了，招了一个男的工作人员在那里管着。她们也坚持了三四年了。其实起先我还不看好这个咖啡馆，但觉得很新奇，因为这么老的一个地方，开一个这么新颖的咖啡馆，我当时还在替他们愁，客源从哪里来？你说周边都是这样子的，包括来这条街上的都是上了年纪的（人），来买农具、扯块布，哪个年纪大的会去买咖啡？那时候还替他担心过，现在看好像多虑了。她们那个咖啡馆慢慢地也火起来了，从什么时候（开始）火的也不知道。

有时候同事出去，去居民家中走访，或者是街面上有什么事情要去处理的时候，走访一圈回来，就看见有人拿着专业相机在那里拍来拍去，或者有一些直接是带模特的，在那里拍照，网红什么的也开始慢慢地多起来了。一开始的时候很新奇，现在已经司空见惯了，包括摄制组过来我们都不去瞅一眼了。

咖啡馆曾借给小米拍过一个微视频，这个视频还是比较有名的。陈家桥南街这一块，包括当弄 22 号也借给某个剧组来采过景的。

我没想到"三墩照相馆"也能火，那个时候开始慢慢红起来了。照相馆老板蛮有眼力的，他一边照相，一边搞收藏，什么花瓶了、瓷器了这种的。照相馆确实也老，拍了很多 20 世纪六七十年代到八九十年代的照片，到现在的照片一直都有在墙上贴满的，里面还有我小时候 80 年代的场景。

布景也都有。因为我拍过，我知道这种场景，所以不好奇；比我更年轻的，他们可能没有接触过，就比较好奇，进去打卡。慢慢地他就出名了，拍的照片也多了，他就开始把照片往门外贴，慢慢门外的照片也多起来了，变成了一道风景，照片墙一样的，把门口全贴满了。他在边上还制作了更多可以贴的地方，反正想方设法地把照片贴出来。我去问过他为什么把这么多照片贴出来，他说有些人来了之后，说能不能把我的照片挂在门口贴出来，所以他拍完以后就贴上去了，然后照片慢慢就多起来了，也红起来了。

他说有些人甚至从几百公里外赶过来拍照，港星也来过，反正还蛮红的。可能我们这一块打卡，也就照相馆你能进去参观，有东西可以看，街上其他的这些店，瞟一眼就走了，没有留住人的地方。像咖啡馆可以进里面喝杯咖啡什么的，也就这两个地方，其他没有地方了，都是做生意的。

更长久，越发红

我来庙前街社区这些年，刚好是社区变化比较大的时候。小时候见到它很热闹，后来又很衰败，这几年又成了网红。

现在杭州像庙前这样仍然保留 20 世纪八九十年代风貌的地方不多了。老店铺的这一波红利吃完了，我知道我们这边是没有可以让人留下来的地方的，那我要创造更多的能让人留下来的地方，就像三墩照相馆那样，有更多可以让人参观的地方，这样才能做一个旅游景区，才能做得长久，更加红起来。

这时候西湖区文广新局跟庙前街是党建结对的，每年他有任务的，帮我们做点事，后来它合并了变成文旅局了，旅游这一块加上我们网红街，我们马上就觉得可以做点事了。

我们这么多老店铺，而且有很多历史保护建筑的，就算有些房子不是历史保护建筑，也是老房子，很多人在这里拍拍照就走了，他其实对我们庙前一点都不了解。（20）21 年的时候，他们（文旅局）来问我们的需求，我们就提了三个需求。一个是做一个手绘地图，我想把我们庙前的这些历保、老房子和网红店都给标出来，这样子过来打卡时可以了解得更全面，至少知道我们这边有什么。

就像古龙俱乐部，你可能只看到了外立面，但是并不知道它原先是什么，有什么故事，我想要把我们的内在介绍出去，所以我想做个旅游地图，把历史保护建筑，还有出名的店铺，像棉花店、修鞋店，有特色的点都给介绍出来。

第二个需求，是给老房子和历史保护建筑做一块介绍牌，在门口立着。地图后来印刷了，但有些人不一定拿得到，他走到这儿有块介绍牌，至少能知道房子是什么样子的一个情况。

第三个是邀请专业的摄影师来帮我们拍照，记录下我们庙前现在的风貌。那个时候像庙西街这边还没有拆迁，可拍性相对来说还是比较强的，现在没有了。

提了这三个需求，（实现）过程很曲折，但是结果至少有了。第一份手绘地图是（20）22年过年的时候完成的，6月份官宣的，应该是借着端午节的节点，我们把手绘地图发出去了。在三墩咖啡馆我们也放了（纸质版手绘地图），照相馆也放了，几个网红点我们都有放，这样子让他们（游客）节日的时候过来玩可以看看。

去年（2023年）我们申请经费装饰陈家桥南街。我跟我们社区书记的想法是一致的，就是要把这边打造起来，所以去年把陈家桥南街给整治了。南街是打卡重点，原先这条街上停满了汽车，打卡的效果不是很好，去年花了一年的时间把汽车乱停整治了，装了道闸之后要交停车费，规划了停车位，严禁路边停车。经过一系列的整治，现在南街至少是比较干净的，也没有乱停车的现象，拍照什么的比以前会更好。因为以前看到河埠景色是蛮好的，结果往那一站，后面停了一辆车给你挡住了，这种感觉就不好了。

也是去年，我们还申请了经费，对桥（陈家桥）南边做了一些装饰，立了古建的介绍牌，还把手绘地图在陈家桥南面的桥头也立了个牌子。

有些地方的老宅，我看着真可惜。房子被立为历史保护建筑以后历保经费能下来点，政府要求房子必须修，不能塌。但是还有一些房子，历保够不上，但也还不错，就像中学弄4号，危房已经腾空了，房子还在私人手里面，是清末民初的古建筑，很完整的一个院子。像这种因为没有住人了，房子一旦不住人，不就坏得快嘛，人家那等着拆迁，也不会想着再去修这个房子的，目前还没有个好的法子来解决这个问题，把房子保护起来。

采访地点：三墩民俗陈列馆

采访时间：2024 年 8 月 7 日

被访谈人：陈　莹

采 访 人：殷　锐　朱宇清

整 理 人：戴　骏

校 对 人：陈　莹

"三墩咖啡"时光机

孙文君

28岁，三墩咖啡馆店主

我觉得不光是我们这一代人，还有老一辈，还有比我们年轻的一代，都希望挽留慢慢溜走的岁月。就像"三墩咖啡"，虽然是有一点点旧，但坐在那里，就好像在时光机器里一样，可以回到过去，停在此刻，走向未来。

心心念念开家咖啡店

我出生于（19）96年，今年28岁，山东青岛人。我大学是在南京传媒学院，专业学习的是广播电视工程，就是电视台的音频等后期制作这一块儿。

我毕业后第一份工作是在南京，做的是社区运营。我们公司除了国内业务，在其他国家也有分公司，也做少数国家当地的探店运营。工作内容是在当地寻找一些有意思的店铺，（20）18年的时候，这种形式其实还是蛮特别的。我们会去找在当时算是比较小众、比较特别的店，然后去跟那个老板了解这个店具体的情况，给他们的店铺写一篇类似专访这样的文章，把这家店收录进我们的App里面。

我主要做的是江浙沪这一带的小餐馆和小咖啡店，所以有机会去采访一些店主。

（20）20年新冠疫情来了，公司"本地生活"这条业务线受到疫情打击较严重，所以当时工作内容发生了调整，调整后的工作内容我确实是不太感兴趣。考虑了一下，杭州的互联网市场和南京相比还是比较大的，就想来杭州这边尝试一下新的工作。

　　我在杭州的第一份工作是珠宝文玩社区运营，工作以后发现，我对目前运营的类目不是很感兴趣。当时会接触到很多全国各地的商家，但珠宝文玩这一块的商家，跟咖啡店的老板，就是稍微偏小资有情怀的这一类人其实是不太一样的。

　　（20）20 年的时候，杭州的咖啡店虽然没有扎堆地开，但是当时咖啡店数量还是比南京多。当时我住在城西，很轻松地就能找到周末可以去待一会儿的咖啡店。在咖啡厅待的时间长了，其实就会觉得，好像有这么一个小空间也挺好的，就会有这种感觉。其实更大的原因是对当时的工作没有太大的热情。

　　当时就是想开一家咖啡店，开一家在老街上的咖啡店。因为杭州的老街是很有味道的。

一眼相中老理发店

　　机缘巧合我认识了一个朋友，她比我小一岁。我跟她讲，之前和一些咖啡馆老板聊天，我说我也想开一家小咖啡店，因为女生的梦想不就是开一家小咖啡店或者花店嘛。我跟她讲了我的想法之后，她很认同。因为她当时在家里亲戚的公司上班，也是稍微有一点无聊的工作，所以我们说一起开店时，其实当时还挺兴奋的。我们两个见面的第二次就决定要一起开店了。

　　我们周末都要工作，有时候出来逛逛老街，然后去咖啡店坐坐。我们搜杭州的一些老街，在小红书上面找。我们去过小河直街。小河直街的主要问题是空铺子较少，而且是由运河招商统一放出来的。因此我们想要找铺子的时间不会刚好有空的留给我们。

　　后来看到小红书上有街拍账号会发三墩老街。正好我们两个都住在城西这一块儿，就来三墩这边实地看一下。其实我们本来是看好河边那边[①]，但是那边它不租，所以就没考虑了。

---

　　①　三墩陈家桥南侧。

其实当时都打算回城了，我记得那个 12 月一整月没下过雨，都是晴天。路过这边 ① 时恰好看到有家老理发店，门口贴着"转租"的告示，当时好像是下午，因为这家店铺是背阴的。

我们看中这个店铺，是因为它跟旁边、两边的店铺，其实真的还挺不一样，虽然说这整条街上的店铺都挺有年代感的。你看现在市区有哪条街，外面摆这么多水壶、风扇、旧电器，还有杂货铺、配钥匙的。你找个配钥匙的，都得打开导航去地图搜一下。我后来开了这家店，了解到有一些客人，他们要改裤子，要配钥匙，或者要买些什么杂货，拖把、扫把，就来这条街的。

这家老理发店引起我们注意，是因为它的门头没有变过，而且它没有做一些广告牌什么的，就显得很不一样。最开始我们关注到了门头。我们在边上站了一会儿，房东过来了，他也是隔壁服装店的老板，我们问了价格和租期等相关问题，基本上就定下了这个店铺。

我们刚盘下铺子时担心这里会拆，我朋友就去找了文化站朱站长。我认为合同有效期为 5 年，5 年内不会拆除，但如果政府突然要求拆除，那我们也没办法。我说要不找人问一下，她在网上查询到三墩镇政府或者房管局的电话，房管局说不清楚，就转到朱站长这边。朱站长约了她到办公室聊一下，听了我们的想法，朱站长挺高兴，还送了我们两本关于三墩的书。刚开业的时候，朱站长还来看了一下，蛮开心的。

当时我手里是没太多存款的。我跟爸爸妈妈说了我要创业的想法，我爸爸妈妈都还挺支持的。反正我爸爸妈妈的想法就是你做吧，试错成本又不高，失败你就长经验、长教训了。后面这个店开了挺长时间以后，我妈妈跟我说，其实最开始的时候没太特别看好，但是我有这个想法的话，就不想打击我。

---

① 庙前街。

修旧如旧的咖啡馆

我们完整保留了老理发店这个门头，然后进行了修复，在外面涂上一层清漆基膜。我们原本想做更有年代感的店铺，之前看到老式店铺，会用类似塑料薄膜的贴纸贴在外面，比如"三墩理发店"，时间久了会被太阳晒掉色的那种感觉。但是我们跑了好几家彩印图文店，他们都做不了，所以我们就放弃了。

刚好路过一家卖散装白酒的店铺，门口用木板，写的字好像是"卖酒"吧。我们问，这个木板上的字是哪位师傅写的，他说是老板认识的一个师傅，但是没有联系方式，说他（师傅）不给联系方式，那怎么让他帮我们写一个"三墩咖啡"的招牌呢？就是要我们挑选好木板，把木板由那个老板转到那个老师傅手里，然后那个老师傅写完给我们送过来。

找木板确实很费劲，当时在那条街，我不知道叫什么街，是桥过去的，与（五里塘）河边那条街平行的另外一条街，有点靠近三墩中学。那边有一个堆放废弃木材的地方。我们当时找到一块板子，想向那个老板买下来，老板说直接送给我们，反正是他们用不上的废木板。于是拿回来涂了有点米白色的那种漆，跟那个老理发店一样的。写了"三墩咖啡"四个字当招牌。

门头除了招牌之外，玻璃整个换过。里边的风格也没太动，就是把它翻新了一下。地面是做旧的，用了水泥自流平，但包工头给我们用的材料不是很好。我记得开业时人很多，刚开业不到几天，我们的地上有好几块已经很粗糙了。开了半年，岁月感就更强了。

原来用于洗头的区域没法保留，因此这一块基本上是新的，墙也是后来制作的，现在也有年代感了。我们两个都没有装修过，不清楚材料不太好，当时不知道会变成这样，现在看来，反而变成了我们想要的效果。

有一些客人说，你把店内装修搞一搞，我说不搞，就这样。如果说哪天这个墙皮脱落得实在比较厉害了，影响到客人喝咖啡了，或者说确实是到影响这个地面整洁的程度了，再去搞一下。因为你只要稍微一翻新的话，它就会有痕迹的，就会有那种比较新的感觉。我去很多店，感觉做旧的话，痕迹会比较明显。只有真正有年代感了，才会比较自然。

我们这把老理发椅，是从山东农村淘过来的。老的理发椅，理发老师傅都不太愿意出的，因为他们用顺手了，而且以前的理发椅比现在的理发椅不知道好用多少倍，也结实。所以我们当时也是找了几个，那边还有一个老理发店①，我们问他卖不卖，他说不卖，说现在理发椅都不好用。后面我们就没再去找了，江浙沪这边确实也找不到，就开始去往北方找。

我当时因为开店，脑子里面有很多想法，经常半夜去看"闲鱼"②。翻了很久很久，才找到一家，他专门去做那些老理发椅的。就是他那个理发椅往下掉铁皮，坐上去有伤到客人的可能性。所以我们买了米色的漆，选了棕色的皮革的布，请他帮我们翻新一下。

我觉得在创业过程中，你有一个什么样的想法，另外一个人会对你这个想法提出一些建议或者说肯定的话，我觉得这个是挺重要的。因为其实你自己做的话，就会觉得好像怎么样都可以。但是如果说有另外一个人对你这个想法给出一些意见，结果还是挺不一样的，就是一加一大于二的感觉。

比如墙上那幅大油画，还有地上那幅油画，以及那边红色的鼓，就是我半夜睡不着，在闲鱼上发现的。我看到这幅油画的时候，觉得很好看，一眼看上去很特别，工艺又很复杂。我身边有朋友在学油画，我问他你认为这幅画怎么样，他说先不谈论这幅画怎么样，这幅画一定很贵。我问他为什么，他说因为这些颜料是层层堆上去的。那是一个绘画工作室，要搬地址了。我记得那个绘画工作室是咱们杭州的，就在三墩这边虾龙圩地铁站那边。

我问他这幅画价格多少，他说 200 块钱，真的很便宜，我感觉捡到宝一样，半夜里超级兴奋的。但是说实话，我又觉得它好像跟三墩咖啡有一点格格不入。因为油画本来就是西方艺术，它要怎么和三墩咖啡很好地融合在一起呢？但是不买我又浑身难受，才 200 块钱。我没想到它尺寸有这么大，买

---

① 三毛理发店。

② 一个二手闲置物品交易的手机应用平台。

了如果说用不上的话，我放在家里也没用的。当时我朋友（合作伙伴）就跟我说，"我也觉得很好看，要不我们就买回来，然后看一下，反正里面的墙空的地方很多，我们看一下能不能放在哪个地方"。如果说这个决定要我自己去做的话，可能这幅画我就不买了。因为它确实是乍一看好像跟"三墩咖啡"没有什么关系。但是如果有一个人跟我说，她也觉得这幅画很好看，可以放在某个地方的话，我就会坚定这个想法。

还有地上这幅画，当时卖家说你一起拿着吧，这幅画好像也是200（元），但是我们不是很喜欢这幅画，就说要不一起300（元），他就把画卖给了我们。

靠近门那个红色的鼓，是一家琴行的一个鼓破掉了。我感觉它好像很适合"三墩咖啡"，但是我不知道有什么用处，也不知道原来它在那个琴行里面是充当桌子还是怎么样。他闲鱼上挂的是"破掉的鼓"，鼓上面有一块玻璃板，我说是不是原来就可以做桌子的。然后我就问我合伙的朋友，你觉得这个当桌子合适吗？她说，"我觉得非常好，我们可以放在某个地方"。就是两个人一起的话，呈现的结果就比你一个人要好很多。

我们在那幅大画的边上贴了一些旧报纸。因为我小时候，过年走亲戚，我们这个年纪很多亲戚都不住农村了，但是他在农村有一套房子，堆放东西的，当时是跟着他去拿东西，发现他们会用报纸去糊墙。所以我们就买了些旧报纸，贴在画周围，后来不够贴了，就成了现在的不规则的样子。

墙上我们想要做一些纹理，之后让师傅进行处理。虽然这个包工头材料用得不是很好，但是他请的师傅手艺都还挺不错的。当时我记得师傅是拿剪子把刮板剪成那个形状，它后面有一层网的，涂上泥子，涂得稍稍厚一点，然后拿那个板去乳胶漆上刮。

店里大部分旧东西都是跟黄老师[①] 买的。去黄老师那边，我记得"货拉拉"[②] 拉了一辆小面包车，而且黄老师没有要很贵的价格，基本是半买半

---

① 黄树立，三墩镇当地的一位收藏人士。

② 互联网物流平台，提供同城／跨城货运服务。

送。真的很感谢黄老师，但其实除了黄老师，三墩咖啡的邻居们，也都给了我们很多帮助，隔壁服装店叔叔帮我修过桌子，楼上的高叔叔帮我修过扭蛋机和理发椅，整条街的氛围就像看着你从小长大的叔叔阿姨爷爷奶奶们。

后来我爸爸妈妈来过以后挺喜欢的，因为他们小时候的成长环境可能就是这样子，像什么小人书，还有那种什么夏装的盒子、收音机、闹钟，还有剪头发的工具、理发椅、电视机，都是他们小时候的东西。

不知不觉成了"网红店"

咖啡入门非常简单，这也是我们选择开咖啡店的原因。机器如何使用，实际上三四天就可以学会。如果要学会调研磨度，选豆子、尝豆子，拉花和打奶泡，就需要长年累月积累基本功。

我们当时是 2 月左右去学的，学了四五天就学完了。学完了以后就是机器进场了，就是不停地练，买一箱那种很便宜的牛奶，一直在练打奶。练到后来正常出品是没有什么问题的。甜品也一样，材料用得好一些，制作简单的甜品就不会有太大问题。当时确实有一点慌的，但是这也没办法，你需要经历才能了解怎么去应对。

我们正式开业是（20）21 年 6 月 1 日。其实从"五一"开始试营业，5 月中旬人才开始逐渐多起来。这天我朋友送了我一棵柠檬树。5 月 10 号之前，我们基本是三天打鱼、两天晒网地过去，因为这条街其实如果不是你要去，不是说有人来宣传它，其实人都不多的。当时刚好有一位探店博主，住在附近。那天他跟我们说他下班要来。我们当时不知道他是一位探店博主，他到了店里，随便拍了两张照片，当天发了以后，第二天就很多人来了，然后很多博主都来拍照打卡了。

小米手机来拍广告，需要一个老照相馆的取景。他们开始选的是那边的照相馆①。但是要一个长长的吧台，因为他们有老板的一些对话这种剧情，

---

① 三墩照相馆。

但是那个照相馆里面比较小，不是很适合去做那个布景。他们后来发现，我们店的吧台也可以改成照相馆的感觉，最后选了我们这里。

他们就找我们聊，说他们想要包场商拍，然后大概时长，还有他们要用到哪些区域、做什么样的改动，等等。有个"美好时光咖啡馆"招牌，拍完他们不要了，我说那你别扔，看着好像摆在店里还可以，就留下来了。

在最初的两年里，这种拍摄还挺多的。之前还有张小泉的剪刀广告，欧莱雅将这里改成城乡接合部的美容院，还有银行广告，最后将这里改成蛋糕房。

平淡而有趣的小店插曲

我们与客人的交流基本上是我送上咖啡，过会儿再给你端一杯水就结束了。虽然可能会有几个我能记住的客人或者一些小插曲，但是这些东西讲出来后就不是特别难忘了。

只有一个姐姐让我印象深刻，她的年纪跟我妈妈差不多大。第一次来的时候，她说"你们在这边开了家店"，我说"对"，她说"我女儿之前是在这边上幼儿园的"，然后就没说什么。我是一个"边界感"很强的人，如果感觉到这个人确实是比较"社恐"，不太喜欢说话，我就不去问他很多。但是如果说有一个客人，我能看出来他跟人沟通的欲望很强烈，我就会去跟他多聊一些。那个姐姐，我发现我跟她打招呼，她就好像眼睛也不知道往哪里看，好像更享受那种安静的环境。她每次来会打个招呼，然后买一杯咖啡，在这边坐着。现在基本上不是每天来，也是每两天会来一次，来的次数特别多。

我请了个听障咖啡师，之后又请了一个与听障咖啡师一起工作的兼职小男孩，他告诉我，那个大姐姐似乎挺喜欢这个听障咖啡师，会给他带小点心或者小礼物。我了解这件事情之后，告诉咖啡师，有时候那个姐姐过来，你可以送她一个冰激凌球或者小布丁。

我这里有很多摄影爱好者。在我们店开业前，有一个爱好摄影的男生，他来了后，给了我们店里可以播放的音乐和布景上的建议。因为他是专业拍摄广告片的，会有很多想法，但是他做广告布景，持续某段时间就行了，广告拍摄完毕后，这个场景就不用了。咖啡店的布景可是一直存在的，很多想法没有办法落实到现实生活中。他给我们的建议比较天马行空，他说这个角落可以摆一堆老式的电视机，全部亮着雪花，给人穿越时空的感觉，这样做确实很出片，也很有氛围感，先不说摆二三十台电视机有多贵吧，因为那台小电视机我们买是 200 多块钱，而且是不能用的，能用的 450（元），关键是我们哪有那么多插座呢。所以他提出的想法还蛮好的，但是落实到具体的店里并不现实。不过我们用了他给的一些 BGM（背景音乐）。

我要谈论帽子的事情非常搞笑。一位男生来店里喝咖啡，戴了一顶帽檐很大的美式复古帽子，穿着皮夹克，我忘记是黑色还是棕色的了，他整个人一进来就像脚下自带舞台的感觉。

我对他印象深刻是因为，他背了一台相机，中午来喝了一杯咖啡，结果我快要打烊了，他又来喝了一杯咖啡。我当时想他怎么还没走，居然能在这边转一下午。他中午是 12 点到 1 点之间来的，我当时没请咖啡师，自己是经常迟到的。那天我开门挺晚的，他是我第一个到店的客人，也是那天最后一个到店的客人。

我不知道他跟之前来店里给我很多建议的那个男生是同事，关系非常好。有一次我跟那个给我很多建议的男生聊天，结果他带了这个男生，我没有认出来，他问："你是不是'三墩咖啡'的老板？"我说："对，你来过吗？"他就从包里掏出那顶帽子戴上，我就说："我想起来了，我想起来了！"又问，"这个（帽子）是什么？这是你的本体吗？怎么你还随身携带？"

不用语气词的咖啡师

这个咖啡店做了两三年，算是比较稳定地在运营，因为守店比较枯燥，比较无聊，我希望有一些时间能出去玩儿。我其实挺"宅"的，养了两只柴犬，平时就喜欢安静，喜欢一个人。我的许多好朋友都在南京，南京是我待的时间最长的城市。在杭州这边，接触更多的是客人。所以我更多的朋友其实是我的大学同学和我工作以后认识的朋友。我请了咖啡师以后，有更多的时间与朋友一起出去旅游。

我曾经面试过一些咖啡师，但是都不太满意。第一个（原因），咖啡师的入行年纪都比较小，我面（试）过最小的有（20）05年（出生）的，大多是（20）00年、（20）01年（出生）的。倒不是说我对小朋友有些偏见，主要是年纪小，会有很多想法，例如今天裸辞，明天要去哪里。影响他的因素会更多。当然许多店铺会用年纪小一点的咖啡师，但因为我这边距离市区比较远，人流量不稳定。工作日的时间可能会觉得枯燥。我希望他能够接受可能会有点无聊的工作环境，沉下心来，稳定一些，同时也能接受周末人流量较大的情况。所以我之前面（试）过几个咖啡师，都不太符合我的要求。

后来招的这个听障咖啡师，是他有一个朋友，也是咖啡店的老板，路过这边时看到我在窗上贴着"招聘咖啡师"，他朋友就拍了照片发给他了。我跟听障咖啡师交流时发现，他与普通人不一样的地方是说话没有语气词，非常直接。

他直接到什么程度呢？咖啡师因为入门简单，所以普遍薪资较低。他当时来了，我询问了我的几个朋友，按照市场的标准给咖啡师开工资。他同意入职后，我说："你对工资有什么想法都可以直接跟我讲。"他说："工资太低"，接着又说，"不过都是这个行情"，问我，"一年后会不会涨？"我说一年以后看综合情况会给你涨（工资）。我做到了，一年以后我真的给他涨工资了。

我最初也直接跟他讲，我希望咖啡师工作要稳定一些，这里工作日人流量不大，最差可能一天只做几杯咖啡，大部分时间都要守店。我会经常来，你不用担心什么物料，还有甜品这些问题，你在这边主要负责咖啡这一块儿就可以了。

然后我就问他："如果店里没有人的话，你会做什么事情呢？"他说："我会画画。"他画画很好的，就是很天马行空那种感觉。他坐在那边的话，其实一直都在画画。他在做自己的东西，我的钥匙扣就是他做的。之前南京有一个艺术节，他还去参加了，跟我请了4天假，去那边摆摊，卖自己的一些钥匙扣。他前段时间还跟我请了两天假，去参加一个残疾人的跟艺术相关的比赛。

他很为我着想，有时候冬天店里没啥人，他就不开空调，我说你别把客人冻坏了。他说店里没人的时候，他一个人开浪费。所以我用得也挺安心。我其实是一个事情很少的人，当时用他有一些小私心，因为我之前招过兼职，经常坐不住，事情比较多。所以我觉得跟听障咖啡师交流会非常简单，而且他这个人比较安静，又有自己想要做的事情，我觉得挺好的。

后面接触后发现他越来越多的优点，也有很多客人想要认识他。我之前跟他提过，有一个咖啡师认为他很特别，就联系到我，想加他微信。我问他，他说，"我不想跟客人交流，我不想加微信，拒绝"，就直接这么说。有很多客人想要找他聊天，想要采访他，我说不可以采访他，他不希望把自己曝光在某一个平台上。

因为他做得还挺踏实的，他在这边我超级放心，所以他能一直做是最好的。

一直看好"三墩咖啡"的未来

（22）22 年的夏天，非常热。那一年最热的时候，这一整条路在修路，一直在修，尘土飞扬的。就是你站在街头，就不想走进来那种感觉。所以那一年经常每天就（卖出）两三杯这样子。但是还好我没有太焦虑，因为我在这个店开了半年以后，其实人流量就已经慢慢减少了。日常的话一个人（运营）就足够了，周末的话要两个人（运营）。

有段时间我又去了一家奶茶公司上班，负责 B 端（商家）这一块，就是去把总部的一些消息下达到商家这边，用不同的形式让商家对这个消息感兴趣，并且能持续性地坚持，就像打卡一样。当时这个工作还挺忙的，经常晚上做直播，从 9 点开始，持续到 11 点半、12 点这样子。而且我们那个公司在萧山①，要萧山、三墩两边跑，我都不知道我怎么坚持下来。萧山实在太远了。

---

① 杭州市萧山区。

　　我跟我合伙人商量，要么我们就再招一个咖啡师，我说我去上班了，周末过来，因为周中也没有什么事情，所以我每周末过来。我说要么我就把那个招咖啡师的钱给你，你周末就辛苦一点，多操点心，她就同意了。所以我当时就算是生意很差，也没那么焦虑。因为我有两份收入，但是那时候确实是生意最差的时候。

　　（20）22 年底，我的合伙人要走了。这个店铺不能没有人，我就只能把我的工作辞掉了，回来每天在这边开店。

　　我对这个店一直都是挺看好的，未来只要这边不拆，其实前景还是不错的。因为杭州的街道，你去走一走，好多居民楼，有一点旧马上翻新，永远都是建着那种围挡的。现在很多路，已经没有杭州人小时候那种感觉了。我觉得不光是我们这一代人，还有老一辈，还有比我们年轻的一代，都希望挽留慢慢溜走的岁月，就像"三墩咖啡"，虽然有一点点旧，但坐在那里，就好像在时光机器里一样，可以回到过去，停在此刻，走向未来。

采访地点：三墩咖啡馆

采访时间：2024 年 8 月 16 日 10：33—12：00

被访谈人：孙文君

采　访　人：戴　骏

整　理　人：戴　骏　殷　锐

校　对　人：朱嫣红

附录一　三墩镇历史沿革

　　杭州，自古商贸繁荣、文化荟萃。从著名的西溪湿地向西约 5 公里处，镶嵌着一颗有着千年历史的明珠——三墩。这个曾被誉为"小上海"的水乡古镇，更是江南经济、文化的重要样本。庙前街，一度作为三墩的核心街区，见证了三墩地区的变迁和发展。本文将沿着时间的脉络，详细梳理三墩镇的历史沿革。

一、古代时期的三墩：起源与早期发展

东汉至唐：沼泽地的变迁

◇　三墩的历史源远流长，最早可追溯至东汉时期。永建二年（127 年），长桥的建立，不仅连接了钱塘与余杭，更为三墩地区的早期发展奠定了基础。这座桥不仅促进了区域间的经济交流，也成为三墩地区重要的交通枢纽。

◇　唐贞观年间（627—649 年），尉迟恭募卒疏浚苕溪支流，大批民工驻墩浚河，以杉木排为浮桥，始称杉墩。这一时期，三墩地区的农业得到了发展，逐渐形成了以稻作农业为主的经济模式。

宋元时期的繁荣

◇　宋代，三墩成为钱塘县调露乡的一部分，随着长桥的重建与宦塘河开掘疏浚，三墩的地理位置优势进一步凸显。宋代的三墩，商贸活动频繁，成为周边地区的商品集散地。

◇　三墩以其豆制品腐衣而闻名，俗称"三墩腐衣"。

明清的进一步发展

◇　明朝，三墩的文化氛围日渐浓厚。万历二十年（1592 年）三墩文昌阁、关帝庙的建立，不仅满足了当地居民的宗教信仰需求，也成为文化传播的重要场所。

◇　清朝雍正年间（1723—1735 年），三墩庙的重建和"三墩古社"横匾的设立，标志着三墩地区社会结构和文化认同的进一步发展。

◇　清末民初，三墩的商业和手工业达到了前所未有的繁荣。朱泰和作为当地著名的商号，不仅在三墩设有粮行和油坊，还涉足酿造、碾米、典当等行业，成为地方经济的重要支柱。

二、近现代的变革：从传统到现代

民国时期的社会变迁

◇　民国时期，三墩的行政区划经历了多次调整，同时也见证了许多社会事业的发展。三墩公路的通车、浸体会的成立、三墩中心小学的开办等，都是这一时期社会进步的体现。

◇　抗战时期，三墩成为避难所，经济一度畸形繁荣。这一时期的三墩，虽然经历了战火的洗礼，但也展现了顽强的生命力。

民国时期的工商发展

◇　民国时期，三墩地区的社会结构发生了显著变化。随着近代教育的兴起，三墩地区出现了新式学堂，培养了一批新时代的知识分子。

◇　同时，民族工商业开始兴起，一些有远见的商人开始引进西方的先进技术和管理经验，推动了三墩地区的工业化进程。

◇　民国时期，三墩的工商业得到了进一步的发展。除了传统的手工业，如戴穗仁酱园、荣顺染坊和祝正兴铁器号等，新兴的工业企业也开始兴起。

抗战时期的坚韧与牺牲

◇　抗日战争时期，三墩地区成为抗战的重要后方。许多工厂内迁至此，为前线提供了大量的物资支持。

◇ 三墩人民在这一时期展现出了坚韧不拔的精神，积极参与抗战，为国家的独立和民族的解放做出了巨大牺牲。

新中国成立后的社会改革

◇ 新中国成立后，三墩进入了一个新的发展阶段。20 世纪 50 年代的土地改革、《中华人民共和国婚姻法》的贯彻实施，以及农业合作化运动，都对三墩的社会经济产生了深远影响。

◇ 1958 年的"大跃进"运动，更是对三墩的工业、农业和商业进行了深刻的改造，这一时期的三墩，虽然经历了社会变革的阵痛，但也为后续的发展奠定了基础。

三、改革开放以来的快速发展

经济结构的转型

◇ 改革开放以来，三墩经济结构发生了显著的转型。古墩路的开通、浙大紫金港校区和西湖科技园区的落户，为三墩的房地产业和商业服务业注入了新的活力。

◇ 这一时期的三墩，经济快速发展，社会面貌焕然一新。

商业发展的新趋势

◇ 庙前街作为三墩的传统商业中心，随着市场经济的引入，再次焕发出新的活力。各种商业形态在这里汇聚，形成了一个充满活力的商业社区。

◇ 随着现代商业的兴起，庙前街经过改造升级，成为集购物、餐饮、娱乐于一体的商业街区。现代商场、品牌专卖店、特色餐饮店等纷纷入驻，使庙前街焕发了新的活力。

城镇建设的扩张

◇ 21 世纪初，三墩的城镇建设步伐明显加快。新建的商务楼、住宅区和公共服务设施，不仅提升了三墩的城市化水平，也为居民提供了更加完善的生活服务。

◇ 这一时期的三墩，城市建设日新月异，成为杭州西部地区的一颗璀璨明珠。

四、文化宗教的传承与变迁

经济发展与文化传承并重

◇ 三墩地区在追求经济发展的同时，也非常注重文化传承和非物质文化遗产的保护。国家级非遗项目越窑青瓷制作技艺得到了当地政府和文化机构的大力支持，通过建立工作坊、开展培训课程和组织展览等活动，使这一传统技艺得以传承和发扬光大。

◇ 庙前街的火流星、舞龙和鼓亭乐作为三墩地区的非物质文化遗产，也得到了政府的高度重视。通过举办各种演出和交流活动，这些传统艺术形式得以在现代社会中继续传承和发展。

标志性宗教场所：三墩庙

◇ 三墩庙作为庙前街最具标志性的宗教场所，不仅是当地居民进行宗教活动的场所，也是三墩地区文化传承的重要象征。它不仅见证了三墩地区的文化变迁，也是当地居民重要的信仰中心之一。

民间文化的保护与发扬

◇ 三墩地区的民间文化丰富多彩，传统的手工艺、民间艺术在这里得到了良好的保护和发扬。现代的文艺演出、书画展览等活动，更是为三墩的文化生活增添了新的光彩。

传统节庆的现代演绎

◇ 传统节日和节庆活动在三墩地区得到了新的演绎。例如，每年春节和中秋节期间，庙前街上都会举行盛大的"踩街"庆祝活动，农历七月三十点地烛习俗延续至今，这些活动不仅展示了三墩地区的传统文化，也吸引了众多游客前来体验。

五、三墩区域范围的变化

初期的行政区划与归属（新中国成立初期）

◇ 新中国成立初期，三墩镇作为杭县的一个重要镇区，其行政区划基本保持了民国时期的格局。随着土地改革的深入，三墩地区的乡村结构开始发生变化，逐步建立起农业合作社，成为新的基层行政单位。

人民公社时期的区划调整

◇ 1958 年，随着全国范围内的人民公社化运动，三墩地区响应号召，将原有的乡镇和合作社整合为三墩人民公社，这标志着行政区划和管理体制的重大变革。1961 年撤销钱塘联社，三墩隶属余杭县。

改革开放后的行政变革

◇ 1978 年改革开放以后，三墩地区的行政区划开始根据经济发展和社会管理的新需求进行调整。人民公社体制逐步取消，乡镇体制得到恢复和加强。

◇ 1996 年，三墩镇经历了行政区划上的重大变化，由余杭县划归杭州市西湖区管辖。这一行政变动为三墩地区的发展带来了新的机遇和挑战，同时也标志着三墩地区在行政管理和经济发展上迈入了新的阶段。划归西湖区后，三墩镇的城市建设和管理体制得到了进一步的加强和优化。

◇ 三墩和庙前街的历史沿革，是一部融合了自然地理、社会变迁、经济发展和文化传承的史诗。从古代的沼泽地到现代的繁华城镇，三墩经历了无数时代的变迁和发展。在未来，三墩将继续以其独特的地理位置、丰富的历史文化和活跃的经济活动，在中国的城市化进程中发挥着重要作用。

编者按：

　　《可嘉堂朱氏历代个人简史》由第六代孙朱畅鉴编纂，详细记录了自大贵公起至第四代的三墩朱氏家族历史。尽管早期文献有所缺失，但朱畅鉴通过家族长辈的口述及个人记忆，努力还原了家族四代的发展脉络。文中特别记载了朱泰和油坊与朱同和酱园等家族企业的发展历程，这些企业确立了朱氏在当地的商业地位。作为家族史和地方商业发展的文献，本文对理解当时三墩的社会经济背景具有重要的价值。

附录二　可嘉堂朱氏历代个人简史

（含已逝者及现存者）

第六代孙畅鉴谨撰

一、第一代

　　大贵公——距今年代甚远，生卒年月、有无兄弟姊妹、妻子姓氏、从事行业以及祖居籍贯，均渺不可考。兹仅追溯推算，生于公元 1800 年前后（相当前清嘉庆五年左右），距今正好两世纪。生子启能公（注1），生女数不详。

　　注1：朱氏远祖出身于寒素之家，是故欠缺有文字记载之家谱家史，仅能凭借数十年前得自父祖辈口头片段流传，以及童年时随同家人于每岁清明季节，乘坐船只分赴各地拜祭新坟老墓。仅由墓碑所示之名号称谓追忆而得，由于年久月深，印象模糊，已难绝对肯定。今承师昭大姐忆告者：第一代为启能公、第二代为大贵公之资料，与我所忆者：第一代为大贵公、第二代为启能公之资料相比，父子倒换，适得其反。二者孰是孰非，只有注此存疑。

二、第二代

启能公——生卒年月，有无弟兄、姊妹，妻子姓氏、从事行业以及祖居籍贯，亦均不详（注2）。兹只凭第一代之推算生于公元1820年至1825年间（相当于清嘉庆二十五年至道光五年间），生子二，长锡元公，次锡畴公，生女数不详。

注2：根据振家二叔追忆，祖母柴太夫人（锡元公之妻）口述：朱家上代由于洪杨乱世，连年饥荒，民不聊生。启能公为求生存，不惜弃家携眷外逃，从外地（究系宁波或江西，当时未作文字记录，今已不能确定）沿途乞讨，来到杭州，逐步移徙，最后在杭县（今已划归余杭县）三墩落脚定居之说。如依启能公出生于公元1820年至1825年间之推算，其携眷外逃之期间，至少已在成家年岁之后。换言之，应是公元1840年至1845年之后，其时洪杨尚未兴乱（洪杨于公元1850年，相当道光三十年，始在广西花县金田村起事），似不致携眷冒险远道跋涉，由江西东逃。设由另一史实试加推断：公元1838年，相当于道光十八年，林则徐在广东外洋输入之鸦片，进而焚毁英商巨量鸦片，招致英舰屡屡犯粤，复因林氏预有防备，不得逞。遂转而向北，分袭闽、浙沿海及天津口岸。于公元1840年（道光二十年）攻占浙江定海，导致宁波一带人心惶惶，启能公一家为躲夷祸，由宁波西逃，历经余姚、绍兴、萧山，而后越江入杭城，再北向而至偏僻之三墩避祸定居。此一推断或合当时局势之演变也。实则远祖来自何方，无关紧要，唯一得以确定者，第二代祖先启能公应是我朱氏植根浙江杭县三墩之初始发轫者，而沿途乞讨，饥寒交迫，狼狈困苦之状，概可想见。凡我朱氏后代，能不慎终追远，永怀列祖列宗求生创业之艰辛乎。

三、第三代

锡元公——生卒年月未有记载，唯有根据其弟锡畴公详细生卒年月，日期大致可以推断出生于公元1840年至1845年之间（前清道光二十年至二十五年间），约当启能公为避战祸，携眷逃难之际，生活困苦狼狈，自可想见。其活命之道，无非自身之体力劳动，易取微薄糊口之资，甚或连体力劳动亦乏出售之时，唯有乞讨为生。锡元公生逢离乱之时，且为长子，忖想幼即更事（穷家之子，十九如此）。自幼须助家务，照料幼弟，为必不可少之任务。在此境况下，无机会就学而成为文盲，处当时之农村社会，不足为奇。及至成长后从事之行业，因与其弟锡畴公有不可分割之关系，留待后面再加描述（注 3）。兹须特别加以叙述者，锡元公不知何故，成家甚晚，以致其子女年岁反小于其弟锡畴公之子。以锡元公次子凤藻公与锡畴公之子凤祥公相较，前者小于后者 10 余岁之多。锡元公娶妻柴太夫人，为同里西港桥人，体态瘦高，享寿亦高。我幼时亦曾见及，育子二，长凤和公，次凤藻公。从师昭大姐提供之资料中获知：凤和公与凤藻公之间尚有一女，乳名阿囡，此点弥足珍贵。锡元公卒于何年，不得其详，至于柴太夫人卒于公元1900 年（清光绪二十六年）。

锡畴公——生于公元 1846 年（清道光二十六年五月初六日巳时），乃启能公之次子，性聪颖，虽亦无就学机会，但能自学，粗识文字，成为与其兄锡元公再度合作创业时之最佳配合（注 3）。锡畴公娶妻南蒋村陈太夫人，生于公元 1848 年（清道光二十八年正月初六），单育一子凤祥公。锡畴公卒于公元 1908 年（清光绪三十四年七月十一日辰时），享年 63 岁。陈太夫人卒于公元 1894 年（清光绪二十年七月三日），享年 46 岁。两人合葬于三墩贝村。

注 3：根据振家二叔追忆祖母柴太夫人之口述，以及我在青少年时得自祖父凤藻公之口述，（公元 1937 年夏抗日战争起，杭城屡遭日机滥炸。我就读之盐务初级中学停学内迁金华，以年幼未得随校同往，辍学返乡，较多机会接近祖父。于言谈中获知若干简单家史，数十年来依稀尚有所忆）二者予以拼凑而成。锡元公与锡畴公随父启能公定居三墩后，逐渐成长，由于未受教育，只能从事小本买卖，博取蝇头小利糊口。其时洪杨已占金陵，称太平天国。两浙亦在其势力范围内，三墩化龙墟[①]花园村一带虽亦经历战祸而有

---

① 化龙墟，现称虾龙圩。

死伤，但为时甚暂，尤幸不属交通要衢，小民仍得苟安度日。公元1864年（清同治三年），洪杨覆灭^①，大乱初定，米珠薪桂，生活仍然不易，再加兄弟二人先后成家，负担不断增加，深感长此以往从事肩挑负贩工作，恐将三餐不继。爰经合计通过双方妻子首肯恢复合炊，各将陪嫁值钱饰物悉予变卖充作创业之资，在西河口河道旁，开设水磨作坊（所谓水粉乃是绿豆加工制品，是将绿豆洗净，以清水浸泡至豆粒胀大柔软后，放入石磨和水磨成水粉。经沉淀除去大量水分，倾入布袋沥干而成，无水粉块转售粉丝作坊加工为粉丝，此乃昔时农村社会逐段分工生产食品之模式。每一生产劳动过程赚取或多或少之加工利润）。我家此一作坊旧址，迄至对日抗战前，犹屹然存在。虽已不再进行生产，但仍由昔日祖辈时之老伙伴"财阿爹"居住终老。忖想祖辈如此措施，似有饮水思源，不忘贫困之本意。进而对"财阿爹"之安排似更有酬勤报德，老有所养之旨意也。行笔至此，依稀似进入时光隧道，童年时追随中兄等同龄玩伴不时至作坊内河边，抓蟹摸螺，或听"财阿爹"讲古道今，兴味盎然，似在眼前。然而中兄不幸已辞世两年有多（卒于公元1998年3月某日），此情此景，永已不再，令我老泪盈眶，书不成字矣。文转正题，锡元公与锡畴公合作开创水作坊后，为发挥各自所长，锡元公专责作坊制作粉块工作，锡畴公粗识文字，心性灵活，专责对外行销及资金调度事宜。相辅相成，克勤克俭，不但生活逐渐获得改善，且有余力扩及农村另一加工行业，黄豆、菜籽加工成为食油之生产销售工作。

四、第四代

凤和公——长房锡元公之长子，详确之出生年月已无记载，但因锡元公成家晚于其弟锡畴公，而生子女亦小于锡畴公之子凤祥公，而锡畴公与凤祥公之生卒年月均有详确记载。据以推断凤和公约出生于公元1857年（清咸丰七年），乳名阿方，娶妻方太夫人约与凤和公同庚，生子女各一。子名振

---

① 洪杨覆灭指的是太平天国运动的失败。太平天国（1851—1864年）是清朝后期的一次大规模农民起义，由洪秀全、杨秀清等人领导，故又称"洪杨之乱"。起义军建立了太平天国政权，与清朝政府进行了长达14年的战争。

公，约生于公元 1887 年（清光绪十三年），卒年不详。但因未冠即逝，未婚无子嗣，后由凤藻公长子振邦为嗣子。女玉英姑约生于公元 1888 年，相当于清光绪十四年（此一出生年份系依玉英姑未嫁前与凤祥公之两女杏姑、金姑同住老屋一起生活时排行序，称杏姑为大干娘，玉英姑为二干娘，金姑为三干娘。据以推断其生年应介于杏姑、金姑之间，而杏姑与金姑之生卒年月，俱有详确记载），嫁同里银匠店孙姓东主。生子颐春、颐康、颐寿三人，玉英姑卒于公元一九某某年（民国某年）。凤和公约在公元 1886 年成婚，翌年得子。再年得女，旋即不幸病逝，约卒于公元 1889 年（清光绪十五年）。方太夫人青年守寡，其悲痛可知，焉料祸不单行，唯一爱子振公，竟亦不幸于未冠病逝。方太夫人遭此双重无情打击，万念俱灰，嗣即立志拜佛，终身茹素，于老屋大厅后间设一简易经堂，作为心灵寄托之所。方太夫人体态稍胖，心地慈祥，我幼少阶段住老屋时，得以不时亲近。由于当时老屋尚有凤祥公之遗孀徐太夫人同在一起，为便于辨别，称呼凤和公之方太夫人为"吃素奶奶"，相对凤祥公之徐太夫人即称为"吃荤奶奶"。方太夫人卒于公元 1930 年（民国十九年）。

阿囡太姑——长房锡元公之独生女，其生卒年月不详，嫁同里西河口沈佐臣。

凤藻公——长房锡元公之次子，生于公元 1881 年（清光绪七年），为锡元公 35 岁以后所生之子，以致较其叔锡畴公独子凤祥公小 16 岁之多。乳名阿永（数年前出版之《余杭县志》中又称为阿荣），号焕庭，娶妻良渚张太夫人秀珍。共生六女四男，除长女顺英姑与次女宝英姑出生后相继夭折外，其余八人，均获健全长成，且均享高龄（容述各该个人史实时再分别详述）。张太夫人之生育年期，前后长达 20 年（头胎公元 1901 年，末胎公元 1921 年），应称异数。凤藻公由于父兄早逝（锡元公约享年 45 岁，凤和公约享年 22 岁），在 10 岁左右即追随叔父锡畴公及堂兄凤祥公学习经营。除原有水作坊继续产销外，父子叔侄合力发展老泰和油坊（黄豆或菜籽分别榨制食用之豆油与菜油，其经压榨后之残渣制成豆饼及菜饼，供肥田饲鱼之用）。初期只代农民委托加工，未几自行采购原料，自产自销，业务蒸蒸日上。乃由凤祥公在对岸增设新泰和油坊，除产销食油外，兼营谷物粮食购销业务，至公元 1908 年（清光绪三十四年）锡畴公父子不幸先后于七、八月间病逝（推测在盛暑期间染疫之故）。其时凤祥公之长子振常公才 15 岁，次子振恒公才 11 岁。以致所有业务悉由年方 29 岁之凤藻公独力承担，责重事繁，所费心力可以想见。尚幸凤藻公临危不乱，处事稳扎稳打，不但逐年增建工厂、住屋外，并另行增设悦昌南货号，批售种类繁多之货品外，并自设糕点制作工厂以及制烛工厂，同时又开设同和酱园，产销酱油、酱制品以及绍兴黄酒。而其时堂伯振常公、振恒公以及家父振邦公、叔振名公、振声公亦先后由学习阶段分别加入不断扩张中之家族事业阵营。不但总体力量大增，业绩声誉也远播四乡及杭城。在此期间除扩充已有之事业外，并开设义昌当铺，雇请徽州专业者经理其事。（按：当铺被社会一般人视为重利盘剥穷人之工具，然而端看业主经营者之心态而不同。我家自凤藻公接手油坊事业后，业绩鼎盛，除增设南货店、酱园外，深感本镇与四乡之农民有时手头不便，无处可以告贷之苦，设此当铺目的不在盈利，而以部分资金供农民需用款项调度救急之月。有如大城市中之农民银行或农业信用合作社。当时三墩固无此新式行社之设置，而凤藻公此项措施，其思维颇为近似。是故此一当铺以轻利质借与亘利盘剥者大异其趣。兹再以另一事例为证，凤藻公在老泰和油坊左侧工厂内常年雇有木匠师傅，除不时维修榨油之木制工具外，并制作简易棺木一二口，储赠贫困无力者为殓葬之需。一口赠出，而另制一口备用。至于常年在交通地点设置施茶站，免费解除行人渴饮之需，尤为余事矣。）此外在杭城与三墩间之小河，设有华丰纸厂，据闻亦有我家股份，祖辈均已辞世，确否已无从查证。唯早前我家曾获有"武林门外第一家"之虚誉一语，则系多年前我在台湾时得中央图书馆老馆长蒋复璁先生亲口告知（彼为海宁硖石镇人，为诗人徐志摩之表弟，后转任台湾故宫博物院院长，数年前以九十余高龄去世，颇熟悉我家往事）。凤藻公处事认真，不尚虚饰，终日以店为家，数十年如一日。面慈心宽，仍有威严，店内上下咸称为"老店王"。现再举下述二例以证之：

其一——某日店务较为清闲之际，店内有十余龄之学徒数人，童心未泯，竟偷空在店堂里间厅堂嬉戏。一人以巾蒙双眼，其余诸人奔走躲避以免被捉而成输者。如此多次回合，玩得兴高采烈，忘其所以。未料凤藻公闻声悄悄而来，蒙眼者不察，竟以双手抱住凤藻公，大呼"抓到了，抓到了"，待其拉下蒙巾，始知大祸临头，惶然下跪，以待处罚。未料凤藻公只以温语告诫，在白昼店务期间，不可再有此等行为发生。如此措施令所有学徒意外之余，对老店王更生感激与崇敬之情。

其二——在民国十九年（1930年）时，我家已经人丁兴旺，虽未析产，但须分居二处。振常伯、振恒伯以及家父振邦三房住在水作坊附近与"老屋"相连接之新厅屋，凤藻公与张太夫人、振家叔、振名叔、振声叔以及尚未出嫁之三位姑妈（我杭口头均以"干娘"称呼，此似为南宋北方人建都杭城百余年遗留之习称）则住在老泰和工厂相接之"新屋"内（至于另二处"双墙门"与"三墙门"住屋，其时尚未兴建）。凤藻公常留守店内已如前述，平时不但罕有出街，每日三餐亦在店内解决，直至入夜始归"新屋"寝所。至于对河之"老屋"，除特殊情况外，似乎每年只有一次势必郑重其事，亲临与全体家人农历除夕团年会餐。每当除夕下午开始，"老屋"厅屋大厅打扫一新，壁间分悬列祖列宗真容，岁烛高烧明亮，席设多桌，二位祖母以及伯母们在厨间忙碌备菜。我等小孩（大都在10岁前后）则分别守在屋外途中伫立探候当时之大家长，祖父凤藻公偕同诸叔自对岸乘船前来，在将到未到前转由我等义务"小报神"，奔走相告，或曰"已由对岸开船"，或曰"船已过河之半"，或曰"船已靠岸"，或曰"即将抵达大门"，凡此一报、二报至数报。身为孩童之我等固然兴奋异常，而家人亦随之由静而动，分别检查有关陈刊等处是否全部妥适。待凤藻公一行进入大厅时，全体鸦雀无声伫立恭迎，其情其景与庙堂集会，主事者莅临时之一刹那，不遑多让。实则凤藻公为人慈祥，即在家人群集之时，亦不多话，只是家中女眷、孩童平时甚少有机会与凤藻公接触，在当时父权至上之时代，家人对大家长自然敬畏有加。凤藻公一年一度参加"老屋"家人之除夕年饭，一般均行礼为仪之后与全体共饮一杯。稍作送旧迎新吉语毕，即行开始例行之年度重头大戏，分派小辈压岁红包，每人一个。至今虽已时隔约70年，仍依稀记得每包银圆一枚。发放完毕，凤藻公一行先行退席，过河返新屋与祖母及其余家人共进年饭。而我等待至祖父离席后，复大啖大嚼，欢声连连。食毕复可进行一年一度掷博狂欢（我家平时均无赌博之戏，但在除夕与新岁数日内，特别不加禁止，孩童亦可享此权利。此一往事距今已遥，即连身为大家长之凤藻公以及诸伯、家父与畅中堂兄、畅慧堂姐等当年之参与者亦均墓木已拱，若干且已尸骨无存，而我亦已坐七望八垂垂老矣）。

公元1932年（民国二十一年）夏，居新屋之张太夫人突夜间病危，已入弥留险境。祖父凤藻公遣佣来老屋唤我父振邦公一家速往榻前叩终，浙西大旱，我乡河道干涸见底，我父与继母蒋太夫人等得以抄走近路，沿涉干河道赶往。唯我一人坚拒同往，虽被父责打，仍不稍让，父亦无可奈何。[按：我父为祖父之长子，一家多口原系与祖父、诸叔、姑同住新屋，后因祖母不洽我生母高太夫人，不时导致婆媳勃谿。我父处于母妻之间，痛苦不堪。某日祖母盛怒之下掌掴泄愤，迫使我父离家出奔上海友家避祸，旋经亲长调解，我父一家再次返迁老屋与堂伯振常公、振恒公合住。我生母原已病肺，再经不时气恼，病势加剧，不幸于公元1930年（民国十九年）28岁英年病逝老屋。弃我幼小五人而去，我虽居长亦只6岁稍多，而幼妹畅芸仅有一岁有半。此一失母之痛，在我幼稚心灵竟致迁恨祖母，历经数十年后，我已晋身祖辈，深悔当年拒叩终之举，纯出幼小无知之故。]祖母去世时，祖父凤藻公犹只半百稍过之盛年，然竟未续娶，实非易事。且更以全部心力事业之推展，日常以店作家，决少外出，自奉甚俭。就我所知，除嗜酒外（注4），几乎无嗜好。所定店主薪资与其余资深店伙相若，且均留存账上，极少动用。在抗战前之十年间，社会尚稍安定，我家各项事业在凤藻公实事求是、开诚布公（注5）之睿智经营，数创新猷（注6）下，基业日趋富裕，得以悄悄增置田产，添建双墙门、三墙门二处住屋等。我当时寄居杭城戚家就学，对家事不甚了了，及至公元 1988 年，我首度返乡，三妹畅霞交付我父在"文化大革命"期间惨遭抄家批斗时，亲笔所写"请罪书"底稿以及数年前有关当局编写之"余杭县志"所刊涉及我家在凤藻公主导期间，所有不动产之梗概。县志中若干系因道听途说，容有误解失实之处（注 7）。但以凤藻公未受教育，粗识文字之乡里商人而言，短短三十年间，奠此基业，所凭借者乃是当时农村社会讲求诚信不欺，勤俭积累之风气，以及天赋睿智宅心忠厚有以致之。而另一客观重要因素，则是币值稳定，物价平稳，得以先卖后偿方式持续扩大经营（注 8）。迨至公元 1937 年（民国二十六年）夏日，日寇侵华，抗战军兴，由于军力悬殊，不及半年，京杭相继陷敌。我家经营各业，全集三墩一隅，至此悉入停顿状态。尚幸在杭城陷敌前，堂伯振常公、三叔振名公、四叔振声公等三家，已先期分别出避浙东转至上海租界，二叔振家只身在美深造未归外，只堂伯振恒公与部分家人以及祖父凤藻公、我父振邦公一家、二婶沈太夫人与稚龄子女暨待字闺中之三、四两姑妈，犹留三墩，杭城该年 12 月间陷落后，三墩虽偏处一隅，敌军仍不时三五成群出城前来骚扰。祖父为安全计率同大小十余口，分乘数艘自制小船，深入僻乡异港以避敌锋。曾一度寄住于邻村贝姓家，某日祖父为寻求全家安全之庇护之所，单独乘坐由船工操控之"脚划船"（注 9），由贝家外出，久久未归。迨至夜色已浓之际，方见祖父一人仓皇而返，谓今日所乘小舟于傍晚划经一桥河道时，突闻桥上伫立敌军二人，持枪大呼，船工不明其意，恐慌之下置舱内祖父于不顾，跳水而逃，旋闻枪声数响后趋于静寂。祖父隐伏舱内，久久未敢稍动，幸天色逐暗，未闻再有动静。祖父始敢抬头探视桥上，确定已无人踪，忖度敌兵或因人少势孤，入夜虑及安全而离去，让祖父幸免残害。至于遁逃船工，不幸遭枪陈尸河滩，乱世人命有如草芥。迨祖父述毕，家人哀悼冤死之船工外，对祖父逃过此劫，应是不幸之幸。此一经过已历 60 余年，当时随同祖父之家人，除幼稚之弟妹外，当有我父振邦公、继慈蒋太夫人、二婶沈太夫人以及祖父自身俱已先后辞世，后辈除我犹有所记忆外，尚有健在之三、四两位姑妈，应仍记得。今不惮辞费，特述写祖父凤藻公简史中，俾我朱氏后世子孙，缅怀凤藻公当年为全家安危自历险境之所喧，永志勿忘。凤藻公涉此事故后，已悟漫无目标以舟为家之漂泊生活，不但无法保障安全，且使全家生活极度不便，不如归返故里为妥。其时已是公元1938年之初春，杭州在日人占领下，秩序稍安，且与上海恢复铁路交通。祖父遂将故里家人分批遣往上海租界内与先期抵沪之堂伯、诸叔会合，免得有后顾之忧。而祖父凤藻公与堂伯振恒公则在故里试作复业之计，惜开市后景况大不如昔。我家树大招风日夜皆受威胁，白昼敌兵三五成群，乘坐小汽艇下乡，一旦到达，乡民走避一空市集顿成空街。大型店铺遂成需索目标，我家各店，岂能例外。迨至黑夜自称国军之便衣枪徒，由四乡陆续前来，目标亦为大型店家，索钱索粮，永无止境。如稍违其意，则汉奸、资敌等罪名任意扣来。如此日夜交征，营收不抵支应，生意反成死路。其间堂伯振恒公曾一度遭绑架，尚幸破财消灾，终得安全而归。祖父自经振恒公之事件后，深悟在此情势下，不但复业毫无前途，即身居三墩，亦有不测之虞。乃至公元1940年（民国二十九年）秋冬之际，至沪模范村与堂伯振常公及我父振邦公等家人暂住，唯居处房少人多，祖父居处三楼斗室（沪人习称亭子间），思虑战事已历三年，何时可以结束，遥遥无期，谁也无法预料。全家六房数十余人之生活所需，均赖战前积累之资金，陆续支应，长此下去，必将山穷水尽，坐以待毙。遂与我父等磋商后，返杭在城内红门局赁屋暂住。我父与继母暨稚龄弟妹亦返杭伴同居住。俾视情况，徐图发展，解救坐吃山空之困局。惜事与愿违，祖父由于焦虑过度，竟因脑出血而导致半身不遂，整日坐卧床榻，一切日常生活甚至进食三餐，亦须专人从旁协助，身心痛苦莫可言宣。时为公元1941年（民国三十年）春，我与三弟畅遂由于就学乃留沪与堂伯振常公一家同住。直至是年冬12月8日，日敌偷袭美国珍珠港太平洋海军基地，同时在上海占据英法租界，我就读之华东基督教联中为不甘接受敌伪管辖而停办。我与诸弟返杭征请我父同意，设法潜赴内地自由区就学。在杭等待期间，得以天天与祖父晤对，并由我伺候祖父三餐饮食，成为我一生对祖父微不足道之唯一孝行。我在杭家中停留月余，在我父安排下，由隔壁伪军营长许先生伴同，我等七人（同学二人，兄弟四人以及为我等挑行李长工"五十"）渡江过关，临行前（公元 1942 年 1 月 27 日）曾至祖父房中叩别，焉料此别竟与祖父永别。此一噩耗直至一年余后，我与弟辈已在赣州复学多时，辗转收到杭州陷区寄来家书，方始获悉，令我悲痛莫名。公元 1945 年 8 月，日敌无条件投降，对日抗战胜利，翌年 5 月，我由重庆返抵阔别四年多之杭城家中，得知祖父去世前受析产刺激（老人目睹辛勤奋斗大半生之事业，因析产而四分五裂，内心不乐，乃人情之常），病情随之加重而弃世。设如再晚几年，我父所受之罪或将及于祖父，则可算不幸之幸乎？祖父自幼失学，粗识文字，稍长即追随大其 10 余岁之堂兄凤祥公，学习商业经营之道，合创泰和油坊，由产销食油业绩顺遂后，更扩及粮食买卖。凤祥公不幸去世后，除独力支撑全部事业外，并仿凤祥公之做法，带领堂侄振常公与振恒公学习经营。有如运动竞赛中之接力赛跑，悉心为公，共同努力。待振常公与振恒公成长后，复将事业多元经营，分别主持。凡有重大计划，均事先与振常公与振恒公相互商酌而行。以致数代合产，上下和熙，获得所有家人之敬畏。惜因日敌侵略战起，事业停顿，引发病魔乘虚而入，不幸志以殁，享年 62 岁。

注 4：凤藻公一生俭朴，整年看守店务，绝少离开故里，喜欢自家同和酱园酿制之绍兴老酒。每晚店务结束后，于晚膳前独酌为乐，偶亦会嘱我伴饮（我时年十余龄，原不应饮酒，以祖父之命，我父亦未便阻止），且均为储存十年以上之真正陈年老酒。

按：祖父于每年制酒之时，预嘱酒坊管事估算祖父一年所需饮用之量加以储不予出售，如此连续，每年积储，标明制酿年份，逐年平均可饮尝十年陈酿矣，唯晚年突罹脑出血症与此经常饮酒习惯似不无关系。

注 5：公元 1908 年（清光绪三十四年）夏，锡畴公与凤祥公父子不幸相继病逝，迫使年仅 29 岁之凤藻公承担我朱家事业重任，并师法堂兄凤祥公余诸（？），凡有应兴应革之重大措施，除一秉至公外，事前均与尚未及冠共同从事之两位堂侄振常公与振恒公详加磋商，同意后再予施行。由于和衷共济，业务顺利发展，并获阖家老幼及事业员工之尊敬与拥戴，从而赢得"老店王"之敬称。

注 6：凤藻公幼年失学，识字无多，但天赋聪敏而不外露，个性仁慈，从不疾言厉色。凡事经深思熟虑，完成腹案后，始与侄辈暨资深店伙互商，且不投机取巧，亦不好高骛远。兹举数事为证：

其一：油坊规模侬自身财力逐步扩大，行有余力，始敢扩及粮食买卖，由近而远，迨至三墩获得电力供应后，将原来由人工榨油之工厂改为电力机械研磨原料，产量为之大增。不过改为机械动力之后，亦发生一次不幸事件。一位工人于添注原料于研磨时，不慎为机轮巨大皮带卷入而粉身碎骨。虽事后优于抚恤，仍使祖父内心戚然（凄然？）而于多年后对我述及。

其二：首创春节红盘，预售"喜饼"新猷，（按：黄豆或菜籽经研碎蒸制、压榨取得成品食油"黄豆油或菜籽油"，供销售外，尚有大量副产品黄豆饼与菜籽饼，榨油后残渣经加工制成扁圆形似饼状）售供农民肥田或鱼塘饲鱼之用。凤藻公为加强推销此项副产品，在春节正月初一至初三三天期间半价促销，买一送一。时不需施用，可以暂存我店代为保管，凭存折随时提取。由于每年只有三天卖期，农民有余钱者争相预购此项廉价产品，我店则可收入大量资金以供采购原料之需，此法双方互（获？）其利，皆大欢喜，且在春节头三天，喜气洋洋之际推销，美其名曰"喜饼"，乃是最佳广告创语。而"买一送一"之促销手法与如今美国超级市场及连锁商店举行之"buy one get one free"如出一辙，以足迹未方圆数万里，识字有限之乡里小商凤藻公而论竟得数十年后美国现代经营商家比美（媲美），祖父亦足自豪矣。

注 7：公元 19×× 年出版之《余杭县志》第 × 页刊有"三墩大地主朱阿荣，于清宣统二年（1910 年）继承父业时，有土地 3000 余亩，截至公元 1949 年止，增至 4345 亩（在本县一两千亩），土改时起出地契图照重 708 市斤。按上述记载乃不明就里之编者，由乡间道听途说，拾缀而来，今再就家父生前遭受批斗时所写之请罪书亲笔底稿，由于身涉批斗险境之下，焉敢不说实话。且当时所谓土地、房屋等不动产，早在公元 1949 年后完全主动捐出，当时还博得"开明地主"之称。是故不必有所隐瞒，换言之，家父所写内容真实性应属正确，我家祖传之不动产，计有田产 5000 亩，房屋 100 余栋。但在公元 1942 年（民国三十一年）间，杭城陷于日敌多年，我家各业亦均停顿甚久，在全无收入之情况下，维持家人老幼数十口之生活，以近山穷水尽之际。在沪之堂伯振常公赴杭与半身不遂之祖父凤藻公商议，按锡元公、锡畴公老二房之比例析产。祖父基于创业维艰，守业不易古训，初本不愿，旋因迫于现实环境，含泪同意签字，各半持产。即凤藻公系四子共得田产 2500 亩及老泰和油坊与悦昌货号，锡畴公系二子共得田产 2500 亩及新泰和油坊与同和酱园。据上所述，《余杭县志》所述祖父凤藻公于公元 1910 年继承父业之说法应改正为"总主祖业"。（凤和公早逝，凤祥公逝于公元 1908 年之后，凤字辈中只祖父凤藻公一人，由其主理，自属必然。但因凤字辈兄弟三人并无析产，则凤藻公主理者应称为祖业。如县志所载公元 1910 年时祖业田产 3000 亩，凤藻公主理后至公元 1949 年之 30 余年间，成为 5000 亩，约较祖产增加七成之谱。凡此皆是凤藻公克勤克俭，数十年为家人以身作则积储而来。至于县志所述至公元 1949 年时，已增至 4345 亩，土改起出地契图照重 708 市斤，乃是历年来各乡自耕农主，鉴于我店业务鼎盛，信誉卓著，于灾荒歉收之年或乡需调度之时，亲自持地契图照作为抵押，情商凤藻公借款以资周转。此事原非油坊应有之业务，系某年灾荒严重四乡部分农民生计无着，祖父基于救灾与人为善之心理，而产生之临时救急措施。初期均系无息贷款，以后由于质借者众，收受之地契图照为数日多，必须拨充专人编号登记，妥为保存以便乡农随时还款赎取，是以酌收微利，作为应付此项业务所需增添之开支而已。惜抗日战争绵延 8 年，农村经济益形凋敝，战争结束后，虽曾通知农民备款赎取，但仍有为数不少者相应不理。按原定酌收微利之期限，早已超过多年，彼等不但无力赎取，即应付之微利亦不交付，成为免费保管之局。其时由于内战扩大，币值大幅贬值，战前历年为此贷出之巨量款项，不仅收回无望，即或收回如与战前同额款项之购买力相比损失已属不赀。迨至公元1949年之后，实行土改此708市斤代管之地契图照犹如废纸一堆。而县志所载文字，似乎我家凤藻公历年来均在剥削农民，究其实乃适得其反，而是历年来凤藻公之好心善举反受质借农民"剥削"。）

注8：战前物价平稳，币值不变。我家油坊业务除现金交易外，亦得视对方之信用程度，凭据取货。迨至年终结算清账，此种做法在方便农民于秋收售粮手头现金充裕时偿付，有利买方，业务得以持续扩增，然此亦端赖币值稳定之时方可如此经营。我父振邦公于公元1949年由杭返乡，将油坊复业，并将所收田租粮食充作资本。经营至年终结算，如按账面全额计算，仍有盈余，但如以金额折算为粮食，年初百石资本，辛苦经营一年，所得款项折算为粮食已仅够五十石。而此一经营均系现金付账，当须亏损，设战前凤藻公得以先买后偿之办法，则至年终虽不致将资本尽蚀，但十不得一必矣。我父经此打击，二年后不得不宣告停业以免赔累。

注9：脚划船盛行于浙东绍兴、萧山一带，长丈余，船之首尾尖翘，整体形似织布木机之梭子，上覆包篾片船皮，除留船尾小部分供船工坐乘操作外，全部与船身密合。舱内铺垫洁净草席，并有被盖供乘者躺卧时以御风寒。由于船体甚窄，除操舟船工坐在船尾外，仅一人或二人乘坐。船工操作时须坐在船尾，双手划桨，双足蹬推大橹手足先后划蹬，船即向前驶行，船小体轻，适于河汊纵横之水乡行驶。我家自置多艘作为短程交通代步之用，有如现今之自行车一般。所雇用之船工记忆中均为萧、绍穷人，与我家同和酱园之制酱造酒师傅同一籍属，此可作为我先祖迁自浙宁一带之旁证也。

凤祥公——次房锡畴公之独子生于公元1865年（清同治四年十月二十五日戌时），乳名阿全，号瑞卿，娶妻厚诚桥徐太夫人，生二女二子。长女杏姑生于公元1884年（清光绪十年闰五月二十一日辰时），嫁瓶窑镇丁敦甫为室，育一女鹤声。杏姑卒于公元1918年（民国七年五月二十二日申时），享年35岁，后因抗日战争起，兵荒马乱，与丁氏未有联系。次女金姑生于公元1889年（清光绪十五年八月二十一日），嫁良渚镇陈趾麟为室，育二女一男

（长女治学、次女娇男、子锦浩），金姑卒于公元 1957 年 6 月 12 日，享年 69 岁。长男振常公生于公元 1893 年（清光绪十九年八月十七日寅时），次男振恒公生于公元 1897 年（清光绪二十三年六月初八辰时）。（按：均俟在第五代个人史实时分别详述。）凤祥公性聪慧，善经营商业，且识字，应为父锡畴公之得力助手。由于较堂弟凤藻公大 16 岁，在事业经营上对凤藻公启迪提携甚多，其中详情未有文字记载。但可以确定我家经营商业至鼎盛应归功于凤祥公与凤藻公二位嫡堂兄弟前后全力以赴，有以致之应无可疑。惜凤祥公英年早逝，卒于公元 1908 年（清光绪三十四年八月二十二日辰时），享年 43 岁。当时二子振常公、振恒公均只十余龄，幸凤藻公秉承堂兄凤祥公之作为，对尚未成年之两位堂侄善加提携指导，使可嘉堂基业得以发扬光大，蓬勃发展。凤祥公妻氏徐太夫人生于公元 1863 年（清同治二年十月二十五日戌时），卒于公元 1933 年（民国二十二年闰五月初四日申时），享年 70 整岁，在当时应算高寿。我因幼时亦曾居住老屋，对此位祖母"吃荤奶奶"，依稀仍有印象，且相对于同住老屋之另一祖母"吃素奶奶"（凤和公遗孀）相比，前者较瘦，后者微胖。凤祥公与徐太夫人合葬于贝村，我幼时亦曾数度随家人前往扫墓。

后　记

以水为脉，以街为魂

　　三墩镇，这座枕水而生的千年古镇，曾以四长一短五条街为经纬，织就一方自足天地。河道如血脉般连接乡村与市镇，舟船往来穿梭不息，油作坊、水作坊的作业声与茶馆的喧嚣声交织流转；蒋、朱、钱、王四大家的商铺作坊与乡民宅院星罗棋布。而庙前街便是三墩的心脏——它不仅是物流与人情的枢纽，更是一代代三墩人的精神地标。

　　2024年春天，面对逐渐模糊的老街面容，三墩镇新乡贤会发起口述抢救计划，特别组建了一支由专业调研人员、口述史专家与镇文化站组成的团队。这支队伍或在三墩民俗文化馆访谈，或深入社区调研，历时半年，共计采访了超过30位不同年龄层的三墩居民，最终收录了最具代表性的22段口述。这里既有耄耋老者对民国商贸繁华的追述，也有"新三墩人"对老街菜场的鲜活记忆。每段讲述都像一块拼图，渐渐拼合出庙前街的百年图景。采写团队在整理时也特别保留了口述者的个性化表达，正是这些带着烟火气的细节，让庙前街逐渐生动起来。

　　老店招牌终会褪色，河道也可能被填平成马路，但只要三墩人心中还留存着对庙前街的记忆，这条街便不会真正消失。因此，乡贤会所编纂的这部口述史，并非一段尘封往事的终章，而更像是一份献给未来的礼物——一个装满回忆的时光胶囊。当充满敬意与好奇的寻根者翻开书页，仍能从中真切感受到三墩往昔的生活气息，了解这个古镇曾经的模样。

感谢所有守护记忆的人，你们讲述的不仅是一条老街的故事，更是在搭建一座跨越时间的桥梁，让后来者得以穿越时空，与先辈们的日常生活产生共鸣，体会那份属于三墩人的集体记忆与文化传承。

杭州市西湖区三墩镇新乡贤联谊会　谨识

2025 年 2 月于庙前街